GOTTESDIENST PRAXIS SERIE A

Arbeitshilfen für die Gestaltung
der Gottesdienste im Kirchenjahr

Herausgegeben von Erhard Domay

Gütersloher Verlagshaus

GOTTESDIENST-PRAXIS

I. Perikopenreihe

Band 2: Estomihi bis Pfingstmontag

Gütersloher Verlagshaus

Die Deutsche Bibliothek - CIP-Einheitsaufnahme

Gottesdienstpraxis. - Gütersloh : Gütersloher Verl.-Haus.

Ser. A, Arbeitshilfen für die Gestaltung
der Gottesdienste im Kirchenjahr.
Perikopenreihe 1. hrsg. von Erhard Domay.
NE: Domay, Erhard [Hrsg.]; Arbeitshilfen für die Gestaltung
der Gottesdienste im Kirchenjahr

Bd. 2. Estomihi bis Pfingstmontag. - 1997
ISBN 3-579-02937-1

ISBN 3-579-02937-1

Umschlagentwurf: Franz Wöllzenmüller, Oberhaching
Umschlagbild: © Johannes Schreiter, Langen; S.D.G., 2/1995/F.
Die hier wiedergegebene Reproduktion entspricht dem Original: Fenster in einem Privathaus, 108 x 159 cm.
Satz: Fotosetzerei Steggemann, Herford
Druck und Bindung: Ebner Ulm

Gedruckt auf chlorfrei gebleichtem Werkdruckpapier

Printed in Germany

Inhalt

Estomihi

Annäherungen an den Predigttext Markus 8,31–38

Ernst Arfken

Zu einem Gespräch über den Text hatte sich eine kleine Gruppe von Theologie-Studierenden aus den ersten Semestern zur Verfügung gestellt. Um Auskunft darüber zu erhalten, welche Eindrücke die Jesusworte bei den Hörern während des Verlesens hervorruft, waren folgende Fragen als Denkanstöße auf der Wandtafel notiert:

1. Welche Gefühle ruft der Text bei Ihnen hervor?
2. Welches sind Ihre ersten Gedanken beim Hören des Textes?
2. Was erscheint Ihnen am Text aktuell?
4. Was könnten Sie sich als Thema für eine Predigt vorstellen?

Zu 1) Auffallend war, daß zunächst sehr langes Schweigen herrschte. Schließlich meldete sich eine Studentin, um auf die erste Frage einzugehen. Ihr Gefühl sei vor allem Beklommenheit. Hier würde Bekennen gefordert, fast mit einer gewissen Selbstverständlichkeit. Wer aber könnte von sich sagen, daß er diesem Auftrag hinreichend nachkäme? Die Regel sei, daß wir uns nicht bekennen würden. Bei der Beantwortung der 3. Frage wurde dieser Gedanke bald wieder aufgenommen und ausführlicher erörtert.

Zu 2) Zur zweiten Frage erklärten mehrere, es sei schwer, sich näher zu äußern. Der große Ernst des Textes, die Fülle der Gedanken und die hohe Forderung ließen einen verstummen.

Ein Student sagte, wenn er den Namen Petrus höre, müsse er sogleich an den Papst denken. Auf die Gegenfrage der anderen, was uns als evangelische Christen denn der Papst angehe, antwortete er: »Zu mindestens müssen wir uns überlegen, was wir denen anzubieten haben, die vom Papst enttäuscht sind.«

Zu 3) Von der Aktualität des Textes wurde gesagt, sie zeige sich am deutlichsten in dem 38. Vers, der vom Bekennen spricht. Unser Reden ist meistens kein Bekennen. Es scheint, als würde solches Bekennen »nicht in die Landschaft passen«. Es wirkte »unwirklich« und damit auch »unglaubwürdig«. Viele empfänden es als annormal, so, als »habe man einen Tick«.

Ein Student erzählte, er habe sich bemüht, seine Scheu zu überwinden und öfter von seinem Glauben zu reden. Dabei habe er sich zunehmend innerlich wohler gefühlt. Auf der anderen Seite habe er aber auch gespürt: Je häufiger er von seinem Glauben sprach, desto mehr wiederholte er sich und desto formelhafter wurden seine Äußerungen.
Mehrere berichteten, wenn sie sagten, sie seien Theologie-Studenten, das fände noch mehr Gehör und Respekt, als wenn sie sagten, sie seien Christen. Als Theologe sei man gewissermaßen »Berufs-Christ« - nun ja, warum nicht? Andere wählten sich ihren Beruf auch nach persönlicher Neigung.
Ein längeres Gespräch gab es über Vers 35: »Denn wer sein Leben erhalten will, der wird's verlieren ...« Einige wußten sogar, daß der griechische Urtext hier für »Leben« das Wort »Psyche« gebrauchct. Damit wird der Blick auch auf die zahlreichen Menschen gelenkt, die ständig damit beschäftigt sind, sich um sich selbst zu drehen und über ihr eigenes Inneres nachzudenken, womit sie sich todunglücklich machen. Einer der Teilnehmer zitierte aus dem berühmten Römerbrief-Kommentar von Karl Barth: »Alles, was mit Ich anfängt, bringt nicht weiter und führt erst recht nicht zur Befreiung.«
Ein anderer Student skizzierte den Menschen von heute als einen, der »nach metaphysischer Erfüllung sucht«. Er möchte den Alltag mit seinem Streß und seiner Hektik vergessen können. Aber alle seine Bemühungen, das zu erreichen, sind nur Versuche der Selbstrettung und damit - wie Paulus nachweist - zum Scheitern verurteilt. Sie führen nicht zur Gotteserfahrung, sondern zur Trennung von Gott.
Zu 4) Als »roter Faden«, der sich durch alle Verse des Textes hindurchzieht, bezeichneten die Teilnehmer die Aufforderung zur Nachfolge. Sie läßt sich nur stückweise und nur in kleinen Schritten verwirklichen. So hoch die Forderung, so hoch ist aber auch die Verheißung, mit der sie belohnt wird: »Sein Leben nicht verlieren« müssen, sondern Lebenserfüllung erfahren (V. 35); an seiner Seele keinen Schaden zu nehmen (V. 36), sondern sie »nach Hause zu führen« (Johann Scheffler); aus dem Tode »auferstehen« (V. 31) und »die Herrlichkeit des himmlischen Vaters« zu schauen (V. 38).

Zum Gottesdienst

Klaus Zillessen

Exegetisch-homiletische Skizze

1. Bekennen oder Verschweigen?
In der Tat - da haben die Gesprächsteilnehmer der »Annäherungen« recht - ist das Bekennen (oder Verschweigen, sich schämem, Heimlichtun) ein wichtiges Motiv dieser Perikope:

a) Bekennen – »Jesus redet frei und offen« (V. 32). »Er ruft das ganze Volk und die Jünger zu sich«, um zu ihnen öffentlich zu sprechen (V. 34).
b) Im Gegensatz dazu die Heimlichtuerei des Petrus (»Petrus nahm ihn beiseite«, V. 32), die Warnung vor der »Verschämtheit« (»Wer sich meiner und meiner Worte schämt, dessen wird sich auch der Menschensohn schämen ...« V. 38).
c) Und als Schnittpunkt zwischen Bekennen und Verschweigen: die Aufforderung zur offenen Christusnachfolge als – Selbstverleugnung.

2. Was ist zu bekennen oder zu verschweigen?

Der Gesprächsrunde Ernst Arfkens in den »Annäherungen« geht es um das Christusbekenntnis als solches, ohne daß weiter darüber nachgedacht wird, *welcher* Jesus denn öffentlich bekannt werden soll.
In mancher (z. B. evangelikal geprägter) Frömmigkeit ist mit »Bekennen« vorwiegend das Bekenntnis zu Jesus als dem Christus, dem Gottessohn, dem Herrn und Sieger gemeint. Der Evangelist Markus will etwas anderes: Unserer Perikope geht das Petrusbekenntnis von Cäsarea Philippi voraus (V. 27–30). Den Jüngern und dem Petrus, der Jesus dort als den Christus bekennt, verbietet Jesus, diese (zutreffende) Glaubenserkenntnis öffentlich zu bekennen. So wie Jesus dies Bekenntnis auch sonst (bei den Krankenheilungen und Dämonenaustreibungen) untersagt (z. B. Markus 1,34,44; 3,12; 7,36; 8,26) und selbst als vollmächtiger Christus und Herr eher im Geheimen wirkt (z. B. Markus 7,33 und 8,23).
Der Jesus, zu dem er sich offen zu bekennen gilt, ist vielmehr der *leidende,* verworfene, gekreuzigte Menschensohn (V. 31).
Nachfolger sind nicht die Vasallen des siegreichen Herrn und königlichen Gesalbten, der Throne in seiner Herrschaft zu vergeben hat (Markus 10,35 ff.), sondern die das Kreuz auf sich genommen haben (8,34) und bereit sind, Diener und Knechte der andern zu sein (10,44).
Der theologia crucis haben wir uns also in Wort und Tat zu bekennen und nicht der theologia gloriae.

3. Sein Kreuz – mein Kreuz – des andern Kreuz tragen.

a) Wer Jesus nachfolgt, hat Anteil an *seinem* Kreuz, an seinem Leiden, an seinem Verworfenwerden. Er trägt – wie Simon von Kyrene – an Jesus Kreuz mit, erregt Ärgernis, macht sich der Dummheit verdächtig (1. Korintherbrief 1,18).
b) Wer Jesus nachfolgt, nimmt auch sein *eigenes* Kreuz auf sich, ist nicht wehleidig, sondern sagt Ja zum eigenen Leid, auch wenn er es nicht versteht – wie letztlich alles Leiden unbegreiflich ist.
c) Wer Jesus nachfolgt, trägt auch am Kreuz und Leiden *anderer* mit, übt Stellvertretung wie Jesus, wird Fürsprecher, Lückenbüßer und Sündenbock für andre – wie er.

4. Das überraschende starke (und widersprüchliche) Echo, das das *»Kruzifixurteil«* des Bundesverfassungsgerichts 1995 (Kruzifixe in Schulräumen?) ausgelöst hat, zeigt, wie sehr - trotz aller Entchristlichung - das Kreuzsymbol Christen und Nichtchristen beschäftigen kann, verstehend oder mißverstehend, als Herausforderung, als Bekenntnis oder als Provokation. Wenn man nicht - wie ich es in der Predigtskizze vorhabe - mitten in den Predigtext hineinspringen möchte, könnte man daran im Predigtbeginn anknüpfen.

5. Wer die *Gottesdienstgemeinde an der Predigt beteiligen* möchte, könnte kleine Kreuze aus Karton und Stifte auslegen, mit denen sich die Besucher zu folgenden drei Fragen äußern können:
a) Welche Menschen(gruppen) in unserer Stadt haben in besonderer Weise Anteil am Kreuz Jesu?
b) Welche Menschen(gruppen) bei uns haben in besonderer Weise ihr eigenes Kreuz zu tragen?
c) Welche Menschengruppen unter uns tragen am Kreuz anderer mitleidend, stellvertretend, als Fürsprecher, Lückenbüßer und Sündenbock für andere mit?
(Ich frage bewußt nicht nach dem Kreuz des Einzelnen, um Peinlichkeiten und Indiskretionen zu vermeiden)
Die Kartonkreuze mit den Antworten könnten eventuell ausgetauscht (das Kreuz des andern wahrnehmen und mittragen) und in das Fürbittengebet einbezogen werden.

Vorschläge zur Liturgie

Eingangsspruch
Sei mir ein starker Fels und eine Burg.
daß du mir helfest.
Um deines Namens willen
wollest du mich leiten und führen.
Ich freue mich über deine Güte:
du nimmst dich meiner Not an,
du stellst meine Füße auf weiten Raum.
(aus Psalm 31)

Bußgebet
Gott, wir sind unentschlossen und zögern,
weil wir deinen Weg nicht verstehen.
Wir wollen unser Leben festhalten -
und müssen erfahren, daß es uns in den Händen zerrinnt.

Wir werden schuldig
an dieser Erde, an den Menschen und an dir.
Gib uns Licht, damit wir deinen Weg erkennen
und mitgehen.
Herr, erbarme dich über uns.
(frei nach Badische Agende, 4. Lieferung 1985)

Gnadenzusage
Jesus spricht: Nimm dein Kreuz auf dich,
und folge mir nach;
denn wer sein Leben verliert um meinetwillen
und um des Evangeliums willen,
der wird es gewinnen.
(aus dem Predigttext Markus 8,34/35)

Kollektengebet
Menschensohn,
du bist dem Leiden nicht aus dem Weg gegangen.
Gib, daß auch unsere Liebe größer ist
als alle Leidensscheu
und daß wir den Mut gewinnen,
dir nachzufolgen.
(frei nach Badische Agende, 4. Lieferung, 1985)

Glaubensbekenntnis (siehe Kontext)

Schlußgebet
Du unser Gott und Menschensohn, Christus Jesus,
Wir danken dir, daß du dich nicht herausgehalten hast
aus dieser Welt voller Leiden, Schmerzen, Folter, Haß,
Vernichtung und Tod,
Du hast das Kreuz deines Lebens auf dich genommen,
Du hast auch unsere Lebenslast und Schuld getragen.

Nun laß uns in all dem deine Nachfolger werden.
Nimm weg alle Wehleidigkeit und Leidensscheu.
Laß uns die Last unseres eigenen Lebens
und das Leid dieser Welt annehmen und aushalten können,
auch wenn wir keine Antwort wissen auf das Warum und Wozu.

Und laß uns auch das Leiden anderer Menschen
sehen, die auf den Straßen dieser Welt
ihre Kreuze schleppen und darunter zusammenzubrechen drohen.
Laß uns nicht tatenlose Zuschauer,

sensationshungrige, herzlose Gaffer bleiben,
sondern gib uns Erbarmen;
mach uns bereit, zuzupacken und ihr Kreuz mitzutragen.

Laß uns in Barmherzigkeit, Fürsprache, Liebe, Stellvertretung und Hingabe - nicht die ganze Welt, aber -
Leben gewinnen für uns und andre.

Lieder:
EG 97,1+2 »Holz auf Jesu Schulter«
EG 405,1+2 (3) »Halt im Gedächtnis Jesus Christ«
und (zur Lesung 1. Korinther 13,1-13)
EG 413 »Ein wahrer Glaube Gott's Zorn stillt«

Vorschlag zur Predigt

Möglicher Anfang
Da meint einer, mit Jesus ein ernstes Wort unter vier Augen sprechen zu müssen. Er will Jesus die Sache mit dem Leiden ausreden: »Leiden? - Das widerfahre dir nur nicht!« -
Wie gehen *wir* mit dem Leiden um, mit unserm Leid, mit dem Leiden des Menschensohns, mit dem Leid anderer? Sagen wir auch »Das widerfahre mir nur nicht«?
Bloß nie leiden müssen! Gesundheit ist die Hauptsache, Glücklichsein das Lebensziel, Lustgewinn die Devise.
Unsern Kinder empfehlen wir bequeme, saubere, gutbezahlte, erfolgsversprechende Berufe mit hohem Sozialprestige. Von andern Berufen raten wir ab, anstrengenden, aufopferungsvollen, risikoreichen. »Meine Tochter wird doch hoffentlich nicht auf die Idee kommen, Entwicklungshelferin zu werden, mein Sohn doch hoffentlich nicht Pfleger in einem Behindertenheim?«
Unseren leidensscheuen Erziehungsbemühungen scheint voller Erfolg beschieden zu sein: Selbst Schulkinder erwarten bereits, daß der Unterricht bequem, ohne Anstrengung und unterhaltsam zu sein habe.
Menschen, denen Christus etwas bedeutet und ihn weiterempfehlen möchten, putzen Jesus - z.B. in der kirchlichen Jugendarbeit - werbewirksam heraus. Denn mit dem leidenden Christus - so meinen wir - dem geschundenen, verachteten, verfolgten, in jungen Jahren zu Tode gekommenen und manchmal so ernsten Jesus kann man ja nicht werben. Wie soll ich den Dornengekrönten jemanden lieb machen, dem lorbeergekrönte siegreiche starke Cäsaren imponieren. Wie soll sich Christus gegen den rauschhaftes Glück versprechenden Dyonysos, gegen den sattlächelnden Buddha oder strahlenden Apoll behaupten? So machen wir aus dem, von dem die Bibel

sagt »er hatte keine Gestalt noch Schöne, war der allerverachtetste, voller Schmerzen und Krankheit, zerschlagen und gemartert« den »schönsten Herrn Jesus, Herrscher aller Erden«. Wir schämen uns des gekreuzigten, leidenden Gottes und propagieren einen starken, strahlenden, gesunden, siegreichen, schmerzfreien, lächelnden Jesus - und meinen noch, wir täten ihm damit etwas Gutes, könnten so Freunde und Anhänger für ihn gewinnen, wenn wir das mit dem Leiden, dem Kreuz und der Kreuzesnachfolge unterschlagen.

Gedankenskizzen zum weitern Verlauf

a) Scharf wie sonst kaum verbietet Jesus diese gutgemeinten, aber völlig mißverstehenden, alles verderbenden Schönheitsoperationen. Das Leiden nicht gelten lassen wollen, ist die große satanische Versuchung: »Geh weg von mir. Du glaubst mit diesem Rat menschlich und menschenfreundlich zu sein - und doch ist dieser Rat nur allzu menschlich, nicht Gottes Weg, nicht hilfreich, nicht gut.« Dem Petrus, der gerade noch sein großes Christusbekenntnis von Cäsarea Philippi abgelegt hat »Du bist Christus, des lebendigen Gottes Sohn«, muß jetzt gesagt werden, daß er einen falschen, allzu menschlichen Christus bekannt - und damit alles verdorben hat.

b) Der leidende, gekreuzigte Christus ist unsere Hoffnung. In der Auseinandersetzung mit christlichen Missionaren, die einen attraktiveren, missionsgerechteren Christus verkünden wollten, hat Paulus mit gleicher Schärfe und Leidenschaft darauf bestanden: »Wir haben die Botschaft vom Kreuz zu verkündigen, mag es den Griechen als Torheit erscheinen und den Juden als Ärgernis.« Im Leiden steckt rettende Gotteskraft.

c) Ja: Im schwachen Christus steckt Kraft, im verachteten, geschundenen Jesus steckt Herrlichkeit - aber diese Herrlichkeit ist (noch) verborgene Herrlichkeit und die Kraft in den Schwachen ist verborgene Kraft, soll verborgen bleiben. Deswegen erzählt das Markusevangelium, daß Jesus den Geheilten verbietet, von seiner Allmacht zu reden und den Jüngern verbietet, den Christus und Gottessohn zu propagieren. Nur das Wort vom leidenden, gekreuzigten Menschensohn soll frei und offen geredet werden. Jesu Leiden und Kreuz ist die sichtbare Seite des Gotteshandelns, seine Kraft und Herrlichkeit die verborgene Seite des Gotteshandelns.

d) Beim Bekenntnis des leidenden und gekreuzigten Jesus geht es nicht so sehr darum, daß historische Tatsachen nicht manipuliert werden sollen (»er ist nun einmal so zugrunde gegangen«), sondern es geht darum, daß Leiden Opfer, Stellvertretung der Grund und die Ursache allen Heils, aller Erlösung, aller Hoffnung ist. Durch seinen Tod erlöst Gott, durch sein stellvertretendes Leiden bewältigt Gott böse menschliche Vergangenheit. Im Einstehen für andre und in Selbsthingabe liebt er uns, schenkt er Leben. Diesem Lebensgesetz verdanken wir uns.

d) Und noch etwas: Wer das Leiden und die Niedrigkeit Jesu unterschlagen möchte, hat nicht nur einen falschen Christusglauben, - er wird auch ein

illusionäres Menschenbild haben, eine Illusion dessen, was Leben ist und Lebenserfüllung bringt.
Leiden und Opfer, sein eigenes und das Kreuz anderer auf sich nehmen, gehört zum vollen Leben dazu. Darum ist es nicht gut, wenn wir uns selbst und andern das Leiden und Sterben ausreden wollen. (Wieviele Besuche bei Kranken und Sterbenden verlaufen so, daß Ärzte, Krankenschwestern, Verwandte oder Freunde dem Leidenden einreden wollen: »das widerfahre dir nur nicht«.)

Möglicher Schluß
Wir sollen das Leiden nicht suchen (das wäre lebensfeindlicher Masochismus), aber das Leid, das auf uns zukommt, annehmen, den Sinn von Leiden, Belastungen entdecken, die Lebens- und Zukunftskraft von Opfer, Stellvertretung und Hingabe erfahren. Wer leidensscheu und bequem mit Glück und Lustgewinn um jeden Preis die ganze *Welt* gewinnen will, verliert und verspielt die großen Möglichkeiten des *Lebens*. Wir selbst verdanken uns einem andern Gesetz. Wer vom Lebensgesetz Christi her Leidensfähigkeit, Selbsthingabe und Opferbereitschaft lernt, der gewinnt Leben für sich und andere. Da erfüllt sich Leben, wird neues Leben möglich.

Kontext

»Der Glaube an Gott in der *Nachfolge Jesu* gibt mir Antwort und damit Mut zum Leben in bezug auf drei Lebensfragen.
Erstens: Er gibt mir Antwort auf die Frage nach der Gegenwart Gottes in der Welt und ermutigt mich, an Gott zu glauben und ihm zu vertrauen – angesichts seiner scheinbaren Abwesenheit in der Welt.
Zweitens: Er gibt mir Antwort auf die Frage nach dem Sinn meines Lebens in der Welt und ermutigt mich, Sinn zu suchen und zu bekennen – angesichts von Schuld, Leid, Verfall und Tod in der Welt.
Drittens: Er gibt mir Antwort auf die Frage nach der Zukunft des Menschen in der Welt und ermutigt mich, die Welt menschlicher gestalten zu helfen – angesichts so vieler Unmenschlichkeiten in der Welt.«
(aus: Heinz Zahrnt, Mutmaßungen über Gott, © R. Piper GmbH & Co. KG, München 1994)
(Dieser Text könnte an diesem Sonntag anstelle des Apostolikums im Gottesdienst gesprochen werden).

Invokavit

Annäherungen an den Predigttext Matthäus 4,1-11

Ulrike Schilling

In einer Gruppe von 5 Frauen haben wir versucht, uns zu diesem Text in Beziehung zu setzen. Mit unterschiedlichen Vorkenntnissen, unterschiedlicher Übung in diesem Umgang mit biblischen Texten trafen wir als Frauen in dieser Zusammensetzung neu aufeinander. Es waren beide Konfessionen vertreten; unser Alter: zwischen 37 und 74 Jahren.
Wir lasen den Text mehrmals laut vor in verschiedenen Übersetzungen.

Erste Eindrücke oder Erinnerungen
- Der Mensch lebt nicht vom Brot allein: dieser Vers mit seinem ganzen Gewicht und der Aussage, wovon der Mensch tatsächlich lebt, nämlich jedem Wort, das aus dem Mund Gottes geht. Zugleich: Angesichts des Hungers in der Welt wäre es auch eine schöne Vorstellung, wenn sich aus Steinen Brot machen ließe bzw. wenn Jesus das getan hätte.
- Die Begegnung mit dieser Geschichte liegt weit zurück in Kinder- bzw. Konfirmandentagen. Die Bilder zu dieser Geschichte sind in uns lebendig geblieben: die Wüste, Jesus auf der Tempelzinne, Jesus, der von diesem hohen Berg über die Welt schaut, die ihm zu Füßen liegt.
- Der Film vom Vorabend »Kinder des Zorns« wurde mit der Geschichte wieder lebendig. Dort Kinder, die von einem Dämon in Gestalt eines Kindes verführt werden und ihn arglos als Gott verehren, hier Jesus, der die Verführungen zurückweist. Eigentlich sind die Versuchungen unrealistisch: Jesus kann das alles doch tatsächlich nicht, Steine zu Brot machen ...
- Die dritte Versuchung erscheint als die unwahrscheinlichste: daß Jesus vor dem Teufel niederfällt. Das Niederknien als Geste war teils fremd, teils gewohnt aus dem Gottesdienst.

Worum geht es in diesen drei Versuchungen?
(Zu Beginn hatte ich die Geschichte in ihrer Stellung im Matthäusevangelium eingeordnet.)
- Es geht um die Stillung eines Elementarbedürfnisses nach diesen 40 Wüstentagen und -nächten, um Hunger. Es geht um Macht, und es

geht in der zweiten um einen Selbstbeweis: Kann ich prüfen, ob ich wirklich Gottes Sohn bin?

- Es geht darum, sich selbst treu zu bleiben, der eigenen Idee, dem, was letztlich wichtig ist (Leben in der Nazizeit als Beispiel).
- Es ist eine Absage an den allgegenwärtigen Materialismus und Eigennutz. Daß der eigene Vorteil auch die Interessen und Ideen bestimmt.

Welche Fragen kommen zu dieser Geschichte?

- Warum mußte Jesus durch diese Versuchung? Er besaß doch die Hoheit als Sohn Gottes durch die Taufe. Ist es hier so wie mit dem Tod, den er durchleiden mußte?
- Für mich ist das anders, auch wenn sich die Sichtweisen nicht ausschließen, sondern auf verschiedenen Ebenen ihre Richtigkeit haben. Ich sehe in dieser Geschichte die innere Entwicklung in Jesus selbst abgebildet, wie er die Vollmacht, die er in sich spürt, die die Taufe ihn hat erleben lassen, fassen und leben kann. Dafür braucht er den Rückzug in die Wüste. Der Teufel ist quasi der innere Gegenspieler Jesu. Und hinterher kann er losziehen und sein Werk beginnen und hat die innere Kraft dafür. Für mich ist das auch eine Ermutigung und ein Ansporn, dieser innere Weg zur Reife.
- Bei Lukas steht aber, der Teufel ließ erstmal von ihm ab. Also ein für allemal war das hier nicht.
- Ich sehe die Geschichte auch als Programm für die Glaubenden der ersten Generationen, daß Jesus gerade nicht der Zauberer ist, der die eigenen Wünsche erfüllt. Hier bindet er sich eindeutig an Gottes Gesetz, an das erste Gebot.

Der Gedanke der Entwicklung, des Erkämpfens der eigenen Haltung gegen ein statisches Bild hat uns länger beschäftigt. Ist Vollkommenheit etwas Statisches, das doch jenseits unserer Vorstellung liegt? Oder muß nicht auch Glück z. B. prozeßhaft gedacht werden – ständiges Glück ist doch die pure Langeweile. Wir sahen hier besonders die Menschlichkeit Jesu als wahrer Mensch dem wahren Gott gegenüber, wobei Gott im Alten Testament auch Emotionen hat, sie zeigt und sich bewegen läßt, also auch ringt.

- Die Stimme in ihm, das ist der Geist. Und der Geist ist das, was aus dem Mund Gottes kommt, wovon der Mensch lebt. Die innere Bindung an Gott.
- In der Taufe hat er den Geist auf sich herabkommen sehen. Nur er hat ihn gesehen; hier steht nichts davon, daß die anderen das auch gesehen haben.
- Im Buddhismus muß der Mensch erst mit sich selber klarkommen, bevor er auf die anderen Menschen zugeht.
- Ist es im Christentum vielleicht gerade andersherum: An erster Stelle steht das sich Aufopfern für andere? Das sich Verausgaben kann aber auch nicht der richtige Weg sein. Aufopfern könnte auch bedeuten: Ich

will gefallen (Gott, anderen), und entspräche dann hier der zweiten Versuchung.

- Diese Geschichte spricht gerade für den inneren Weg. Doch auch der innere Weg ist der Weg in einer Beziehung. Ohne Beziehung zu Gott oder die Stimme des Gewissens geht es nicht.
- Es ist besonders perfide, daß der Teufel hier mit diesem schönen Psalmwort gegen Gott votiert.

In welcher Situation könnte der Text wichtig werden?

- Z.B. bei der Konfirmation. Für die Konfirmanden folgt doch eine Zeit vieler Versuchungen, in denen sie ihre Orientierung finden müssen.
- Dabei sollte aber die Ermutigung zum eigenen Standpunkt nichts Belehrendes oder Moralisches haben. Hier ist es auch die eigene Entscheidung Jesu, der er treu bleiben will, und kein sklavischer Gehorsam gegenüber Gott.
- Ich finde es wichtig, daß in der Predigt die Idee dieses Textes deutlich wird: einen Standpunkt haben, Vertrauen haben, keine falschen Werte anbeten, ein Ziel haben.
- Meine Frage jetzt am Beginn der Fastenzeit ist die: Wo ist eigentlich mein Standpunkt? Wo mache ich mich fest?

Zum Gottesdienst

Michael Becker

Exegetisch-homiletische Skizze

1. Fjodor Michajlowitsch Dostojewski soll gesagt haben: Wenn diese Geschichte nicht in der Bibel stünde, müßte man sie erfinden. Recht hat er. Ich liebe diese Erzählung von Jesu Stolz, der aus völliger Gottesgewißheit kommt.
2. Matthäus erzählt sehr gut, finde ich. Er erzählt einen Dreischritt immer heftiger werdender Versuchungen. Schon beim ersten Mal geht es ums Ganze: »Bist du Gottes Sohn ...« Die drei Schritte sind gut zu behalten, sie sind klug gewählt. Dem Privatwunder (»Mach' was aus dir ...«) folgt ein öffentliches Wunder (»Wirf dich hinab ...«) und zuletzt die alles entscheidende Machtfrage, gleichsam das letzte und größte, schon etwas verzweifelte Angebot des Versuchers.
Ich habe bei dieser Erzählung immer die Szene aus dem Pasolini-Film »Das Erste Evangelium nach Matthäus« vor Augen. Ein überhaupt nicht unsympathischer Versucher kommt wie nebenbei des Wegs – und geht bald darauf

unverrichteter Dinge wieder von dannen. Aber er geht so gelassen davon, als käme er in Kürze wieder, und alles begänne von vorne.
Das wird wohl so sein.

3. Die Inhalte der drei Versuchungen bauen aufeinander auf. In meiner Konfirmandenzeit dachte ich beim Hören dieser Erzählung: Na ja, beim dritten Mal hätte Jesus ja mitmachen können; da sieht man ja nichts, da kann man etwas vorspielen und alles dann wieder zurücknehmen. Matthäus meint das genaue Gegenteil. Gerade in der dritten Versuchung *erzählt* er seine Absicht, ohne sie direkt auszusprechen: Macht hat nur, wer ihr nicht erliegt.

4. Wirkliche Macht, erzählt Matthäus, kommt allein aus dem Anerkennen des ersten Gebotes. Mächtig ist, wer um die Mächtigkeit, die Majestät Gottes weiß und sie ausdrückt.
In dieser Erzählung wird die Machtfrage in der Welt, im Leben des und der Einzelnen erörtert, durchgespielt und entschieden; ein für alle Mal beispielhaft entschieden - sozusagen auf höchster Ebene, am Sohn Gottes. Und die Entscheidung lautet: Alle Macht und alles Machbare hat seine Grenze im ersten Gebot. Es wird nicht entschieden, was das erste Gebot im Einzelfall besagt. Aber es ist entschieden, daß es laut werden muß da, wo das Machbare geplant und durchgeführt und wo Macht ausgeübt wird. Jesu Aussprechen des ersten Gebotes setzt dem Versucher die Grenze. Das Verschweigen der Grenze, als gäbe es sie nicht, heißt, sie zu übertreten. Wer die Grenze/die Gebote ausspricht, weiß, daß ein Überschreiten droht. Und wer sie durch Aussprechen anerkennt und also in Kraft setzt, dem dienen die Engel.

5. Mit meiner Predigt und dem Gottesdienst am ersten Passionssonntag möchte ich vor allem Konfirmanden und Konfirmandinnen helfen, die Bedeutung dieser Erzählung zu verstehen. Bei jüngeren Menschen ist verstärkt wieder vom Teufel die Rede. Auch für Matthäus und seine Welt ist er selbstverständlich. Das will ich aufgreifen und, in aller Vorsicht, mit Hilfe dieses Textes und unseren Empfindungen heute nacherzählen.

Vorschläge zur Liturgie

Psalm - EG 736 im Wechsel (aus Psalm 91)

Aufforderung zum Bittruf
Gott, oft versagen wir
und geben der Versuchung nach
nur uns selber zu sehen.

Erbarme dich …

Aufforderung zum Lobpreis
Gott, du hast deinen Engeln befohlen,
daß sie uns behüten auf allen unseren Wegen.

Wir loben dich ...

Gebet zum Tage
Gott, Schöpfer des Himmels und der Erde,
dein Sohn hat dem Bösen widerstanden
und unter uns immer wieder die Liebe
ans Licht gebracht,
hilf uns, darauf zu vertrauen,
um die Nöte und Sorgen anderer Menschen
sehen zu können und ihnen beizustehen mit
unserer kleinen Kraft,
der du lebst und Leben schaffst
von Ewigkeit zu Ewigkeit. Amen

Lesung
Einleitender Satz
Daß wir Gott auch unter ganz schwierigen Umständen dienen sollen, davon schreibt der Apostel Paulus der christlichen Gemeinde in der Stadt Korinth:
2. Korinther 6,1–10

Gebet und Fürbitten
(von Konfirmanden gesprochen)
Herr Jesus, du warst versucht wie wir, nur an dich selber zu denken. Du warst versucht wie wir, Gott zu vergessen.
Du hast widerstanden und Liebe lebendig gemacht, Mutlose aufgerichtet, Erschöpfte gestärkt, Leidende getröstet.
Dafür danken wir dir und bitten dich:
- für uns, die wir oft nur uns selber sehen können: Gib uns Menschen, die uns frei machen für andere.
  Wir bitten: Herr, erbarme dich.
- für alle, die von den Schrecken eines Krieges verfolgt werden: Gib ihnen Menschen, die sie stützen und stärken.
  Wir bitten:
- für alle, die in unserem Land Heimat suchen: Gib ihnen Menschen, die ihnen die Hand reichen.
  Wir bitten:
- für alle, die dem Bösen und Teuflischen verfallen sind: Gib ihnen Menschen, die sie davon erlösen können.
  Wir bitten:

- für alle, die immer wegsehen und weglaufen wollen: Gib ihnen Menschen, die mit ihnen aushalten können.
  Wir bitten:

Herr Jesus, du warst versucht wie wir.
Sei an unserer Seite und hilf, daß auch uns Engel dienen werden.
Wir beten in der Stille ...
Gemeinsam beten wir, wie Jesus uns zu beten gelehrt hat ...

Predigt

Liebe Gemeinde, liebe Konfirmandinnen und Konfirmanden,
Euch und Eure Familien habe ich zu diesem Gottesdienst heute besonders eingeladen, weil dieser Sonntag besonders ist und ich gleich eine ganz besondere Geschichte von Jesus vorlesen werde. Mit diesem Sonntag nach Fastnacht und Aschermittwoch beginnt die Fastenzeit (evtl. Hinweise auf Besonderheiten in der Gemeinde/in den Gottesdiensten). Sechs Wochen bis Ostern denken wir an die Zeit, in der Jesus verhaftet, verhört, verspottet und schließlich hingerichtet wurde.
Mit einer ganz besonderen Bibelgeschichte beginnt die Fastenzeit in diesem Jahr. Mit dieser Geschichte antwortet Matthäus, der sie vor etwa 1.900 Jahren aufgeschrieben hat, auf eine sehr wichtige Frage, die sich vor allem jüngere Menschen, Konfirmandinnen und Konfirmanden, heute oft stellen. Gibt es den Teufel?, fragen viele immer wieder einmal. Gibt es den Teufel? Kann ich ihn sehen, hören, fühlen?
Gleich am Anfang des Neuen Testaments, gerade, nachdem Jesus von Nazareth von Johannes dem Täufer im Fluß Jordan getauft worden ist, erlebt Jesus etwas, was Matthäus etwas später so aufgeschrieben hat:
Lesung Matthäus 4,1–11

2. Die Antwort, die Matthäus hier aufgeschrieben hat, ist ganz eindeutig: Ja, es gibt den Teufel. Manchmal kommt er von irgendwoher, keiner weiß woher, tritt zu uns und will etwas von uns, von Euch, von Ihnen, von mir. Jesus ist offenbar gar nicht überrascht, als der Teufel kommt. Er ist auch nicht erschrocken, läuft nicht weg und kämpft auch nicht mit den Händen, sondern antwortet auf alles, was der Teufel hier zu ihm sagt. Sie streiten, aber sie streiten mit Worten. Zuletzt befiehlt Jesus dem Teufel, endlich zu verschwinden. Der Teufel verliert den Streit, hören wir am Schluß der Geschichte. Er geht weg, und an seine Stelle treten Engel und dienen Jesus. Jesus hat den Streit gewonnen. Aber, wer weiß, vielleicht kommt der Teufel ja eines Tages wieder ...

3. Es gibt den Teufel. Und der Teufel macht immer das gleiche, er *versucht* immer das gleiche: Er will, daß wir ihm gehören. Er will, daß wir Gott

vergessen und ihm gehören. Er lockt uns und versucht, uns auf seine Seite zu ziehen. Er verspricht uns Macht und Einfluß und Reichtum und Herrlichkeit, wenn wir Gott vergessen und vergessen können, was Gott will. So steht es hier. So hat Jesus es vermutlich erlebt. So hat Jesus auch gestritten und schließlich gewonnen, weil er sich nicht locken ließ.
Es kann sein, liebe Konfirmandinnen und Konfirmanden, daß das alles ein bißchen seltsam klingt in euren Ohren. Das macht aber nichts. Wir hören das erst einmal einfach so, wie es dasteht. Dann fällt nämlich bald etwas ganz merkwürdiges auf; und das steht nicht da. Es steht nicht da, woher der Teufel kommt, es steht nicht da, wie er aussieht, wo er schließlich hingeht oder wo er wohnt. Und weil das alles nicht dasteht, ist es offenbar nicht so wichtig. Es ist wohl noch nicht einmal wichtig, ob er wirklich eine Person ist mit Händen, Füßen, Gesicht oder Hörnern. Es ist nur wichtig, daß es solche Verlockungen gibt, und Versuchungen. Vielleicht, und das glaube ich persönlich, ist der Teufel so etwas wie ein Teil von uns selbst, der uns immer verlocken will und von dem man einfach leichter erzählen kann, wenn man ihm ein Gesicht gibt und einen Pferdefuß und wer weiß was alles andichtet. Das alles aber ist nebensächlich, wenn ich nur genau weiß und ganz aufmerksam bin, weil ich weiß, was der Teufel will: Er will, daß ich Gott vergesse.

4. Das versucht der Teufel; oder, ich will es nun etwas vorsichtiger sagen: das versucht das manchmal Teuflische in mir: Gott zu vergessen, weil es mir dann angeblich besser geht. Ich soll vergessen, wer die Welt geschaffen hat, die Tiere, die Pflanzen, die Menschen. Ich soll vergessen, oder will vergessen, warum ich auf der Welt bin, warum ich lebe, arbeite, mit Menschen zusammen bin. Und schließlich soll ich einfach vergessen, daß Jesus lebte und starb, damit Menschen zu helfen ist. Das alles soll ich vergessen und nur an mich selber denken. Dann geht es mir gut, versucht mir das manchmal Teuflische zu sagen. Dann geht es dir gut! Kümmere dich nur um dich, sagt die Verlockung. Sorge dich nur um dich selber, dann geht es dir gut und du hast alles und du bist alles.
Und das ist dann die Hölle.

5. Ja, das glaube ich wirklich. Das ist dann die Hölle. Jeder und jede kümmert sich nur noch um sich. Das ist wirklich die größte Versuchung für jüngere und ältere, sich nur noch um sich selber zu kümmern, in der Schule, in der Familie, unter Bekannten, bei der Arbeit, in der Kirche. Das ist wirklich die Hölle. Ich gebe zu, daß ich mich gerne um mich selber kümmere, aber ich merke auch, wie sehr ich es oft brauche, daß andere sich um mich kümmern. Manchmal merke ich sogar, daß damit der Himmel beginnt, wenn andere wie Engel zu mir sind, mir helfen, meine Sorgen wirklich hören wollen, mir einen Rat geben oder mir etwas Wertvolles schenken, das vielleicht gar kein Geld gekostet hat. Es ist wunderbar, wenn Menschen

sich umeinander kümmern und sorgen. Das brauche ich, und das erinnert mich daran, warum ich lebe. Ich lebe für mich *und* andere. Ich darf nicht vergessen, was Gott von mir will, sonst vergrößere ich vielleicht die Hölle. Darum will ich nicht nachgeben, wenn etwas in mir sagt: Kümmere dich nur um dich. Ich darf nicht nachgeben, denn ich will doch den Himmel.

6. Matthäus erzählt uns einen wichtigen Streit; und ich glaube, daß wir alle ganz oft versuchen, so zu streiten. Mit uns selber zu streiten. Jesus war kein Held, als er den Streit gewonnen hatte. Er hat nur gewußt, was auch wir wissen und erleben können: Wir dürfen Gott nicht vergessen. Wir können ihm dienen und uns auch um andere sorgen. Keine Angst, wir sind dann nicht allein. Engel werden zu uns treten und uns dienen.

Kontexte

Um in den aktiven Kräften der Zerstörung nicht den Gott, den wir suchen und lieben, sehen zu müssen, ist die Fiktion eines Satans höchst dienlich: er verhüllt uns die unerträgliche Wahrheit.
...
»Das Gebet ist ein Heilung«, sagte Mohammed nach Al Buchari. Tiefgründig ist, daß er gesagt hat: ist eine Heilung, und das ist sehr viel exakter als heilt. Das Gebet kann nicht heilen, aber es ist eine Heilung; es schenkt nicht Gesundheit, es ist Gesundheit. Der Atem des Großen ist unmittelbar.
(aus: Guido Ceronetti, Das Schweigen des Körpers, © Suhrkamp Verlag Frankfurt am Main 1983)

Reminiscere

Annäherungen an den Predigttext Markus 12,1-12

Reiner Jansen

1) Wir betrachten dieses Gleichnis zunächst als *Geschichte* und fragen uns: Welche Personen lösen welche Gefühle bei uns aus? Für wen haben wir Verständnis und wer/was macht uns Mühe?
Der Mensch, der den Weinberg anlegt, geht mit viel Liebe an die Arbeit. Umsichtig und sorgfältig bereitet er alles vor. Das macht ihn sympathisch, besonders für Menschen, die selber ein Stück Land bebauen oder Bäume pflegen. Aber warum geht er weg und läßt sich vertreten? Hat er kein Interesse, selbst im Weinberg zu arbeiten? Und warum findet er nicht die richtigen Pächter? Ist seine Auswahl nicht auch ein Mißgriff seinerseits?
- Er muß sehr geduldig sein, daß er so oft jemand schickt. Warum kommt er nicht, um endlich selber Ordnung zu schaffen? Warum schickt er seinen einzigen Sohn in den Weinberg, obwohl er weiß, daß vorher schon viele seiner Knechte mißhandelt oder umgebracht worden sind?
Wir fragen uns, ob wir uns auch in die Pächter hineinversetzen können (trotz ihrer negativen Kennzeichnung als »Mörder«). Daß sie sich mit dem Land, das sie bebauen, identifizieren, können wir gut nachvollziehen. Aber warum haben Sie solche Mühe, vom Ertrag etwas abzugeben? (Machtgelüste, Bindung an das Materielle - oder was sonst mag da alles mitspielen?) Schließlich war der Besitzer auch bereit zum Teilen, indem er seinen perfekt eingerichteten Weinberg den Pächtern überließ.
Immerhin machen sie uns darauf aufmerksam, daß es auch uns oft schwer fällt, mit anderen zu teilen.
2) Damit sind wir schon bei der *Deutung*. Was das Gleichnis in der Situation bedeutet, in die es hinein gesprochen wurde, scheint relativ klar zu sein:
Der Besitzer ist Gott, der Weinberg ist das Reich Gottes, der Zaun ist das Gesetz. Mit den Weingärtnern dürften die Ältesten und Schriftgelehrten gemeint sein; die Knechte sind die Propheten. Und beim »geliebten Sohn« denken wir an Jesus, den Sohn Gottes.
(Freilich: Könnten es nicht auch Isaak, Joseph oder Benjamin sein? Sie alle standen ja ihrem Vater ebenfalls sehr nahe.)

Manches sträubt sich allerdings auch gegen diese (allegorische, heilsgeschichtliche Deutung), die dann meistens doch darauf hinausläuft, daß das Reich Gottes dem jüdischen Volk weggenommen wurde. Wir wollen uns nicht mit einer Deutung zufrieden geben, bei der man schon weiß, wer gemeint ist und bei der wir uns bequem heraushalten können.
Darum fragen wir: Was ist mit uns los, wenn wir uns in der Rolle der Pächter sehen? Welchen Ertrag erwartet Gott von uns? Wo und wann macht uns das Teilen so Mühe?
Wurde uns nicht ein wunderbarer Weinberg anvertraut? Und was haben wir damit gemacht?
Und was fangen wir mit der Drohung an, daß der Besitzer kommen wird, um die bösen Winzer umzubringen? Können wir das mit unserem Gottesbild vereinbaren? Wie wörtlich ist es zu nehmen? Kann »töten« bzw. »umbringen« auch meinen, jemanden in seiner Existenz gefährden? – Auf solche und andere Fragen könnte die Predigt eingehen.
(Zusamenfassung eines Gespräches in der Gottesdienstvorbereitungsgruppe Frenkendorf-Füllingsdorf, Schweiz)

Zum Gottesdienst

Heiderose Gärtner

Exegetisch-homiletische Skizze

Ein schillernder facettenreicher Text ist die Perikope dieses Sonntages. Wenn ich einen Edelstein betrachte, leuchten verschiedene Farben auf, je nachdem, wie das Licht einfällt. Je nach Einfall des Lichts verändern sich die Farben, die ich beim Ansehen des Edelsteins wahrnehme. Und so unterschiedlich kann auch dieser Text verstanden werden, je nachdem, welchen Zugang ich wähle. Daher möchte ich drei Zugänge zum Text vorstellen, sozusagen drei Facetten eines Blicks auf einen Edelstein gewähren.

1. Exegetischer Lichteinfall: Die Perikope Mk 12,1–12 ist eine Erzählung, die wahrscheinlich auf Jesus zurückgeht, aber von der frühen Gemeinde bearbeitet wurde. Die Verse 10 und 11 sind als eine spätere Interpretation der Gemeinde anzusehen. Tim Schramm betont: »In erster Linie ist hier anzuführen, daß christologisch gedeutete Steinworte zum festen Gut der urchristlichen Schriftbeweisführung gehörten.« (T. Schramm, K. Löwenstein, »Unmoralische Helden«, Göttingen 1986, S. 33) Er geht davon aus, daß die Fassung im Thomasevangelium dem Ursprungstext am nächsten kommt. Die Erzählung endet dort mit der Ermordung des Erben. Damit ist

nach seiner Auffassung Markus 12,1ff. formgeschichtlich eine Parabel. »Die Rekonstruktion des ursprünglichen Wortlautes befreit das Gleichnis auch von seinen antijudaistischen Zügen.« (a.a.o.S. 35)
Der entscheidende Vergleichspunkt, um den es in dieser Parabel geht, ist damit die Entschlossenheit, mit der die Pächter handeln. »Es gilt, die Gegenwart zu erkennen als eine Zeit, die durch das herannahende Reich Gottes bestimmt ist; jetzt muß und soll man sich entschlossen darauf einstellen, ›bedenkenlos entschlossen‹ - wie die Pächter im Gleichnis.« (a.a.o.S. 36)

2. Tiefenpsychologischer Lichteinfall: Drewermann versteht den Weinberg als ein Symbol für das durch Gott dem Menschen anvertraute Gut der Seele. »Ist nicht die Seele eines jeden Menschen, der zur Welt kommt, unter den Augen Gottes wirklich wie ein Weinberg, darinnen alles angelegt ist aus den Schöpferhänden Gottes, so vollendet und so schön wie es sorgsamer gar nicht einzurichten wäre? Es ist wahr, daß Gott diesen Weinberg unserer Seele immer wieder anderen Menschen, seinen »Pächtern« anvertrauen muß; wir selbst aber sollten uns begreifen niemals als Herrn und als Eigentümer des uns Anvertrauten; ...«
(E. Drewermann, Das Markusevangelium, Olten, 3. Auflage 1990, S. 238)

3. Befreiungstheologischer Lichteinfall: Angeregt durch die Annäherungen zum Text möchte ich einen befreiungstheologisch-systemischen Zugang zu diesem Text versuchen. Die Gottesdienstvorbereitungsgruppe Frenkendorf-Füllensdorf hat sich mit der Frage auseinandergesetzt, inwieweit die Auswahl der Pächter nicht ein Mißgriff des Besitzers war. Die Gottesdienstvorbereitungsgruppe ist von einer allegorischen Bedeutung ausgegangen, sie hat Gott als den Besitzer verstanden und in den Weingärtnern erst die Ältesten und Schriftgelehrten gesehen und später sich selbst dann in der Rolle der Pächter. In ihren Anfragen werden sozusagen Pächter und Besitzer als ein gemeinsames System betrachtet. Je nachdem wie der eine sich verhält, bedingt dies das Verhalten des anderen. Dieser systemische Zugang wird durch das Anbinden basis- bzw. befreiungstheologischer Kategorien erweitert. Es wird versucht, die Perspektive der Betroffenen einzunehmen, in diesem Fall also der Pächter. Also wären aus Sicht der Pächter einige Fragen an den Besitzer zu stellen. Denkbar sind folgende: Hat der Besitzer nicht auch einen Fehler gemacht, und die falschen Pächter ausgewählt? Außerdem wird in der Erzählung nicht deutlich, wann und wie er den Zins mit den Pächtern vereinbart hat. Liegen klare Absprachen vor? Wieviel Ertrag muß abgegeben werden? Warum geht der Besitzer so weit weg, außer Landes und kümmert sich jetzt erst wieder um »seinen« Weinberg? Warum kommt er nicht selbst zu seinem Weinberg und spricht mit seinen Pächtern, warum schickt er einen Knecht? (Vgl. Annäherungen zum Text). Warum ahndet er die Vergehen an den Knechten nicht?

Und nun zu den Pächtern. Warum wollen die Pächter nicht ihre Pacht abgeben? Die Pachtabgabe macht doch deutlich, daß sie diesen Weinberg bestellen dürfen. Könnte die Kontaktaufnahme des Besitzers zu den Pächtern nicht auch als eine Möglichkeit verstanden werden, über die vielen Fragen der weiteren Modalitäten der Verpachtung zu sprechen? Haben sie vergessen, daß sie ein anvertrautes Gut haben, das der Rücksprache mit dem Besitzer bedarf, das Pächter wie Besitzer verpflichtet?
Vielleicht müssen beide Seiten rigides Denken und eingeschliffene Verhaltensweisen loslassen. Pächter als auch Besitzer »besitzen« etwas. Dem Herrn des Weinbergs gehört das Land. Den Herrn der Arbeit, den Pächtern, ist ihre Arbeitskraft eigen. Gemeinsam sind diese beiden Gruppen stark. Jeder in seiner Rolle. Beide Seiten müssen sich so arrangieren, daß sie zufrieden sind, daß beide ihr Gut einbringen können, gegenseitig ihren Besitz anerkennen. Wenn Besitz und Arbeit gemeinsam als gemeinsames Gut verstanden wird, das einerseits verpfichtet, andererseits aber auch Ertrag für beide bringt, dann ist das Reich Gottes nahe gekommen.
Am 2. Sonntag der Passionszeit möchte ich in der Gemeinde in Ludwigshafen, in der ich predige, den Aspekt der gemeinsamen Verantwortung des von Gott uns anvertrauten Gutes betonen. Gott hat uns diese Welt und unser persönliches Leben gegeben und wir sind verantwortlich für das, was wir daraus machen (evtl. ist hier ein Hinweis auf Matthäus 25,31ff. möglich). Besonders in Ludwigshafen kann man erfahren, was das Schlagwort »Neue Armut« in Wirklichkeit bedeutet. Was kann hier gemeinsame Arbeit und Teilen bedeuten?

Vorschläge zur Liturgie

Votum
Im Namen Gottes, der mich wollte, der mein Lachen und Weinen kennt.
Im Namen Jesu Christi, indem mein Mensch-Sein geborgen ist.
Im Namen der Geistgabe, die mich trägt. Amen

Der *Wochenpsalm* wird im Wechsel mit der Gemeinde gesprochen.

Eingangsgebet
Gott, wir sind zu Dir gekommen. Vieles an Gedanken und Fragen haben wir in diesem Gottesdienst mitgebracht. Hilf, daß wir Klärung finden und gib Wegzehrung für die nächste Woche.
Das Gedenken des Weges von Jesus Christus auf dieser Welt und seines Leidens an dieser Welt begleitet uns in dieser Zeit. Gott, gib, daß wir verstehen, was Du uns mit Jesus Christus sagen wolltest.
Deine Liebe stärke unsere Herzen, Dein Geist belebe uns, Deine Hoffnung trage uns. Amen

Sündenbekenntnis und Gnadenzusagen
Wie oft haben wir weggeschaut von dem Leiden, das sich vor unseren Augen ereignet hat, nur weil wir es nicht mehr ertragen konnten. Gott, wie oft haben wir uns keine Sorgen gemacht angesichts der bedrängenden Lage bei uns und in unserer nächsten Nachbarschaft. Gott, wie oft haben wir vergessen zu sehen, daß Deine Welt ein Ganzes ist und wir ein Teil davon sind, der einen wichtigen Auftrag an dieser Welt hat.
Gott, hilf durch Deine Kraft, daß wir neu sehen lernen, daß wir unsere Hände zum Guten gebrauchen und dort zupacken, wo wir nötig sind. Gott, gib, daß wir unsere Gedanken einsetzen für den Nächsten und die ganze Welt. Amen.

Schlußgebet
Gott, immer wieder gibst Du uns neues Leben. Jeder und jede hat ihren Auftrag an dieser Welt, jeden Tag hältst Du Aufgaben für uns bereit. Hilf, daß wir sehen, was wir tun sollen, und gib die Kraft, daß wir das, was nötig ist, auch tun können. Manchmal sehen unsere Träume und Wünsche ganz anders aus, als das, was Du uns aufgibst. Dann ist es gut, wenn ein anderer Mensch zu Dir sagt:
(Gemeinde) Sei getrost und fürchte Dich nicht, geh Deinen Weg mit Gott.
Immer wieder gibt es auf dem Weg, den Du uns aufgibst, Augenblicke, in denen wir nicht weiterwissen. Unser Blick ist verstellt, wir sehen nur Schuld und Versagen. Dann ist die Hoffnung verloren gegangen und die Angst drückt uns zu Boden. Ach, daß dann eine Stimme zu uns sagt:
(Gemeinde) Sei getrost und fürchte Dich nicht, geh Deinen Weg mit Gott.
Die Bedrohung der Welt und unseres Lebensraumes bedrückt, das Gefühl der Bedrohung und die Angst wächst. Wie wird das Zusammenleben den Menschen auf dieser Erde noch gut möglich sein? Herr, hilf uns, daß wir Lösungswege sehen und angehen können. Immer wenn wir die Frage stellen, was können wir noch tun? Dann ist es wichtig, daß jemand den Mund auftut und zu uns sagt:
(Gemeinde) Sei getrost und fürchte Dich nicht. Geh Deinen Weg mit Gott. Amen.

Liedvorschläge: zum Eingang: EG 91,1,4–6, nach der Schriftlesung: EG 75, vor der Predigt: EG 427,1,2,4 u. 5 (Vers 4 beinhaltet Passionsbezug), nach der Predigt: EG 428,1–5, vor dem Segen: 633.

Segen

Zur Predigt

Möglicher Anfang

Puzzlespielen macht Spaß. Besonders wenn man zu zweit versucht, ein Bild zu legen. Findet der eine kein Teil, kann der andere ihn ermutigen, wenn er fündig wird. Aber nur gemeinsam entsteht dieses Bild. Behält einer sein gefundenes Teil zurück, wird dieses Ganze niemals fertig.
Vielleicht kann das Bild des Puzzlespieles helfen bei der alten Frage, was mehr wert ist, die Arbeitskraft oder der Besitz den man hat, die Firma, das Land? Eine Frage ist das, die gerade auch heute wieder die Diskussion bei uns bestimmt, angesichts der sogenannten neuen Armut. Wo soll die Steuerschraube angesetzt werden, bei denen, die nicht viel haben, oder bei den anderen? Wenn man bei denen ansetzt, die viel haben, dann kann es passieren, daß diese nicht mehr investieren. Das ist schlecht für die Wirtschaft und die Arbeitsplätze. Setzt man die Steuerschraube bei denen an, die hauptsächlich ihre Arbeitskraft für die Gesellschaft einbringen, erhöht sich der Grad der Unzufriedenheit noch weiter.
Kann es so etwas geben wie eine gemeinsame Verantwortung für das, was in unserer Wirtschaft und Gesellschaft passiert? Eine gemeinsame Verantwortung von denen, die das Kapital haben und von denen, die die Arbeitskraft besitzen. Beide Parteien streiten in Form von Gewerkschaften und Arbeitgebervertretern um die bestmöglichsten Ergebnisse für die jeweils eigene Seiten. Wenn beide Parteien nicht nur das Wohl ihrer Seite im Auge hätten, sondern das Ganze, also das gute Zusammenleben hier bei uns und auch im Weltverbund, wie würden dann wohl die Verhandlungen aussehen? Beide Seiten müßten sicher zurückstecken. Weniger Rendite und weniger Lohn für alle - das wäre mehr für das Ganze. Ist das heute überhaupt noch ein denkbarer Weg?

Zum weiteren Verlauf

Es ist möglich, im weiteren Verlauf der Predigt dieser Frage nachzugehen! Ebenso ist es auch denkbar, in Form einer narrativen Predigt eine neue Geschichte von dem Besitz und den Pächtern des Weinberges zu schreiben. Wie verhalten wir uns mit dem, was Gott uns anvertraut hat? Sind wir bereit, miteinander verantwortlich in dieser Welt zu leben, z. B. als Männer und Frauen? Da wird es darum gehen, daß Männer Macht abgeben und teilen, das ist schwer. Und dann wird es darum gehen, daß Frauen mit dieser Macht umgehen und daß sie sie verantwortungsbewußt einsetzen.
In Schweden gibt es das sogenannte »allemansrätta«. Es bedeutet, daß alles Land, also auch die Parks um die Schlösser und in den Städten allen Menschen gehören. Nur die privat eingezäunten Gärten um die Häuser sind ausgenommen. Jeder Schwede, jede Schwedin hat Recht am gesamten Land Schwedens. Dieses Recht verpflichtet jeden Schweden, jede Schwedin zur strengsten Sauberhaltung ihres Landes, das heißt, daß jeder und

jede versucht, beim Benutzen eines Parks oder des Waldes nichts zu hinterlassen, was dort nicht hingehört. Das funktioniert in Schweden! Ich schlage als Schluß der Predigt eine neuformulierte Version des Gleichnisses vor.

Möglicher Schluß
So kommt der Besitzer, um nach seinem Weinberg zu schauen. Er will den Anteil, der ihm zusteht, mit nach Hause nehmen. Am Weinberg angelangt, sieht er die viele Mühe, die sich die Pächter gegeben haben, den Weinberg zu erhalten, trotz vieler widriger Umstände. Der Ertrag war in den Jahren, trotz aller Mühe, nicht so reichlich gewesen wie gedacht.
Der Besitzer nimmt also das Ganze in den Blick, und er redet mit den Pächtern und nimmt den Anteil mit, der angesichts der Lage neu ausgehandelt wird. Der Anteil wird geringer sein. Denn Investitionen sind noch nötig geworden. Der Zaun, den er selbst gezogen hat, ist durchlöchert. Die Pächter sind bereit, ihn zu reparieren. Er läßt von seinem Anteil für die Reperatur genügend da, damit sie Material kaufen können und ihre Arbeit auch nicht umsonst ist.
Beide Seiten begreifen den Weinberg als das ihnen anvertraute Gut, für das sie beiden verantwortlich sind und das beide ernährt.
Werden auch wir bei uns, angesichts unserer wirtschaftlichen Lage, gemeinsam an dem Puzzle unserer Welt bauen, Arbeits- und Produktionsmittel als Teile eines gemeinsamen Ganzen verstehen können? Das Ganze, das Gott uns gegeben hat, macht uns alle sowohl zu Weltbesitzern als auch zu Pächtern. Wird es gelingen, als verantwortlich Teilende damit als Männer und Frauen, Reiche und Arme, Kinder und Alte auch in dieser Welt zusammenzuleben?

Okuli

Annäherungen an den Predigttext Lukas 9,57-62

Gerhard Engelsberger

1. Faszinierend schwierig
Ich bespreche den Text mit einer kleinen Gruppe von Geschiedenen. Loslassen gehört für sie zur Plichtübung. Ähnlich wie bei Hinterbliebenen ist es Voraussetzung zu neuem, gelingendem Leben.
Die meisten kennen den Text, haben ihn schon irgendwo gehört oder gelesen.
Ein »Manager« (41 Jahre, vor 2 Jahren geschieden, zwei Söhne, beide bei der Mutter): »Ja, es geht nicht ohne Loslassen. Du weißt, du darfst Dich nicht nach hinten absichern, wenn du leben willst. Du willst das alles. Du hörst x-mal in der Woche: Mehr Gelassenheit. Und du spürst: Ja, das ist es. Aber dann ruft Marc an und sagt den Treff am Wochenende ab. Und dann bricht alles wieder heraus: Die Wut auf meine frühere Frau, die Angst, die Kinder endgültig zu verlieren. Und der Ärger darüber, daß ich mich so abhängig mache.«
Sie (35-jährige Verlagsangestellte, ein Sohn, lebt seit einem halben Jahr getrennt, will sich scheiden lassen) nimmt den Faden auf: »Bei mir es es gerade umgekehrt: Wenn mein Mann Tobias holt, beginne ich schon zu zittern. Ich weiß nicht, wie er zurückkommt. Ich weiß nicht, was er dem Jungen über mich erzählt. Ich weiß nur, wie gemein er sein kann. Am liebsten wäre mir, die Verbindung würde ganz abgebrochen. Vielleicht einfach weit weg ziehen. Das muß doch mal ein Ende haben.«
Sie wollen Brücken abbrechen und spüren, es gelingt nicht. Die Brücken sind noch nötig. Und Jesus - so meint eine 40-jährige Lehrerin (kinderlos, seit drei Jahren geschieden, leidet unter Depressionen) - Jesus verlangt, man solle die Brücken abbrechen. Solle nichts mehr »aus Konvention« tun. Das sei ungemein faszinierend. Da könnte man befreit durchatmen, wenn es denn so einfach ginge.

2. Einfach ehrlich
»Jesus ist ganz einfach ehrlich«, sagt die Verlagsangestellte. »Er bietet kein Paradies und keine heile Welt an. Er sagt ja, was Dich erwartet, wenn Du den Versuch machst, auszubrechen. Du wirst heimatlos.«

Vor allem das Letzte gibt mir zu denken. Jesus hat die Heimat im doppelten Sinn verloren. Er entäußert sich seiner Gottheit (Philipper 2), und aus seiner »Vaterstadt« wird er davongejagt. Heimatlos, ruhelos zieht er durchs Land, von den einen verfolgt, weil sie ihn los sein wollen; von den anderen verfolgt, weil sie ihn haben, für sich in Beschlag nehmen wollen.

»Das ist mir alles zu theoretisch«, meint der Betriebswirt. »Bei einer Scheidung muß ich wie sonst im Leben kalkulieren können, was dabei herauskommt. Alles andere ist ›Harakiri‹. Ich habe Verantwortung für die Kinder, für meine Gesundheit und - auch wenn mich das stört - für meine Frau. Ich kann mir nicht vorstellen, daß Jesus hier dazu auffordert, man solle verantwortungslos handeln. Das ist ja keine Perspektive für einen Menschen mit Familie oder mit Verantwortung im Beruf, einfach auszusteigen und zu sagen: Ihr könnt mich alle mal ...« »Das klingt alles so unfrei, als ob es nur Einbahnstraßen gäbe«, erwidere ich. »Sagen Sie nichts gegen Einbahnstraßen«, entgegnet die Lehrerin. »Da weiß ich wenigstens, daß mir keiner entgegenkommt und mich überfährt. »Sie« - und sie wendet sich an die andere Frau - »haben vorher gesagt, Jesus sei einfach ehrlich. Vielleicht hört sich das dumm an, aber Einbahnstraßen sind einfach ehrlich. Ich wäre froh, ich wüßte in meinem Leben, wohin es geht. Ich habe den Eindruck, ich stolpere von einer Kreuzung auf die andere und weiß nie richtig, wie ich mich entscheiden soll.«

3. Geht es ums Prinzip?

Ich verlasse die kleine Gesprächsgruppe. Sie reden nun über sich, und das ist auch gut so. Doch die wenigen Bemerkungen haben verdeutlicht: Dieser Text kann ermutigen und gleichzeitig ängstigen. Er zeigt uns eine faszinierende Welt, die Gelassenheit des Glaubens, die Befreiung aus Konventionen und unproduktiven Handlungen. Und er zeigt uns gleichzeitig: Hand auf Herz, so können wir nicht leben.

Geht es ums Prinzip? Ist das Lebenshilfe für uns alle? Oder ist das die Ethik einer Elite und wird »verkehrt«, wenn wir alle danach leben wollten? Was, wenn wir uns alle grußlos »aus dem Staub« machten, Väter nicht mehr bestatteten und Mütter sich selbst überließen?

Ich möchte, um das kaum zu lösende Dilemma dieses Textes etwas aufzubrechen, auf den Kontext hinweisen. Vor unserer Perikope lesen wir vom Wunsch der Jünger, Feuer vom Himmel möge ein wenig gastfreundliches Dorf in Samarien in Schutt und Asche legen. Nach der Perikope mit ihren »elitären« ethischen Anspruch ist Jesus immerhin in der Lage, weitere 72 (!) Jünger einzusetzen und »vor sich her« zu senden.

Es geht nicht um die Zerstörung dessen, was man »auf dem Scheideweg« zurückläßt. Und es geht auch nicht um den Weg für eine Elite.

Die Lehrerin hatte übrigens noch angemerkt: »Was hier steht, gilt wohl nur für solche, die schon unterwegs sind. So heißt es ja am Anfang: ›Und als sie auf dem Weg waren ...‹. Soweit bin ich noch lange nicht. Ich bin wie festge-

mauert, angeklebt. Es wäre für mich schon eine Befreiung, wenn ich nicht mehr so gelähmt und verängstigt an meinen Kreuzungen sitzen würde, sondern mich mal für eine Richtung entscheiden könnte, selbst wenn es die falsche ist.«
Das gilt es wohl seelsorgerlich zu bedenken, wenn wir über diesen Text predigen: Ich bin selbst kein/e Wanderprediger/in, ich habe ein Dach über dem Kopf, und mit mir zusammen sitzen Menschen im Gottesdienst, denen Menschen davongelaufen sind, im Unguten, grußlos, wortlos, einfach so.

Zum Gottesdienst

Hartmut Wenzel

Exegetisch-homiletische Skizze

Thema des Textes ist die Nachfolge Jesu. In drei stilisierten Gesprächsszenen wird deutlich gemacht, daß nur die Jesus nachfolgen können und sollen, die ohne jeglichen Vorbehalt, ohne Zögern dazu bereit sind.
Der Text steht am Anfang des sogenannten Reiseberichts des Lukas, des Weges Jesu nach Jerusalem. Nachfolge heißt: Mit Jesus den Weg des Leidens gehen. Der Weg Jesu ist dem des Jüngers vorgeordnet. Nachfolge Jesu besteht nicht in der Übernahme eines Programms oder in der Zustimmung zu einem Ideal, auch nicht im Kopieren des Weges Jesu. Sie geschieht leibhaft im Hingehen zu den Geringsten unter Jesu Geschwistern und ist ganz konkret Bezeugung des anbrechenden Gottesreiches. Weil sie den ganzen Menschen fordert, keine Halbheiten zuläßt, deshalb ist sie so schwer.
Die schroffen Antworten Jesu erscheinen übertrieben. Berücksichtigt man aber, daß gar nicht berichtet wird, wie die Nachfolgewilligen sich entschieden haben, dann zielen die Antworten Jesu auf die Leser und Hörer des Textes. Sie sind bewußt übertrieben. Wie das Bild vom Balken im Auge wollen sie den Hörer durch das Mittel der Verfremdung zum Aufhorchen bewegen. Drastisch wird damit ausgedrückt, daß noch nicht einmal das für Menschen Selbstverständlichste vor die Nachfolge treten darf. Die Bestattung der Toten, zumal der Verwandten, gehört für Juden zu den Werken der Barmherzigkeit. Die Nachfolge aber hat Vorrang, sogar vor religiösen Pflichten. Daß noch nicht einmal Zeit gewährt wird, von den Eltern Abschied zu nehmen, soll deutlich machen, daß die Nachfolge kompromißlos, ohne Aufschub geschieht. Sie setzt immer eine völlige Umkehr voraus. Dem Text nicht angemessen wäre es, wenn man die Aussagen Jesu plausibel machen wollte, etwa, daß Jesus hier gegen einen übertriebenen

Beerdigungskult polemisiert, wie in manchen Predigten betont wird. Die drastischen Worte Jesu wollen unüberhörbar darauf hinweisen, daß Nachfolge keineswegs selbstverständlich ist. Die Antworten Jesu sind nicht absolute gesetzliche Forderungen. Indem Jesus vor der Nachfolge warnt, sind die schroffen Aussagen sogar höchst rücksichtsvoll, soll doch niemand unbedacht Jesus nachfolgen. Es geht also gerade nicht um die Aufgabe des eigenen Willens, um blinden Gehorsam als höchstem christlichen Ideal, um Entmündigung der Nachfolger. Vielmehr soll Nachfolge in Freiheit erfolgen. Die alleinige Bindung an Jesus entspricht keinem Personenkult, ist nicht vergleichbar dem Verhältnis eines politischen Führers zu seiner Gefolgschaft. Jesu will sehende Nachfolger. Die Zuwendung gilt nicht der Person Jesu, sondern der mit ihm anbrechenden Gottesherrschaft. Er will nicht Begeisterung für sich als Vorbild wecken, sondern die völlige Offenheit für Gottes Reich.
Die zentrale Aussage des Textes, daß jeder vorher genau prüfen muß, ob er zu dem schweren Weg der Nachfolge bereit ist, widerspricht den immer wiederkehrenden Versuchen in der Kirche und bei den Christen angesichts schwindender Anhängerschaft und fehlender Zustimmung das Christsein attraktiv dazustellen und mit falschen Versprechungen Menschen in die Kirche zu locken. Daß längst nicht alle Jesus nachfolgen, das ist das Normale. Der Ruf zur Nachfolge, der dazu nötigt, Brücken abzubrechen, ist aber auch keine Anleitung dafür, wie wir mit unseren zwischenmenschlichen Bindungen und Lösungen umgehen sollen. Es geht nicht allgemein darum, wie Abschied genommen werden muß, sondern um den Abschied, der Jesu wegen genommen werden muß.
So sehr die Predigt den Ernst und die Schwierigkeit des Christseins nicht verschweigen darf, so darf sie bei dem Hörer doch nicht die Reaktion hervorrufen, von vornherein auf die Nachfolge zu verzichten.
Die Predigt darf nicht zur Resignation verleiten und keineswegs gesetzlich werden. Ich möchte die Predigthörer als die ansprechen, die mit allen Zweifeln und Schwierigkeiten Jesus schon zu folgen versuchen. Von Namen des Sonntags Okuli her (Ps. 25,15: Meine Augen schauen stets auf den Herrn) will ich zur Nachfolge heute ermutigen.

Vorschläge zur Liturgie

Lieder
Lasset uns mit Jesus ziehen (EKG 252)
Jesu, geh voran auf der Lebensbahn (EKG 274)
Nun aufwärts froh den Blick gewandt (EKG 513)

Eingangswort
Psalm 25,15: Meine Augen schauen stets auf den Herrn.

Eingangsgebet
Unser Gott, wir sind versammelt, damit du selber uns ansprichst, damit wir auf dich hören und bereit werden, dir nachzufolgen. Du mußt dich bei uns bemerkbar machen, weil wir von uns aus nicht geschickt sind zum Reich Gottes. Wir taugen wenig als deine Mitarbeiter. Wir sehen auf uns und unsere Kraft, wir schauen zurück in die Vergangenheit, aber wir blicken kaum nach vorne in deine Zukunft. Wir erwarten zu wenig von dir und zuviel von uns. Wir sind kaum bereit, loszulassen, was wir haben und unseren Halt allein bei dir zu suchen. Wir suchen das private Glück, wir gehen der Not und dem Elend in der Welt aus dem Weg. Wir scheuen das Leiden. Wir sind keine glaubwürdigen Nachfolger deines Sohnes. Deshalb bitten wir dich um die Kraft, daß wir bereit werden, umzukehren und nach deinem Wort zu leben. Und dann bitten wir dich um den Mut, daß wir auf Jesus Christus schauen und im Alltag dahin gehen, wo er zu finden ist. Nimm uns an deine Hand, führe uns, zeige du uns das Ziel und schenke uns die Hoffnung auf dein Reich, damit wir niemals aufgeben, sondern überall bezeugen, daß wir uns auf deine Gnade verlassen können.
Amen.

Schlußgebet
Vater im Himmel, wir danken dir, daß du uns durch Jesus Christus noch immer zu dir rufst. So viele Stimmen dringen auf uns ein, aber du bringst es noch immer fertig, daß wir auf dich hören. Und nun gib uns die Kraft, daß wir Jesus Christus nachfolgen, daß wir mit ihm dahin gehen, wo deine Liebe, deine Vergebung, deine Gnade gebraucht werden. Schenke uns den Mut, daß wir uns der Schuldiggewordenen, der Heimatlosen, der Schwachen annehmen. Laß es nicht zu, daß wir nur auf uns, auf unsere kleine Zahl und auf unseren geringen Einfluß schauen, sondern mache uns tauglich für dein Reich, damit wir alles von dir und deiner Macht erwarten. Erwecke in jedem von uns die Hoffnung, daß wir nach vorne schauen und auf dein Kommen uns freuen, weil unser Leben und diese Welt bei dir aufgehoben und geborgen sind in alle Ewigkeit.
Amen.

Vorschlag zur Predigt

Möglicher Anfang
»Meine Augen schauen stets auf den Herrn«. Das war das Wort, das wir zum Anfang des Gottesdienstes gehört haben. Daran will der Beter des 25. Psalms unbedingt festhalten. Er will immer auf den Herrn schauen. Das ist auch unsere Bitte mitten in der Passionszeit. Uns Christen ist ja, wie Paulus sagt, der Gekreuzigte vor Augen gemalt worden. Er ist unser Herr, ihn allein sollen wir im Blick haben, ihm sollen wir nachfolgen.

Das ist schwer. Jesus selber hat gesagt, wie schwer es ist. Sein Weg führt von der Krippe zum Kreuz. Hart sind seine Worte, ja fast abschreckend. Wer ihm nachfolgen will, der wird von Jesus selber gewarnt. Unsere Sorge, daß er keine Nachfolger finden könnte, teilt er nicht. Er macht keine Versprechen nach der Art, daß alle sich bei ihm wohlfühlen werden und das ganze Leben ein Fest sei. Er ist ehrlich. So abwehrend seine Worte auch klingen, so weisen sie doch darauf hin, daß er niemanden verführen will. Keinen blinden Gehorsam fordert er, sondern eine klare, eine bewußte Entscheidung. Wer sich auf ihn einlassen will, soll vorher wissen, was ihn erwartet.

Zum weiteren Verlauf
Am Beispiel von drei Menschen macht Jesus deutlich, wie der Weg aussieht, auf dem wir auf ihn schauen und hinter ihm hergehen.
1. Der Weg Jesu führt aus der Geborgenheit in die Fremde. Wer Jesus nachfolgen will, der darf ihn nicht aus den Augen verlieren, der muß dahingehen, wohin Jesus geht. Jesu Weg aber ist dadurch bestimmt, daß er immer wieder Grenzen überschreitet. Er geht zu denen, von denen wir Menschen uns abzugrenzen pflegen. Wir wollen Ruhe, Sicherheit, ein Zuhause, in dem wir geborgen sind. Jesus aber bringt Unruhe, er hat keine Heimat auf Erden. Indem wir auf ihn schauen und auf ihn hören, sehen und hören wir die, zu denen er geht. Die Christen in Nürnberg haben durch ihn die Obdachlosen entdeckt. Sie laden diese Menschen jeden Sonntag zum Frühstück ein. Durch ihn haben sie auf den Weg zu den Fremden, zu den Asylanten gefunden. Kein bequemer Weg, aber Christen in der Nachfolge Jesus igeln sich nicht ein, verschließen sich nicht, sondern werden solidarisch mit denen, die kein Dach über den Kopf haben und denen das Heimatrecht auf Erden verweigert wird.
2. Indem wir auf Jesus schauen, können wir aufhören, dauernd auf uns zu schauen.
»Laßt die Toten ihre Toten begraben«. Wir sind immerzu damit beschäftigt, unsere Vergangenheit bewältigen zu wollen. Es gibt die Redewendung: Eine Leiche im Keller haben. All das, was uns als Schuld und Last bedrückt, was wir unter den Teppich gekehrt haben, wollen wir selbst bereinigen. Der dunkle Keller in uns macht uns zu schaffen. Soviel steht im Weg, das wir noch begraben wollen: Streit, Haß und Neid. Menschen nach der Scheidung berichten in den »Annäherungen« anschaulich, wie schwer es fällt, neu anzufangen. Wir stehen uns selbst im Weg, sind wie gelähmt und schauen auf unsere Not. Solange wir uns aber selbst als Mittelpunkt sehen, solange kommen wir nicht los von uns. Der Ruf zur Nachfolge läßt uns auf Jesus und den Weg seines Leidens schauen. Im Blick auf ihn erfahren wir, daß er seinen Weg auch für uns gegangen ist und auch unsere Schuld trägt. Nur so werden wir frei von unserer Vergangenheit. Nicht indem wir sie verdrängen, sondern hingehen und dankbar anderen Menschen bezeugen, wer die Mitte und das Ziel unseres Lebens ist. Die Verkündigung des

Reiches Gottes geschieht nicht anders, als daß wir die aufsuchen, die mühselig und beladen sind. Nachfolge Jesu ist immer leibhaftig, sie geschieht mit Herzen, Mund und Händen. Es gibt viele Beispiele, daß gerade die Menschen, die mit Leid und Tod konfrontiert waren, im Hören auf Jesus Christus von der Vergangenheit loskommen, daß sie aktive Christen werden und an die Seite der Schwachen treten.
3. In der Nachfolge Jesu schauen wir nach vorn.
Jesus geht uns voraus, im Blick auf ihn schauen wir nach vorn. Wir sind dabei voller Hoffnung, offen für das, was kommen wird, wie ein Bauer, der pflügt, sät und düngt und auf die Ernte wartet. Das Neue, das kommen wird, ist das Himmelreich, das Reich Gottes, das neue Leben. Es ist nicht die Fortsetzung des alten Lebens. Wer zurückschaut, der mißt das neue Leben an dem alten. Er nimmt Rücksicht auf Bindungen, Verpflichtungen und Traditionen, aus denen er kommt. Gerade so ist er nicht geschickt zum Reich Gottes, er orientiert sich nach rückwärts an dem Normalen, dem Gewohnten. Unsere Kraft, den Weg Jesu zu den Leidenden und Schwachen, zu den Schuldigen und Sterbenden zu gehen, erhalten wir aus der Hoffnung, daß Gottes Reich kommen wird und Gott es endgültig mit uns und dieser Welt gut machen wird. Unsere Erfahrungen, unsere Enttäuschungen und Niederlagen lähmen uns immer wieder. Nur im Blick auf Jesus, nur im Glauben an die Zukunft des Auferstandenen, bekommen wir den Mut, den Weg des Gekreuzigten nachzugehen.

Möglicher Schluß
»Meine Augen schauen stets auf den Herrn«. Wir können das von uns aus nicht sagen, unser Blick schweift immer wieder ab. Wir schauen immer wieder nicht auf Jesus, wir meiden den Blick auf die Orte, wo er hingeht. Wir übersehen gern die Kreuze. Es ist schwer, ein Christ zu sein und Jesus nachzufolgen. Jesus hat es selbst gesagt. Wir können ihn auf Erden nicht anders sehen als im Glauben, im Hören auf sein Wort. Den Glauben aber besitzen wir nicht. Jesus selbst muß uns immer wieder ansprechen und uns in seine Nachfolge rufen. Wir sind heute seinem Ruf gefolgt und haben sein Wort gehört. Daß wir ihm glauben und im Alltag ihm wirklich nachfolgen, darum können wir nur bitten. Der heutige Sonntag hat den Namen »Okuli«. Okuli ist das lateinische Anfangswort des Verses 15 aus dem Psalm 25: »Meine Augen«, lesen wir da, »meine Augen schauen stets auf den Herrn«. Der Psalm ist ein Gebet. Auch wir können am Sonntag Okuli nur unseren Herrn bitten, daß wir unsere Augen auf ihn richten und seine JüngerInnen werden. Amen.

Kontexte

Eine neue Einstellung und Richtung ist aufgerufen; sie steht der herrschenden Auffassung von der Position und Intention menschlichen Lebens diametral entgegen. Die Gegenwart des Reiches Gottes ist es, die den Menschen unter völlig neue Voraussetzungen bringt und ihn in völlig neue Zusammenhänge hineinnimmt. Aus der Kunde von der Nähe und Gegenwart des Reiches Gottes folgt unmittelbar die Umkehr. Die Konsequenz der Umkehr aber ist die Nachfolge. Wer dem Evangelium vertraut und umkehrt, folgt dem Ruf des Christus Jesus. Doch der in der Nachfolge eröffnete Weg in die Freiheit ist in seinem Beginn und in jeder Phase ein Weg des Leidens: Der tödlichen Trennung von allen herrschenden Einstellungen und Richtungen, des Sterbens aus allen dominierenden Lebensbeziehungen und Bindungen. Denn wem das Reich Gottes nicht mehr gilt als alles, was er ist und was er hat, der hat noch nicht begriffen, welcher Wirklichkeit er im Evangelium begegnet ist. Er hat das große Entweder-Oder noch nicht verstanden, das durch alle Jesus-Worte hindurchgeht. Der andringenden Nähe des Reiches Gottes kann niemand mit Gelassenheit, kompromißlosen Abwägen oder Aufschub begegnen. Für Juden und Christen bedeutet das mit dem Begriff der Nachfolge angezeigte Thema letzter Ernst.
(Hans-Joachim Kraus, Systematische Theologie im Kontext biblischer Geschichte und Eschatologie, Neukirchener Verlag, Neukirchen-Vluyn 1983)

Es wird von der Kirche vieles unternommen, den Menschen unserer Zeit die christliche Botschaft nahezubringen. Kirchliche Tagungen und Konferenzen sind in starkem Maße von der Frage beherrscht, was zu tun sei, um der Verkündigung der Kirche die Gestalt zu geben, die dem modernen Menschen den Zugang erleichtert. Ja, man läßt sich sogar von Fachleuten aus dem Bereich der Werbung beraten, weil ja nicht zu übersehen ist, was für Erfolge die Werbung etwa in der Wirtschaft erzielt. Nun ist gegen all die Mühe, die hier aufgewandt wird, gewiß nichts zu sagen, sofern hier wirklich die Liebe am Werk ist, die nach Wegen sucht, dem Menschen dort zu begegnen, wo er wirklich ist.
Trotzdem muß ganz klar ausgesprochen werden, daß das Evangelium selbst sich auf keiner Weise schmackhaft machen läßt, weil es im Evangelium nicht um die Sache und Ware geht, die es an den Mann zu bringen gilt, sondern um die Begegnung des Menschen mit dem Christus Gottes. Ginge es im Evangelium von Christus um eine Religion, die in Konkurrenz mit anderen Religionen stünde, dann müßte die Kirche um Anhänger werben, weil die Zahl der Anhänger immer zugleich die Macht einer Religion demonstriert. Weil es aber im Evangelium von Christus um die wahre Befreiung des Menschen geht, die dem Menschen durch Christus widerfährt, hat die Kirche nur auf das eine bedacht zu sein, daß Christus durch ihre Verkündigung zu zu den Menschen kommt. Wer sich aber mit Christus einläßt, muß wissen, was er tut, sonst wird er sich am Ende als Enttäuschter abwenden.
(Johann Tibbe, Die Freiheit des Glaubens, Predigten und Gebete, Neukirchener Verlag, Neukirchen-Vluyn 1967)

Laetare

Annäherungen an den Predigttext Johannes 12,20–26

Reinhard Kirste

Spontanäußerungen in einer Erwachsenengruppe

- Beim Lesen dieses Abschnittes weiß ich überhaupt nicht, was Johannes will. Müßte man nicht den gesamten Zusammenhang vorher erläutern?
- Wieso tauchen in dem Text plötzlich Griechen auf? Wer sind sie? Warum wollen sie Jesus sehen? Sie sind doch keine Juden, oder? Sie müssen doch irgendetwas von ihm gehört haben, aber wo?
- Die ganze Begrifflichkeit versperrt den Zugang zum Text, besonders: Der Menschensohn soll verherrlicht werden. Mit der Lutherübersetzung bin ich überhaupt nicht zu Rande gekommen. Mit der »Guten Nachricht« und mit der Übersetzung von Jörg Zink ging es einigermaßen. Jörg Zink hat auch noch ganz hilfreich kommentiert.
- Herrlichkeit ist für mich ein nichtssagender Begriff, ich höre höchstens das Wort »Herr« heraus, und das paßt mir gar nicht.
- Jesus als König, was soll das in der Demokratie? Oder ist seine Herrschaft von anderer Qualität?
- Ob Jude, ob Grieche, Jesus fragt noch nicht einmal nach den Motiven derer, die ihn sehen wollen. Positiv gesagt: Bei Jesus gilt offensichtlich nur, daß Menschen kommen, denen Gott wichtig ist, selbst wenn ein bißchen »Show« dabei ist.
- Jesus kann man hier leicht als Showstar mißverstehen, auch wenn seine Rede wohl heute kaum hohe Einschaltquoten brächte.

Bearbeitung des Textes mit älteren Schülerinnen und Schülern (Stufe 11)
In einem Halbjahreskurs eines Gymnasiums wurden im Rahmen des Themas: »Wer ist Jesus Christus?« Ausschnitte aus mehreren Jesusfilmen gezeigt, darunter:

- Jesus Christ, Superstar (USA 1973, Regie: Norman Jewison)
- Jesus von Montreal (Kanada 1989, Regie: Denys Arcand)
- Die letzte Versuchung Jesu (Italien 1988, Regie: Martin Scorsese)
- Das Matthäusevangelium (Italien 1964, Regie: Pier Paolo Pasolini)

Die Filme bringen unterschiedliche Jesusbilder zum Vorschein: Leitfrage: Welcher Typ eines Vorbildes, Idols, Gurus, Meisters, Führers, besonderer

Mensch o. ä. kommt in den jeweiligen Filmen zum Ausdruck? Holzschnittartig haben die SchülerInnen folgende Zuordnung gewählt:

- Der sympathische Mensch mit erheblichen Schwächen (Jesus Christ Superstar)
- Das Vorbild für Menschen von heute ohne plakative Aufdringlichkeit (Jesus von Montreal)
- Jesus, ein Mensch wie du und ich, aber doch ein bißchen anders und sensationell (Die letzte Versuchung Jesu)
- Der abgehobene, distanzierte und doch faszinierende Mensch mit der besonderen Aura (Das Matthäusevangelium)

In einem zweiten Unterrichtsgang konfrontierten die Schülerinnen und Schüler diese Jesusbilder mit einzelnen Bibeltexten, darunter auch Joh 12, und zwar das ganze Kapitel.

Welcher Satz bzw. Vers (zwischen V. 20 und 26) hat mich unmittelbar angesprochen? (Zusammengefaßte Spontanäußerungen von SchülerInnen der Oberstufe)

Unabhängig vom Zusammenhang regen hauptsächlich zwei Sätze zum Nachdenken an:

Das Gleichnis vom Weizenkorn treibt den Gedanken von Macht und Ohnmacht in die Richtung, in der die wahrhafte Größe und Macht nur durch Bescheidenheit das erreicht werden kann (»Früher hätte man Demut gesagt«). Daran schließt sich eine weitere Überlegung an Leben und Tod an, und zwar im weitesten Sinne. Damit etwas Neues geschehen kann, muß das Alte begraben werden: alte Verhaltensmuster, festgefahrene Denkgewohnheiten, zwanghafte Handlungen usw. Aber muß man deshalb schon das Alte hassen? Jörg Zink und die »Gute Nachricht« wirken plausibler, weil »hassen« durch »geringschätzen« ersetzt wurde.

Irgendwie fasziniert auch der Gedanke: Wer sein Leben erhalten will, der wird es verlieren. Denn heutzutage werden viele Möglichkeiten nach Lebenssinn angeboten. Eine ganze Freizeitindustrie versucht Sinn zu vermitteln und reizt immer mehr zu unternehmen, zu kaufen, auszuprobieren, was die Werbung suggeriert. Aber verliert man nicht bei der Jagd nach Geld, Macht, Ehre, Lust sich selbst? Also hier scheint eine große Aktualität des Textabschnitts zu liegen, ohne daß man die geschichtlichen Zusammenhänge kennen muß.

Schwerpunkte einer Schülerauswertung zum Gesamttext von Johannes 12 (nach einer Gruppenarbeit)

Das gesamte Kapitel wurde vorher in Stillarbeit gelesen. Als Leitfrage diente dabei: Welche inneren Zusammenhänge gibt es bei den einzelnen Abschnitten in Kap. 12?

- Beim ersten Lesen wirkt alles ziemlich durcheinander, aber irgendwo steuern alle Erzählungen und Reden auf die Passionsgeschichte hin.

- Es gibt einen verdeckten Bezug zwischen dem Einzug Jesu in Jerusalem, der Salbung durch die Frau (Doppelsinn von Salbung: zum Tode und zum König) und der Ankündigung seines Sterbens, die gleichzeitig als Verherrlichung gesehen wird (Doppelsinn des Wortes »Erhöhung« = zum Kreuz und durch die Auferstehung zu Gott).
- Es wird ein direkter Bezug von der Blindheit des Volkes (= Unglaube des Volkes) und dem Sichtbarwerden des Auftrages Jesu (= Jesus als Licht in der Welt) hergestellt.
- Die Kreuzigung Jesu (Gang in das tiefste Dunkel) wird gleichzeitig als der Weg ins Licht verstanden (Auferstehung), ein Licht, das alle Glaubenden erleuchtet, den Ungläubigen aber nichts hilft. Ungläubig ist der, der hinter der Person Jesu nicht die Verbindung zu Gott erkennt (das Licht, das er ausstrahlt, ist himmlisches Licht).
- Das Licht, das Menschen erleuchtet, wird von menschlicher Seite her als ewiges Leben definiert. Aber was meint Jesus mit ewigem Leben, wenn die erläuternden Begriffe eher verschleiern?

Versuche von Formulierungen in einem Satz (hier zwei besonders schöne Schülerbeispiele):
- Zwischen den Extremen von Prunksucht, Machtshow und hektischer Nächstenliebe (Judas) geht Jesus in die Machtlosigkeit und Verlorenheit hinein.
- Der Kreuzweg Jesu ist paradoxerweise ein Triumphzug zugunsten eines Lebens aus der Nähe zu Gott und der Liebe zu den Mitmenschen.

Äußerungen der SchülerInnen, speziell zu V. 20–26
- Offensichtlich brauchen Menschen, junge und alte, nicht nur Vorbilder, sondern Idole, die den Grauschleier des Alltags überstrahlen. Das fremde Wort »Verherrlichung« scheint mit diesem Phänomen zu tun zu haben.
- Der Held oder das Idol, der Superstar, darf aber vom Leben des sogenannten Durchschnittsmenschen auch nicht zu weit weg sein.
- Irgendwie riecht der Text immer noch nach einer Show, die Jesus noch nicht einmal abblockt.
- Bei der Suche nach einem sinnvollen Leben muß vieles kaputt gehen, weil sonst Neues nicht wachsen kann. Aber was soll kaputtgehen? Und was soll denn aus dem Alten wachsen?
- Kann Verherrlichung heißen, etwas in einem anderen, neuen Licht sehen?

Was SchülerInnen gern in einer Predigt hören und verstehen würden. Vorschläge an die Prediger
- Der Text muß in einer modernen und kommentierenden Übersetzung vorgelesen werden.
- Es müßte einen Erzählteil geben, der die Zusammenhänge der Passage V. 20–26 erläutert.

- Es wäre schön, wenn schwerpunktmäßig über das Weizenkorn und die Gedanken des Lebensverlustes und des Lebensgewinns gepredigt würde.
- Kann die Frage nach dem Gewinn von Leben auch so gestellt werden: Was kann ich mir zutrauen? Wenn ja, dann hätte der Text einen direkten Anknüpfungspunkt an die heutige Situation.
- Als konkrete Umsetzung des Bildes vom Weizenkorn bieten sich an:
  a) Eine Liebesbeziehung zerbricht
  b) Ein geliebter Mensch stirbt
  c) Eine große Sportlerkarriere wird angesichts eines Unfalls zunichte
- Welche Werte werden in diesem Text propagiert: Kann im Dienst für die anderen und im Verzicht auf den eigenen Vorteil ein Lebensgewinn liegen, wenn ja, welcher?

Wo liegen die Schwierigkeiten des Verständnisses?
Die Bearbeitung, sowie die Nachfragen zeigen, daß offensichtlich verschiedene Ebenen wechseln.
- Die Situation in Jerusalem und der Beginn der Leidensgeschichte Jesu.
- Die äußere Situation wird zum Anlaß über das eigene Leben nachzudenken. Dabei spielen ganz vordergründige Motive eine Rolle: Griechen wollen Jesus sehen, also Fremde, keine Rechtgläubigen. Dies wird hintergründig erläutert und auf eine andere Ebene gehoben (statt des Volkshelden sehen sie das »Licht«).
- Vorgänge in der Natur verweisen auf eine Realität, die hinter den geschichtlichen wie den natürlichen Ereignissen liegt. Was ist dann »übernatürlich«?

Diese Ebenen lassen sich im Schema von Realität und Symbol übertragen. Das kann zum besseren Verständnis der Geschichte helfen:

Realebene - Symbolebene
Mehrfach habe ich bei der Arbeit mit Gruppen festgestellt, daß es hilfreich ist, die verschiedenen Ebenen einander gegenüber zu stellen. Es lohnt sich von daher, eine Tabelle aufzustellen, die den Symbolgehalt einzelner Wörter und Sätze festhält. Das Ergebnis aus verschiedenen Gruppen ist hier zusammengefaßt. Dabei gibt es teilweise unterschiedliche Zuordnungen.

Begriffe/Bildsprache	Sachverhalt im Alltag	Übertragener Sinn
- Griechen in Jerusalem	Fremde bei den Rechtgläubigen	Andersgläubige werden akzeptiert
- Wunsch: Jesus zu sehen	Jesus als religiöses Idol	Verdeckt: Das Heil erkennen
- Meine Zeit ist gekommen	Beginn der Passionsgeschichte	Heilshandeln Gottes in Jesus
- Gleichnis vom Weizenkorn	Säen und Ernten In die Erde versenken Aus der Erde wachsen Frucht bringen	Symbol von Tod und Leben Sterben Auferstehen zu neuem Leben Neues Lebensziel finden
- Wer mir dienen will ...	Nicht nach Macht schielen	Großes wird nur durch Erniedrigung/Demut erreicht.

Zum Gottesdienst

Heidi Kell

Exegetisch-homiletische Skizze

Die Perikope steht noch vor den sogenannten Abschiedsreden. Sie ist unmittelbar verknüpft mit der Auferweckung des Lazarus. Viele Menschen haben davon gehört und eine große Menge kommt Jesus in Jerusalem entgegen (12,18). Er ist zur Attraktion inmitten der Passahfeierlichkeiten geworden (vom »Showstar« bzw. Idol sprechen die Annäherungen). Selbst seine Gegner sind noch auf ihn konzentriert: »Alle Welt läuft ihm nach!«, bemerken sie bestürzt (V. 19). Daß das nicht trügt, bestätigt V. 20: Sogar einige »Griechen«, möglicherweise Proselyten, wollten Jesus kennenlernen. Ausgerechnet Philippus und Andreas, die einzigen Jünger mit griechischem Namen, werden eingespannt, um den Kontakt zu Jesus herzustellen.

Der Evangelist, der um 100 n. Chr. für die johanneische Gemeinde schreibt, erzeugt damit zunächst ein Gefühl von Heimat für seine HörerInnen. Mythologisch-religiöse Heimat mag auch durch die Wahl des Wortes vom Weizenkorn, das unter der Erde stirbt, um dann neu hervorzutreiben und Frucht über die Erde zu bringen, angeklungen sein. Unwillkürlich wird man erinnert an den Mythos von Kore, die für vier Monate im Jahr dem sichtbaren Leben abstirbt und in der Unterwelt mit Hades lebt, um dann zu Demeter zurückzukehren und so viel Frucht über die Erde zu bringen. »... wenn es aber stirbt, bringt es viel Frucht.« Die Griechen sind in dieser Szene also nicht unwichtig, obwohl sie im weiteren Verlauf nicht mehr auftauchen - wir erfahren nichteinmal, ob Jesus sie nun kennengelernt hat oder nicht. Die johanneische Gemeinde muß aber verstanden haben: Hier geht es um uns - und mehr noch: Daß die Herrlichkeit des Sohnes sichtbar werden kann, entscheidet sich jetzt an uns. Wir hören Jesus im Johannesevangelium oft sagen: »Meine Stunde ist noch nicht gekommen.« Nun aber, als die Griechen angemeldet werden, sagt er erstmals: »Die Stunde ist gekommen. Jetzt wird die Herrlichkeit des Menschensohnes sichtbar werden!« Daß Herrlichkeit hier nicht das meint, was »die Welt« darunter versteht, ist bezeichnend für die johanneische Theologie, die die Gegensätze aufspannt zwischen Licht und Finsternis, Tod und Leben, Juden und Griechen, der jubelnden Menge und dem einsamen Idol.

Dem entspricht auch die Paradoxie in den Worten Jesu: Herrlichkeit ist Tod, wer sein Leben liebt, verliert es, wer sein Leben gering achtet, wird es bewahren.

Die Griechen kommen, um Jesus kennenzulernen - ja wohl den Jesus, der Tote auferwecken kann. Was sie sehen werden, ist ein Mann, der Kreuz und

Leiden durchlebt, denn: Wenn das Weizenkorn nicht in die Erde fällt und stirbt, bleibt es ein einzelnes Korn, vielleicht so vereinzelt, wie Jesus in der Schar seiner Anhänger.
Bei der Gestaltung von Gottesdienst und Predigt will ich mich von zwei Dingen leiten lassen:
1. Auch mich hat in der Vorbereitung das Wort vom Weizenkorn am meisten beschäftigt, vielleicht, weil ich ihm so offensichtlich in meinem pastoralen Alltag begegne. Auch ich bekomme es dann mit der Paradoxie dieses Satzes zu tun, am heftigsten in dem Moment, wo ein Sarg in die Erde gesenkt wird. Ich sage oft: Wir betten N. N. in Gottes Erde. Wir tun das, wie wenn wir ein Weizenkorn in die Erde legen - in der Hoffnung auf neues Leben.
Für die Angehörigen ist das regelmäßig der schlimmste Moment. Die Erde wird nicht begriffen als fruchtbarer, lebensspendender Ort, sondern eher wie bei Demeter, als Schlund des Schreckens. Sie wird deshalb auch mit Grasmatten bekleidet.
2. Der Sonntag heißt Laetare: Freut euch mit Jerusalem und seid fröhlich über sie, alle, die sie liebhaben. Die Paradoxie meldet sich wieder, wenn am einzigen freundlichen Sonntag in der Passionszeit dieses Bibelwort auftaucht. Aber der Sonntag mag eine Richtung mit diesem Bibelwort angeben, die ich gern nachvollziehen möchte: Was ist das für ein Leben, das wir gering achten sollen; was ist das auf der anderen Seite für ein Leben, das es zu gewinnen gilt? Was brauchen wir zum Leben und was kann, schmerzhaft zwar, absterben? Das sind Fragen, die auch in den Passionsandachten meditiert werden.

Vorschläge zur Liturgie

Psalm
16,9-11 oder 84,6-8+12
Als Psalmkollekte das Lied: Du verwandelst meine Trauer in Freude (s. u.)

Gebet
Gott, wenn wir kräftig und stark sind,
ist deine Kraft in uns
und deine Freude ist es, die uns lachen läßt.
So kommen wir zu dir und bitten dich:
Laß uns ausruhen und wieder Kraft schöpfen
unter dem Schatten deiner Flügel.
Erfülle uns mit Freude, die sich verströmt.
Und dann, Gott, stell unsre Füße auf weiten Raum
und gib uns, was wir brauchen, um unser Leben
zu bestehen. Amen.

Lesungen:
Genesis 12,1–4 a ist auch eine Geschichte vom Sterben und Finden neuen Lebens.
(Die sehr anschauliche Erzählung zum Weizenkorn, das nicht sterben wollte, findet sich in: Th. Hofer, E. Langbein u. a.: Wenn das Weizenkorn in die Erde fällt. GTB 1985, S. 61f.)

Credo:
Vertrauen von D. Bonhoeffer, schon wegen des Satzes: Ich glaube, daß Gott aus allem, auch aus dem Bösesten, Gutes entstehen lassen kann und will.
Angemessen wäre auch, den zweiten Artikel des Apostolikums zu sprechen.

Lieder:
In dir ist Freude (EG 398); Freunde, daß der Mandelzweig; In der Mitte der Nacht; Ein Licht in dir geborgen; Komm, laß diese Nacht nicht enden; Du verwandelst meine Trauer in Freude.

Vorschlag zur Predigt

Möglicher Predigtanfang
Mitten in der Passionszeit, der violetten, auf das Leiden Jesu verweisenen Zeit, liegt dieser Sonntag Laetare, der durchaus keine Leidensmiene trägt: Freut euch, so heißt dieser Sonntag, und das Lied, das wir eben gesungen haben, formuliert diesen Widerspruch ganz prägnant: In dir ist Freude, in allem Leide …
Ich denke mir, daß die Namensgebung und Reihenfolge der Sonntage nicht nur historische oder liturgische Gründe hat. Das Gesicht eines Gottesdienstes ist immer auch ein Spiegel, in dem sich menschliche Erfahrungen abbilden. »Freude in allem Leide«, das erleben wir ja auch hier in der Kirche, wenn wir auf der einen Seite Kinder taufen und auf der anderen Seite für unsere verstorbenen Mitmenschen beten; oder wenn in einer Familie ein alter Mensch stirbt und gleichzeitig ein kleines Kind geboren wird.
Auch Jesus bringt diesen Widerspruch und die Verbindung von Freude und Leid, Leben und Tod zur Sprache. »Das Weizenkorn muß in die Erde fallen und sterben, sonst bleibt es ein einzelnes Korn. Aber wenn es stirbt, bringt es viel Frucht.«

Zum weiteren Verlauf
Beschreibung der Situation: Jesus sagt das, als er an einem Punkt in seinem Leben angelangt ist, wie er zerrissener und gespannter nicht sein kann: Wie

tausende anderer ist er nach Jerusalem zum Passah gekommen. Zum Feiern.
Er ist inzwischen überall bekannt, der Ruf eilt ihm voraus, er könnte sogar Tote wieder zum Leben erwecken. Lazarus, dem solches geschehen sei, könne schon wieder essen und trinken wie sie selbst. Neugierige drängen sich um diesen Jesus. Mich erinnert das an Popkonzerte, wo die Dynamik der Begeisterung so unberechenbar wird, daß schließlich die umjubelten Stars selbst, abgeschirmt durch Leibwächter, in die Einsamkeit eines Hotels flüchten müssen.
So kommt mir Jesus hier auch vor. Er ist mitten in der Masse der Menschen - aber sie erreicht ihn nicht, er wirkt wie nicht von dieser Welt.
So redet er denn auch: Wenn wir unser Leben lieben, werden wir's verlieren; zum Leben kommt nur, wer dieses Leben gering achtet. In älteren Übersetzungen heißt es sogar: Wer dieses Leben haßt!
Aber dazu brauchen wir keine Appelle. Es gibt genug Menschen, die ihr Leben hassen. Wegen der Vergangenheit, die sie im Rücken haben, wie die Kriegsopfer in Bosnien, die sich nach Erfahrungen von Vergewaltigung das Leben nahmen.
Und genug Menschen gibt es auch hier, die ihr Leben gering achten, die sich krank arbeiten. Die so sehr an ihrem Lebensstandard, ihrem Haus oder ihrer sportlichen Karriere arbeiten, daß sie ihre vitalen Bedürfnisse schon gar nicht mehr spüren oder sie betäuben, sobald sie sich melden. Hat etwa solcher Umgang mit dem Leben Verheißung?

Möglicher Schluß
Das wäre ein Mißverständnis, darauf weist uns auch der Sonntag Laetare nochmals hin: Wir sollen uns freuen! Aber Laetare ist auch ein Sonntag in der Fastenzeit. Eine Zeit, die auffordert, unsere Bedürfnisse zu sortieren: Was ist das überhaupt für ein Leben, das ich führe? Oder habe ich es schon aus der Hand gegeben? Was brauche ich - und wovon möchte ich mich verabschieden? Was hilft mir und anderen zum Leben und was hindert am Leben? Das Johannesevangelium sieht die Welt wie sie ist eher düster, auch kritisch. Weil sie, wie wir heute sagen würden, an Strukturen festhält, die es nicht zulassen, daß sich alle freuen können. In El Salvador fordern Menschen jetzt das Grundrecht, sich ernähren zu dürfen. Wenn diese Saat ungerechter Lebensstrukturen nicht begraben wird und stirbt, wird das Leben für diese Menschen nie Früchte tragen. »Etwas abgeben von dem, was ich habe«, sagt mir ein Konfirmand, »kann ich erst, wenn ich richtig reich bin.« Was für eine Angst steckt dahinter, das Leben, dieses Leben, zu verlieren. Hängt das damit zusammen, daß uns ein krankmachendes, ungerechtes Leben, das wir kennen, immer noch lieber ist, als ein fruchtbares, herrliches Leben, das Jesus (nur) verspricht? Wir sind nur einen Schritt davon entfernt. Immer noch. Amen.

Judika

Annäherungen an den Predigttext Markus 10,35–45

Reinhard Kalker

Die Perikope habe ich zwei Gemeindegruppen zur Betrachtung vorgelegt und hierzu folgende Erschließungsfragen vorgegeben:
1. Was spricht mich stark an?
2. Was ruft in mir Widerspruch hervor?
3. Worüber wünsche ich als Nichtfachfrau oder -mann nähere Informationen?
4. Was sagt mir der Text persönlich?
5. Was ist mir fremd?
6. Wo entspricht der Text meiner Lebenserfahrung?
7. Was fällt mir dazu ein?

Ergebnisse aus dem Gespräch mit dem Kindergottesdienst-Team (fünf Frauen im Alter von 25 bis 45 Jahren und eine Jugendliche)

zu 1:
- Die Aussage Jesu, daß die Herrscher ihre Macht mißbrauchen zur Unterdrückung. Es war wohl schon immer so, daß Macht die Menschen verdirbt und skrupellos macht. Das Bedürfnis nach Macht schockiert mich. Daß dies auch heute noch so ist, erschreckt mich.
- Mich beeindruckt diese Umkehrung der Machtverhältnisse durch Jesus, weil er dafür selbst ein lebendiges Beispiel gegeben hat.

zu 2:
- Mich irritiert das Ansinnen der beiden Jünger (»machtgeil«?) und ihre Sicherheit (V. 39)

zu 3:
- Was sind das für Plätze zur Rechten und zur Linken Jesu? Wem stehen sie zu, wer verteilt die »Tischkarten«? (V. 40)
- Welchen Kelch und welche Taufe meint Jesus? (V. 38)
- Worüber ärgern sich die zehn anderen?

zu 4:
- Gott will uns als bescheidene, nicht als machthungrige Menschen. Wir sollen dienen und nicht uns dienen lassen.
- Jesus tritt nicht als Lehrmeister auf, sondern lebt die Demut vor, praktiziert Demut auch in diesem Gespräch (V. 36.45).

zu 5:
- Das Taufverständnis Jesu ist mir fremd.
- Das Ansinnen der Jünger, die schon so lange mit Jesus unterwegs sind und immer noch nicht begreifen, worauf es Jesus ankommt.

zu 6:
- Die Reaktion der übrigen Jünger zeigt, wie schnell Neid und Streit unter den Menschen aufkommen. Jeder will Vorrang haben. Auch in der Kirche gibt es Menschen, die bestimmen wollen und so Macht ausüben wollen über andere.

zu 7:
- »Die Ersten werden die Letzten sein«
- »Hochmut kommt vor dem Fall«
- Vor Gott zählt, was wir den Geringsten und Ärmsten Gutes getan haben (Matthäus 25,31ff.).

Ergebnisse aus dem Gespräch in einem Hauskreis, der sich monatlich trifft, um den Predigttext für den folgenden Sonntag zu bedenken, ca 10 bis 12 Erwachsene ab 45 Jahren.

zu 1:
- die Offenheit Jesu im Ungang mit seinen Jüngern
- Jesus möchte keine Ehrenplätze vergeben, weil er Gottes Handeln nicht vorgreifen will.
- Jesu neue Gesellschaftsordnung (Verse 43–45)
- die Herrschenden verhalten sich heute noch genauso wie z. Zt. Jesu

zu 2: (kein Widerspruch, sondern viel Zustimmung!)

zu 3: Welcher Kelch und welche Taufe sind gemeint?

zu 4:
- Ich will ein Ohr haben für die Schwachen (Durchwanderer, Hausierer); fühle mich bestärkt, den Schwachen beizustehen.
- Ich will nicht herrschen, sondern dienen.
- Wenn man einer großen Persönlichkeit nahe steht, soll man dieses nicht ausnutzen, sondern Respekt entgegenbringen; man soll nicht um jeden Preis einen besonderen, privilegierten Platz erstreben.
- Ich soll im Leben nicht die erste Geige spielen, sondern in der Stille ein Ohr und ein Herz und nicht neidisch auf andere sein.
- Ich soll mich nicht für besser halten als andere.

zu 5: ---

zu 6:
- Man muß sich nicht hervorheben durch Geltungsdrang.
- Der Mißbrauch der Macht durch die Herrschenden gilt heute mehr denn je.
- Eine Unternehmerin, die in ihrem Betrieb insbesondere schwierigen Fällen immer wieder eine Chance gibt sagt: »Ich versuche, meine Leute nicht zu unterdrücken.«

- Die Gefahr, ausgenutzt zu werden, ist groß. Man wird leicht für »dumm« (im Gegensatz zu »clever«) gehalten.
- Als positives Beispiel erlebe ich junge Menschen, die Behinderte mit dem Rollstuhl durch die Stadt fahren.
- Viele Hausfrauen, die Tag für Tag kochen, putzen und auf vielfältige Weise für ihre Familie da sind, sind dienende Menschen.

zu 7:

- Unser Wohlstandsdenken und -verhalten fördert nicht das dienende Verhalten.
- Jesus hat für uns sein Leben gegeben, und wir sind dafür nicht dankbar.

Zum Gottesdienst

Gert Hartmann

Exegetisch-homiletische Skizze

Die Evangelisten Markus und Matthäus mögen verzeihen, daß ich sie verdächtige, das Anliegen der Zebedäus-Söhne arg mißverstanden zu haben. In den Versen 41 ff. berichten sie vom Unwillen der übrigen Jünger, den Jesus zurückweist, indem er der Herrschsucht die Tugend des Dienens entgegensetzt. Aber war es die Macht von Gewaltsherrschern, die den Zebedaiden vorschwebte? Nun ja, an der künftigen Herrschaft Jesu zu seiner Rechten und Linken zu partizipieren, ist ein anspruchsvoller Wunsch. Aber wenn mir dieses Privileg - ich gestatte mir die Phantasie - mal für einen Tag gewährt würde, wäre ich kaum interessiert, es endlich einmal den Großen dieser Welt gleichzutun. Ich würde vielmehr den Krieg in Jugoslawien beenden und das Kind meiner Nachbarn aus den Fängen der Drogenhändler retten.
Ich kann keinen Beleg für meine Vermutung anführen, die Zebedaiden seien von so ›christlichen‹ Intentionen bewegt gewesen. Literarkritisch läßt sich nur wahrscheinlich machen, daß die Verse 41–45 eine ursprünglich selbstständige Einheit darstellen: Lukas ordnet sie einem ganz anderen Zusammenhang zu (22, 25–27); und während es V. 35–40 um die künftige himmlische Herrschaft geht, wollen die Verse 41–45 die Verhältnisse in der gegenwärtigen irdischen Gemeinde regeln. Im zweiten Teil geht es eindeutig um den Gegensatz von herrschen (als Unterdrücken) und dienen (wobei im letzten Vers Jesus allerdings auch nicht als Diakon, sondern als Erlöser charakterisiert wird). Worum aber geht es im ersten Teil? Diese Frage wird auch deshalb keine eindeutig belegbare Antwort finden, weil Matthäus (20,20 f.) die Mutter das Privileg für ihre Söhne erbitten läßt, und

der mag durchaus anderes durch den Kopf gegangen sein (oder von einer Tradition unterstellt werden) als ihren Söhnen. So ist meine Exegese eher durch Phantasie geleitet als durch exakte Forschung: Der zweite Teil konfrontiert mich mit blanken Machtgelüsten; der erste Teil bringt mich in Kontakt mit Erlöser- und Retterphantasien (die freilich auch mit subtilen, meist unbewußten Herrschaftswünschen verbunden sind). Dazu paßt auch Jesu Antwort: Er weist die Zebedaiden nicht schroff zurück, als seien sie übergeschnappt oder verrückt geworden. Eher bedauernd weist er sie zurecht: Ihr Schicksal wird das Martyrium sein. Die Plätze an seiner Seite zu verteilen, steht ihm indessen nicht zu, darüber wird nach Gottes Willen anderweitig entschieden. Das sagt mir: Es steht nicht in Jesu Macht, uns zu (Mit)erlösern zu machen. Die Partizipation an erlösender Macht bleibt unverfügbar und wird unplanbar ›denen zuteil, für die es bestimmt ist‹.

Wir haben es also mit zwei Themen zu tun, und damit ist ein homiletische Falle gegeben:

Der zweite Teil scheint zunächst plausibel und zieht die Aufmerksamkeit leicht auf sich. Dies zeigen auch die in den ›Annäherungen‹ berichteten Reaktionen der Gemeindeglieder. Herrschsucht und Machtmißbrauch anzuprangern, trifft auf Zustimmung; Demut und Dienst haben ohne weiteres mehr Kredit. Eine solche Rezeption des Textes ist aber höchst problematisch: Es ist wohl wahr, daß Macht korrumpieren kann und oft skrupellos mißbraucht wird mit leidvollen Folgen, und daß Demut und Hilfsbereitschaft oft Wohltaten bewirken. Leicht läuft es aber auf die generelle moralische Diskriminierung von Macht hinaus, und die trägt nicht zur ihrer Kultivierung und rationalen Begrenzung bei. Diskriminierung verführt eher dazu, verantwortungsvolle Positionen zu scheuen - oder Macht versteckt (damit unkontrollierbarer) auszuüben - oder sich mithilfe des Dienens zur Geltung zu bringen und andere unter Kontrolle zu halten. Wird letzteres gar als Passion und ›Aufopferung‹ verstanden, möchte ich davon verschont bleiben - es sei denn, eine akute Not läßt mich momentan wirklich auf entsagungsvolle Hilfe angewiesen sein.

Der erste Teil des Textes spricht uns weniger unmittelbar an, weil sein Bildgehalt ferngerückt ist. Anders als in der orthodoxen Kirche, gehört der thronende Pantokrator noch nicht einmal zur uns vertrauten traditionellen Symbolik. Zur modernen Vorstellungswelt gehört dieses Jesusbild schon gar nicht. So setzt das Bild von himmlischen Plätzen zu seiner Seite zunächst kaum Phantasien frei, es löst eher die Frage aus, was damit gemeint sein könnte. Nach wie vor finden sich aber in uns und um uns Motive, die dem Bild entsprechen, in Gottes oder Christi Thronrat zu sitzen. Zum Beispiel:

Verschiedene Märchen handeln vom Wunsch, mal Gottes Platz einzunehmen. - Eine subtile Form solcher Allmachtsphantasien (mindestens eine Verwandtschaft) finde ich in Appellen, ›der Mensch‹ oder ›die Menschen‹

sollten (endlich) ihre Freiheit verantwortlich gebrauchen zu Gerechtigkeit, Frieden und zur Bewahrung der Schöpfung. – Wie oft schwingt nicht in der Frage ›Wie kann Gott das zulassen?‹ der Gedanke mit, ich würde es an seiner Stelle besser machen? – Schließlich allerlei Retter- und Erlöserphantasien, das öffentliche oder private Leben betreffend, und oft mit märchenhaften oder mythischen Bildern verbunden.
Solche Retterphantasien sind eine Flucht vor der Ohnmachtserfahrung. Sei es ein krankes Kindes oder eine Naturkatastrophe, sei es ein politischer oder familiärer Krieg, sei es Depression oder Drogensucht eines Angehörigen: Wir wollen es nicht ertragen, daß wir ohnmächtig zusehen müssen. Die Folge der Erlöserphantasien können bittere Resignation wie zorniger Aktionismus sein. Im Privatleben verführen sie zu unentwegten Rettungsversuchen, die das Gegenteil bewirken. Das öffentliche Leben betreffend, ist fraglich, ob gewissenlose Machthaber oder gewissenhafte Weltverbesserer mehr Unheil bewirkt haben.
An dieser Stelle finde ich Jesu Antwort auf die Bitte der Zebedaiden überzeugend, nicht beglückend, aber doch befreiend, jedenfalls realistisch: Uns zu Erlösern zu machen, steht nicht einmal in seiner Macht. Unser Schicksal aber können – müssen in solchen Situationen? – sein Kelch und seine Taufe sein. Wir müssen mit ihm sterben, mindestens Lebensziele, Ehrgeiz und Gewissensbisse sterben lassen. Danach kann es sogar geschehen, daß jemand unprätentiös, ohne Ehrgeiz und eher zufällig tut, was den Lauf der Dinge erlösend wendet: Die Plätze zur Seite des Erlösers werden eben ›denen zuteil, für die es bestimmt ist‹. – Hier läßt sich auch eine Verbindung zum zweiten Teil des Textes herstellen: Demut und Dienst können nur bei denen wohlgeraten, die sie nicht zur Selbstbestätigung benöten.
Deshalb empfehle ich, in der Predigt nicht blanke Machtgelüste zu thematisieren, sondern Erlöserphantasien. Vielleicht wird der erste Teil des Textes am ehesten lebendig, wenn wir das Bild von den Plätzen zur Seite Christi nicht problematisieren, sondern es der Phantasie wieder zugänglich zu machen versuchen.

Vorschläge zur Liturgie

Lesung
Als Epistel vorgesehen ist Hebräer 5,7–9. Mit dem willkürlich abgetrennten Vers 10 fehlt die Beschreibung dessen, was Jesu heilende Macht ausmacht. Sonderlich anschaulich wird der Text aber auch mit Vers 10 nicht. Alternative: Jesaja 42,1–4

Den traditionellen *Eingangspsalm* 43 finde ich passend. Möglich auch Psalm 6.

Gebete

Insgesamt anregend, in vielen Formulierungen überzeugend, in einigen das Gute etwas zu genau suggerierend, finde ich einen Vorschlag aus: Liturgieentwürfe für das Kirchenjahr, Beratungsstelle für Gestaltung, Frankfurt 1982.

»Gott, du wurdest in Jesus Diener der Menschen.
Wir beten für alle, die etwas gelten,
die begabt und klug, einflußreich und bedeutend sind:
daß sie bescheiden bleiben;
daß sie nur Aufgaben übernehmen, die sie erfüllen können;
daß sie nicht viele Ämter auf sich häufen,
sondern tun, was ihnen entspricht;
daß sie Zeit haben für ihre Familien und für sich selbst.

Wir beten für alle, die sich für unwichtig und unbegabt halten:
daß sie ihre Fähigkeiten entdecken;
daß sie erfahren, wie unentbehrlich auch ihre Arbeit ist;
daß sie merken, wieviel sie anderen bedeuten.

Wir beten für alle, die sich für andere einsetzen:
daß sie beim Helfen nicht unversehens herrschen;
daß sie sich eingestehen, wieviel Freude ihnen das Helfen macht;
daß sie den Dank für ihre Hilfe gerne annehmen.«

Nicht ganz so anspruchsvoll wie die Zebedaiden, doch auch frei von falscher Bescheidenheit, Anselm von Canterbury:
»Gib mir, o Herr, daß ich dich erkenne und immer mehr liebe und in Freude besitze. Und weil ich in meinem Leben hienieden diese Seligkeit nicht vollkommen haben kann, so lasse sie wenigstens Tag für Tag in mir wachsen, bie sie sich ganz erfülle im kommenden Leben! Hier mehre in mir die Erkenntnis, dort lasse sie vollkommen sein, hier mehre in mir die Liebe, dort lasse sie reif sein, hier lasse meine Freude wachsen durch die Hoffnung, dort vollende sie in der Einung.«
(Aus: Walter Nigg (Hg.), Gebete der Christenheit, Hamburg 1960.)

Vorschlag zur Predigt

Möglicher Anfang

Sind sie nicht unverschämt, diese beiden Jünger Jakobus und Johannes? Sie wollen sich die besten Plätze im Himmel sichern, direkt zur Rechten und zur Linken ihres geliebten Herrn. – Langsam, Leute! Vielleicht haben die beiden ja gar nichts Böses im Sinn. Vielleicht sind sie gar nicht ehrgeiziger und bösartiger als wir selbst! Was würden wir denn denken und tun, wenn Jesus uns anböte, für einen Tag neben ihm zu sitzen und mit ihm ein bißchen die Welt zur regieren?

Erlauben wir uns doch mal diese Phantasie und malen sie uns ruhig aus mit altertümlichen oder kindlichen Bildern. - Vielleicht unterstützen durch (Urlaubs)erinnerungen an Kirchen mit dem Bild des Pantokrator. - Stellen Sie sich vor, Jesus würde Ihnen erscheinen, Sie anreden und einladen, ihn im Himmel zu besuchen, neben ihm zu sitzen, ihn zu beraten und auch die eine oder andere Entscheidung für ihn und in seinem Namen zu treffen. Lust dazu hätte ich. Sie auch? Und wozu würden Sie die Gelegenheit nutzen? Ich würde 1. dem Krieg in ... ein Ende machen und 2. den Sohn meines Freundes aus den Fängen der Drogenhändler retten und von der Macht seiner Sucht erlösen. - Oder würden wir unserem Nachbarn, der uns schon lange ärgert, einen Blitz aufs Dach schicken? Wohl kaum. Nicht, daß mir solche Gedanken von Gewalt und Rache fremd wären. Aber neben Jesus? Wenn ich so etwas vorhätte, würde ich mich eher zum Thron Gottes wünschen, der ja auch gelegentlich zornig zuschlägt, oder, besser noch, an die Seite irgend eines Kriegsgottes, der für sowas zuständig ist. - Vielleicht möchte der eine oder die andere auch bloß mal im Chor der Engel mitsingen. Was sollte Jesus dagegen haben?

Zum weiteren Verlauf
Vermutung, daß auch den HörerInnen eher ›edle‹ Helferphantasien gekommen sind, deren man sich vor Jesus nicht schämen muß - Phantasierter Dialog: Was würde Jesus zu unseren Ratschlägen und Maßnahmen sagen? Was würden wir ihm sagen? Vielleicht, falls wir uns getrauten: Warum hast du das nicht längst selbst in Ordnung gebracht? - Was würde er darauf antworten? - Bange Frage, die für mich ohne Antwort bleibt. Sie zeigt immerhin, daß hier etwas nicht stimmt zwischen ihm und uns.
Erzählende Auslegung der Verse 38–40: Jesus weist die beiden nicht schroff zurück. Er weist sie liebevoll (und etwas traurig?) zurecht: Sie werden sein Leiden teilen, er verfügt aber nicht über die Plätze im Himmel und deren Funktion.
Wie aber heißt dann unsere Hoffnung auf (Er)lösung? Das Bild von den Plätzen an Jesu Seite hat möglicherweise Retterphantasien wachgerufen, die auch sonst in uns sind. Es hat damit an private und öffentliche Nöte erinnert, die uns bekümmern, weil sie ohnmächtig machen.
Die Eigenart und tragische Wirkung von Erlöserphantasien und Weltverbesserungsmotiven anschaulich an Beispielen darstellen: Unser Problem dabei ist nicht blanker Machthunger, sondern die Abwehr der tatsächlich schwer auszuhaltenden Ohnmacht (mit der versteckt Geltungsdrang und Größenphantasien verbunden sein mögen). Das Motiv ist nicht moralisch verwerfliche Gewissenlosigkeit, sondern empfindliche Gewissenhaftigkeit (die freilich bald in rücksichtslose Gewalt umschlagen kann).
Dies ist am ehesten an einem Beispiel aus dem privaten Leben zu zeigen, das den HörerInnen Identifizierungsmöglichkeiten bietet: Eltern, die ein drogensüchtiges (oder in der Schule versagendes) Kind ›retten‹ wollen und

mit Härte und Milde immer nur die Verwicklung verschlimmern. Der dann immer wieder aufkommende Wunsch nach einem Rat (›Was soll ich tun?‹) hat unbewußt religiöse Qualität: Man weiß irgendwie längst, daß es den einen, endlich funktionierenden Rat nicht gibt, und fragt dennoch danach - als käme aus dem Himmel, was auf der Erde nicht verfügbar ist. Und wer möchte nicht ›rettender Engel‹ sein?

Der gleiche Mechanismus läßt sich bei politischen Verwicklungen zeigen, z. B. am Scheitern von Friedensbemühungen. Historisch läßt sich an vielen Beispielen zeigen, wie Weltverbesserer ebenso Unheil angerichtet haben wie gewissenlose Tyrannen.

Wie, wenn wir mit solchen Retterphantasien zu Jesus kämen? Lassen wir seine Antwort auf den Wunsch der Zebedaiden auch uns gesagt sein:

Verse 38-40

»Ihr wißt nicht, was ihr bittet«: Nein, wir wissen es wirklich nicht. Wir wollen aber nicht aufhören zu hoffen, daß irgend ein Weg sich erlösend zeigen wird, den wir selbst nicht sehen - und den wir bestimmt nicht entdecken werden, solange wir meinen, ihn selbst bahnen zu können.

»Ihr werdet den Kelch trinken, den ich trinke, und getauft werden mit der Taufe, mit der ich getauft werde«: Ohnmächtig als Betroffener zu leiden, oder mitzuleiden als Angehöriger oder Freund, ist schon schlimm genug und bringt uns in die Nähe der Passion Jesu. Es kann uns Gesundheit, Geld und anderes kosten. Dies als unser Kreuz auf uns zu nehmen und mit Jesus zu sterben, bedeutet darüber hinaus zu lernen, daß Zielstrebigkeit, Edelmütigkeit und Gewissenhaftigkeit zu Verführern geworden sind. Sie müssen sterben, damit Gott neues Leben in uns wirken kann.

»Zu sitzen zu meiner Rechten und zu meiner Linken, das steht mir nicht zu, euch zu geben«: Erlösende Macht zuzuteilen, ist nicht Jesu Sache. Aber ist dann nicht alles aussichtslos? Ja und Nein. Ja, sofern eine Lösung nicht verfügbar ist und der verhängnisvolle Lauf der Dinge tatsächlich oft nicht unterbrochen wird. Nein, sofern Gott im Regiment sitzt, dem Jesus hier doch noch mehr Macht zutraut als sich selbst. Wenn wir selbst zu kämpfen aufhören, kann er uns neuen Lebensmut, neue Ideen und neue Tatkraft geben, von denen wir jetzt noch nichts ahnen.

Es gibt Beispiele dafür, daß sich für einen selbst ein Weg fand, nachdem keine Aussicht mehr zu sehen war: Todkranke entdeckten die Freiheit zu neuer Gestaltung der verbleibenden Lebenszeit, nachdem sie zugestimmt hatten; Suchtkranke suchten wirksame Therapie nach einer Krise, die tödlich sein konnte.

Es gibt auch Beispiele dafür, daß jemand das Notwendige erlösend tun konnte, nachdem er aufgehört hatten, es unbedingt zu wollen. Ein unbestechlich kritisches Wort, das auf ›zufällig‹ offene Ohren traf, die vorher immer verschlossen waren; eine beiläufige Zuwendung, die jemanden erreichte, der oder die sich lange zur Einsamkeit verdammt hatte: Wer so etwas bewirken konnte - hoffnungslos hoffend, absichtslos erlösend - ist wirklich zum rettenden Engel, zum himmlischen Boten geworden: »Zu sitzen zu meiner Rechten oder zu meiner Linken ... das wird denen zuteil, für die es bestimmt ist.«

Alternative Gedanken

In meinem Predigtentwurf habe ich nicht ausdrücklich auf den zweiten Teil des Textes Bezug genommen. Der Grund: Helfer- und Retterphantasien sind ein ebenso verbreitetes wie kompliziertes Phänomen. Ich halte es für wichtig, sie zu thematisieren, und weiß zugleich, daß es schwierig ist. Gleichzeitig auch noch auf die im zweiten Teil thematisierten ›blanken‹ Machtgelüste und die Ambivalenzen des Dienens einzugehen, kann die HörerInnen leicht überfordern. Wer aber dem ganzen Text gerecht werden will, kann dies vielleicht am ehesten tun durch die Demonstration beider Versuchungen an je einem privaten und politischen Beispiel:
Eltern können ihre Kinder lieblos hart unterdrücken oder allzu liebevoll vor Gefahren bewahren und retten wollen. Um Macht geht es in jedem Falle, und jede(r) mag sich prüfen, für welche Versuchung er oder sie empfänglicher ist. Im ersten Fall gilt es, Demut und Dienstbereitschaft zu lernen. Im letzten Fall gilt es, die Grenzen der eigenen Macht im Vertrauen auf Gott zu ertragen, statt sie im Übereifer überspielen zu wollen.
Manche Politiker sind rücksichtslos, andere versprechen (zunächst ehrlichen Herzens) zu viel. Wer fürchtet welche mehr? Gefährlich sind beide. Wirkt gegen erstere Widerstand oder Demut? Immunisiert gegen letztere Bescheidenheit oder Humor?

Alternative

Die Predigt so anfangen, wie ich die ›exegetisch-homiletische Skizze‹ begonnen haben, und den Leuten sagen, daß hier wahrscheinlich zwei Traditionen mißverständlich miteinander verbunden werden.

Kontexte

Literarische Assoziationen. Naheliegend oder weither geholt, sind mir einige Variationen des Themas der Zebedäus-Söhne eingefallen:
1. Die Umkehr der Verhältnisse
»Wenn ich einmal reich bin ...« singt Anatevka im Musical ›Fiddler on the Roof‹, liebenswert und dabei keineswegs bescheiden erinnert er auch Gott an seine Plicht. – Noch energischer hätte er sich auf das Magnificat berufen können: »Er stößt die Gewaltigen vom Thron und erhebt die Niedrigen« (Lukas 1,52). – Allzuweit treibt es die Fischersfrau im Märchen ›Der Fischer und sine Fru‹. Mit Hilfe des Buttes Papst zu werden, war ihr noch vergönnt. Gott wollte seine Ablösung aber nicht dulden. So muß auch ihr gutmütiger Mann ins Unglück stürzen.
2. Die Sache besser machen.
In einem Märchen, dessen Titel und Herkunft mir entfallen sind, darf eine Frau drei Tage lang versuchen, es an Gottes Statt allen recht zu machen. Vergeblich. Auch sie

kann es nur regnen lassen, wenn einer es braucht und es dem anderen ungelegen ist. - Auch Dostojewskis ›Großinqisitor‹ versteht sich als Wohltäter, der Christus korrigieren will und ihm damit sogar zu dienen meint. - Hierher gehören wohl auch viele Legenden von Luzifer. Besonders anregend: Stefan Heym, Ahasver. Am Anfang stürzt Ahasver mit Lucifer aus dem Himmel, weil beide den Adam, Gottes vornehmstes Geschöpf, nicht so verehrungswürdig finden, wie Gott es geboten hatte. Am Ende wird Ahasver durch den erlösenden Christus (›der Rabbi‹) wieder mit Gott vereint. Zwischendurch besucht er den ›Rabbi‹ im Himmel (Kap. 20).

3. Gottes Tod

Markus 10,40 (Predigttext) spricht Jesus von den durch Gott gesetzten Grenzen seiner Verfügungsgewalt. Anders in Jean Pauls ›Rede des todten Christus vom Weltgebäude herab daß kein Gott sei‹ (1786): Christus findet im All keinen lebendigen Gott, ›nur starres, stummes Nichts, kalte, ewige Notwendigkeit‹. Damit ist auch Christus nun gänzlich machtlos, weder fähig zu ordnendem und erlösendem Tun, noch ›sein eigener Würgeengel zu sein‹. Schließlich Nietzsches Verkündigung des ›Tollen Menschen‹, daß wir Gott getötet haben. Hatten sich früher die Menschen gewünscht oder erhoben, Gott gleich zu sein oder an seiner Seite zu sitzen, so haben sie ihn nun aus dem Himmel gestürzt. Die Folgen sind ähnlich.

Palmsonntag

Annäherungen an den Predigttext Johannes 12,12-19

Matthias Hoyer

Wir sind ein in Bibelbetrachtung erfahrener Kreis, aber der Johannestext von Jesu Einzug in Jerusalem wurde unter uns nicht lebendig. Es sprang kein Funke über. Wir gaben uns redlich Mühe, Palmzweige, Esel, Hosianna-Rufe oder Pharisäer-Enttäuschung unter uns gegenwärtig werden zu lassen. Doch immer wieder schweiften wir ab. Der Bibeltext konnte unsere Gedanken und Gefühle nicht fesseln.

1. Was fällt mir auf, was fällt mir ein?

- »Ich dachte immer, es wäre eine große Menge gewesen, aber hiernach scheint es nur ein kleiner Familienkreis um Lazarus gewesen zu sein.«
- Der Gegensatz der Bewegungen am Anfang und am Ende: »um ihm entgegenzugehen« - Pharisäer sagen: »Die Welt läuft ihm nach.«
- Ein dreifacher Gegensatz von »Fürchte dich nicht!« - König - Esel: Der König - aber auf einem Esel.
  Wieso die Aufforderung »Fürchte dich nicht?«, wenn doch mein König kommt?
  Und vor einem König auf einem Esel bräuchte man sich doch erst recht nicht zu fürchten.
- »Aber wichtig war für sie, daß ein König kommt.«
- »Es ist so menschlich: Seine Jünger waren immer mit ihm zusammen, aber das Wesentliche sehen sie doch nicht.«
- Die Beklemmung der Pharisäer: Die laufen uns alle weg. Denen geht es wie uns: »Die treten jetzt alle aus der Kirche aus.«
- »Bei Palmen und Esel fällt mir nur Urlaub ein.«
- Einmal ging es lebhaft zu in unserem Gespräch. Als wir Parallelen zum Einzug in Jerusalem fanden:
  »Als die englische Königin in den sechziger Jahren durch Hannover fuhr, stand ich mit Tausenden am Straßenrand.«
  Der Hochwassertourismus am Rhein in Januar 1995. »Die haben sogar Sandsäcke als Souvenirs mitgenommen!« »Welche Souvenirs haben sie bei Jesus mitgenommen?«
  Als der Kaiser und später der Führer mit dem Zug durch Seelze fuhr, wurde alles geschmückt, und alle standen Spalier. Aber beide haben nicht einmal aus dem Fenster gesehen.

Mit 250.000 anderen Marius Müller-Westernhagen im Konzert zujubeln. Blumensträuße auf Eislaufflächen oder Bühnen werfen.

2. Ein zweites Mal hören wir den Text mit der Frage: Wo hake ich jetzt ein? Was ist mir jetzt am wichtigsten?
- Vier von uns setzten ihren Schwerpunkt bei der jubelnden Menge, die Palmenzweige trägt und Hosianna ruft. »Die gaffen nicht nur, die raffen sich auf.« »Da ist Bewegung.«
- Eine hakte wieder fest beim »Fürchte dich nicht, Tochter Zion, dein König kommt auf einem Esel.«
- Noch einmal gab es ein wenig Engagement im Gespräch, als einer sagte, ihn rühre am meisten der Schlußsatz: »Alle Welt läuft ihm nach.« »Wenn sie das man heute noch täten«, meinte einer. »Aber das Christentum hat doch viel bewegt,« widersprach eine andere.

3. Am Schluß frage ich, ob jemand weiß, was »Hosianna« bedeutet. Alle vermuteten einen Lobpreis. Ein hebräisches Fremdwort schon im griechischen Original, was auch ich nachschlagen mußte. Ich frage mich, ob es die vielen Zitate und Reflexionen sind, die uns den Zugang zum Bibeltext verwehren. Ich habe auch den Eindruck, daß unser Gespräch bald mehr von den Erinnerungen an die synoptischen Erzählungen geprägt ist, als vom trockenen Johannestext. Meine Frage bleibt: Was ist das Besondere dieser mit Deutungen angefüllten Johannesvariante?

Zum Gottesdienst

Hermann Otto Geißler

Exegetisch-homiletische Skizze

Hier ist es mit Händen zu greifen, was H. Thyen (s. GPM 49/1995, S. 198; dort auch Literaturhinweise) meint, das Johannesevangelium sei eine Art Palimpsest auf der noch erkennbaren, aber bewußt veränderten Grundlage der Synoptiker. Was Matthäus 21 über Jesu Einzug in Jerusalem berichtet, ist hier absichtsvoll neu gestaltet. Alle Unterschiede sind bedeutsam: Verknüpfung mit der Lazarus-Erweckung und der Salbung in Bethanien (zum »Begräbnis«), »Palm«-zweige, Veränderung von »Sohn Davids« in »König Israels«, Passivität und Unverständnis der Jünger, das »Fürchte dich nicht«, das den Sacharja-Text abändert, das Weglassen der ethischen Prädikationen (»sanftmütig«, bei Sacharja auch noch »gerecht«), die jeglichen Dialog beendende Resignation der Pharisäer. Das Johannesevangelium bringt also auch hier die »einzig richtige« Darstellung des Einzugs Jesu in Jerusalem. Deshalb wäre es falsch, den Zugang zum Verständnis von der historischen Situation her finden zu wollen.

1.) Die historische Annäherung wird verwehrt durch das Motiv vom *Unverständnis der Jünger*. Nicht nur sie, sondern die Gemeinde überhaupt kann das Geschehene erst von Jesu Verherrlichung her begreifen und zwar das Ganze, nicht nur »das Wesentliche« (Annäherungen). Für die Gemeinde des Johannes dürfte »Hosianna! Gelobt sei der da kommt im Namen des Herrn!« das Schlüsselwort des Textes gewesen sein. Das war aus den Gottesdiensten im Ohr. Es macht deutlich: Hier geht es um die Frage: Wer ist der, der in unserer Liturgie, in der Eucharistie, gegenwärtig ist? Darauf gibt die Geschichte eine Antwort.

2.) Er ist der *»König* Israels«. Das bedeutet wohl zunächst nur: Er ist der Messias. Aber das Stichwort König steht im Johannesevangelium in Beziehung sowohl zum Brot-König von 6,15 als auch zu dem Königbegriff im Gespräch mit Pilatus (18,33–38). Dort wird auch präzisiert, worum es sich handelt, um ein Königtum, das nicht von der Welt, aber auch nicht außerhalb der Welt ist. Allerdings ist der adventliche »Friedenskönig« hier keine passende Metapher, eher so etwas wie ein »Hoffnungskönig«.

3.) Der *Esel* findet sich hier zufällig am Weg. Er wird gebraucht, um die Erfüllung des Prophetenworts zu verdeutlichen. Jesus nimmt die Weissagung für sich in Anspruch und korrigiert damit zugleich die Erwartung der Hosianna rufenden Menge. Er ist nicht der Messias, der alle Lebensprobleme beseitigt. Er ist der Ohnmächtige, dessen Leib schon zum Begräbnis gesalbt ist, der auf dem Weg nicht zur Herrschaft, sondern ins Leiden ist. Aber eben darin vollbringt er seine Sendung und erweist sich als der, in dem Gottes Liebe zur Welt und zu den Menschen kommt (3,16).

4.) Die *Palmzweige* sind Requisiten für den Empfang eines heimkehrenden Siegers. Jesus wird als Sieger begrüßt in der Verbindung mit der Auferwekkung des Lazarus. Sie ist also eine Vorwegnahme des österlichen Geschehens, die Jesus als den Sieger über den Tod kennzeichnet. Noch bei uns finden sich Palmzweige auf Särgen und Grabsteinen als Auferstehungssymbole.

5.) Im Mittelpunkt, durch die Zeichenhandlung hervorgehoben, steht *Jesus*. Er allein ist der Handelnde. Allerdings sagt er kein Wort. Nicht die Jünger holen den Jungesel, Jesus findet ihn und setzt sich darauf. Damit vollzieht er die Identifikation mit der alltestamentlichen Tradition, die im Lobpreis des Volkes schon vorweggenommen war. Die Beziehung zur Liturgie ist hier besonders deutlich. Sie ist der Ort für die Verehrung dessen, der da kommt und kommen wird im Namen des Herrn. Der Einzug in Jerusalem ist Beginn der Verherrlichung Jesu, die sich der glaubenden Gemeinde dann später erschlossen hat und die sie immer wieder feiern wird unter diesen Worten des Propheten Sacharja. Es geht um den im Leiden verherrlichten Erlöser, nicht um einen wie immer erwarteten Messias-Heros. Der Esel stellt dies klar. Soweit darüberhinaus deutende Worte nötig sind, kann man sie im folgenden finden, allerdings mit eigener Einleitung: im Wort vom Weizenkorn (12,24 ff.).

6.) Das *Volk,* das ihn preist, besteht aus zwei Gruppen: den Zeugen seines Sieges über den Tod und den anderen, die davon hörten und ihm mit dem Hosianna entgegenziehen. Beide bilden zusammen die christliche Gemeinde ab. Während die einen sozusagen das Wissen und die Erfahrungen der Gemeinde mit sich führen, tragen die anderen ihre Erwartungen Jesus entgegen, Erwartungen, die sich an dem Gehörten entzünden und darin Jesus wohl durchaus mißverstehen als den, der den Tod und das Leid beseitigt. Dennoch vereinigen sich die beiden Gruppen zur lobpreisenden Gemeinde im Hosianna für Jesus.

7.) Die Feststellung der *Pharisäer* ist bitter. Sie ist nicht bloß resignative Verwunderung, auch kein Neid. Sie ist der Todesbeschluß. Ein weiterer Dialog mit Jesus hat keinen Zweck mehr. Jetzt müssen Fakten geschaffen werden. Er muß weg. In der Tat folgt bei Johannes kein Streitgespräch mehr mit den »Juden«. Nur zum Volk spricht Jesus danach noch, zu seinen Jüngern und dann zu Pilatus. Selbst dem Hohenpriester verweigert er die Antwort (18,20 f.). Mit dem Erkanntwerden als »König Israels« durch das Volk hat sich seine Sendung zu den Juden schon vollendet.

Die Erfahrung der Gesprächsgruppe, die sich um die »Annäherungen an den Text« mühte, ist verständlich. Nur schwer läßt sich der Zugang zu einer zeitgerechten Auslegung finden. Die Tilgung der emotionalen und ethischen Inhalte aus der synoptischen Tradition macht sie sperrig. Stattdessen geht es um theologisch-dogmatisch-liturgische Sachverhalte, die man eigentlich nur feiern kann, allerdings nicht in der dramatisierenden Wiederholung, sondern im Vollzug des Lobpreises für den gegenwärtigen und kommenden Herrn. Gerade deshalb aber verbietet sich auch eine Predigt »über« dieses »Thema«. Das Erkennen des Königs, dessen Reich nicht *von* dieser Welt, aber sehr wohl *in* dieser Welt ist, möchte ich als Predigt anstreben.

Als Folie für dieses Erkennen wähle ich die große Hoffnung, die im christlichen Glauben wachgehalten wird: die Hoffnung auf die Überwindung von Tod und Leid. In unserer nüchternen Zeit ist diese Hoffnung weithin an den Rand geschoben als leere Utopie. In der »Erlebnisgesellschaft« (s. Kontexte) zählen andere, kurzfristig erfahrbare Erfüllungen als Werte, alle sehr individualisiert. Stattdessen wird in der christlichen Gemeinde die große Hoffnung lebendig gehalten, die zwar nicht auf alle Fragen Antworten weiß, die aber motiviert, die Last des Lebens auf sich zu nehmen und gemeinsam zu tragen. Die Ermutigung dazu ist in der Textänderung des Sacharja-Zitats enthalten: »Fürchte dich nicht!«

Vorschläge zur Liturgie

Lieder
Die Passionslieder des EG sind mehr auf Karfreitag als auf Palmsonntag, das kleine Ostern, ausgerichtet. Im Hessischen Anhang zum EG stehen zwei neue Lieder, die einigermaßen passen: 545 Wir gehn hinauf nach Jerusalem; 547 Der Eselreiter (ohne Vers 3).

Eingangspsalm: 22,20.23.24 a.25 a.26 a

Zum Kyrie
Ablegen möchten wir vor dir, ewiger und gnädiger Gott, was uns bedrückt aus dem Erleben der vergangenen Woche und aus unserem eigenen Wesen - alles, was uns hindert, dich zu loben. Erfahrungen sind es, die uns an unsere Grenzen, unsere Schwächen, unsere Unzulänglichkeit erinnert haben, aber auch Herausforderungen, denen wir uns nicht gewachsen fühlten und denen wir ausgewichen sind. Dabei sind Menschen verletzt und allein gelassen worden, Menschen, die uns brauchten. Nun schenke uns einen neuen Anfang mit uns selbst und mit denen, die auf uns rechnen.

Gnadenzuspruch: Jesaja 43,1 b und 3 a

Kollektengebet oder Präfation
Hosianna rufen wir dir zu, du Gottgesandter, Jesus Christus. Nimm es von uns an, die wir versammelt sind, um deine Ankunft zu erinnern, um deine Gegenwart zu feiern und uns deiner Zukunft zu vergewissern. Maran atha – Herr, komm!

Fürbittengebet
Gelobt sei, der da kommt im Namen des Herrn. Dich, großer, barmherziger Gott, wollen wir damit loben. Dir bekennen wir die Hoffnung, die in uns entzündet ist durch Jesus Christus, durch seinen Tod und seine Auferstehung. Dir danken wir, daß du uns so ermutigst mitten in unserem Leben, das für viele von Leid und Verzweiflung erfüllt ist. Danken aber wollen wir dir auch für die Erfahrungen von Glück und Sinnerfüllung, von Gemeinsamkeit und dem Erleben von Nähe, das hilft, die Last des Lebens zu tragen. Manchmal sind wir versucht, uns mit unserem Stückchen Wohlergehen zurückzuziehen und die anderen sich selbst zu überlassen. Aber die große Hoffnung durch Jesus Christus ruft uns heraus in die Gemeinschaft derer, die sich nicht abfinden mit dem Zustand der Welt.
So möchten wir auch jetzt dir die Leiden derer klagen, die von schweren Schicksalen getroffen sind durch Unfälle, Krankheiten, Krieg, Hunger und Haß. Warum muß das so sein? Warum müssen die einen so leiden, und die anderen suchen nach immer stärkeren Reizen des Erlebens und glauben,

darin Erfüllung zu finden? Manche haben den Glauben längst abgelegt, fragen nicht mehr nach dir und der großen Hoffnung auf dich und deinen Gesandten, der den Tod besiegt hat.
Um so mehr bitten wir dich für alle, die dem Leben, so wie es ist, standzuhalten versuchen, die den Alltag mit seinen Lasten auf sich nehmen, die Verzicht leisten auf viel Angenehmes um anderer Menschen willen: bei der Pflege kranker oder alter Menschen, in der Betreuung von Kindern und Familien, im Dasein für Behinderte, in der geduldigen Begleitung von schwierigen Menschen. Gib ihnen Kräfte des Leibes und der Seele, die sich immer wieder erneuern.
Hilf du auch uns, daß wir den Platz sehen und einnehmen, an dem unsere Hände, unsere Gaben und unsere Kräfte nötig sind, damit anderen die Last des Lebens erträglich wird. Laß uns auch den Segen verspüren, in dieser Woche am Leiden deines Sohnes Jesus Christus teilzunehmen in der Gemeinschaft der Hoffenden, die ihn mit dem Jubelruf grüßen: Hosianna!

Zur Predigt

Möglicher Anfang
Einen Sog übt diese Bewegung vor den Toren Jerusalems aus. Da wechseln Menschen plötzlich die Richtung. Vorher zogen sie hin zur hochgebauten Stadt mit ihrem Tempel. Nun laufen sie wieder in der Gegenrichtung. Auf den ersten Blick denkt man vielleicht: Ha, das wetterwendische Volk! Wo immer es eine Sensation wittert, da ist es schnell dabei. Und das ist vielleicht auch nicht falsch, da wir ja das Ende schon kennen, daß auf das »Hosianna« kurz danach das »Kreuzige!« bereits folgte. Nein – wo die Zufallsbegeisterung solche Wellen schlägt, da hält man sich wohl doch besser fern. Aber diese Bewegung übt einen Sog aus. Und ich muß gestehen, mich hat sie auch erfaßt. Ich hatte mir auch erst gedacht: Da wärst du bestimmt nicht mitgezogen, hättest dich wohl an eine Mauer gelehnt und zugesehen. Aber dann habe ich bedacht, warum diese Menschen kehrtmachten und nun zum Ölberg hin strömten, von dem Jesus herunterkam. Sie waren angetrieben von einer großen Hoffnung. Und diese Hoffnung verbindet mich mit jenen Menschen, die da mit Palmwedeln Jesus entgegenziehen.

Zum weiteren Verlauf
Schilderung des Zuges, der mit Jesus und Lazarus entgegenkommt. Die Kunde von dessen Auferweckung ist diesem Zug vorausgeeilt und hat den anderen angezogen.
Überlegung zur eigenen Einstellung zum Wunder und zu der Hoffnung, die darin Ausdruck findet. Nicht auf den Wundertäter warte ich, habe aber teil an der großen Hoffnung jener Leute im Gedenken an Menschen in schwerer Krankheit, an vorzeitig aus dem Leben gerissene junge Menschen, an

Opfer von Naturkatastrophen, an Opfer von Gewalt und Haß. Auch meine eigenen Ängste um mich und meine Familienangehörigen sind mir bewußt. Deshalb ziehe ich mit dem Zug der Hoffnung, nehme einen Palmzweig oder ein anderes Stück Grünzeug und schließe mich den Hosiannarufern an.
Gehen Sie auch mit? Ich möchte Sie gewinnen für diesen Zug der Hoffnung. Da muß man sich von dem Zug unserer Zeit absetzen. Wir haben uns abgefunden mit Tod und den großen Übeln des Lebens. Stattdessen sucht man nach Glück, nicht nach dem dauerhaften und dann auch immer gewohnheitsmäßigen Glück, sondern nach dem momentanen Glücklichsein, dem Hochgefühl für kurze Zeit: Bungeespringer usw., 250.000 beim Konzert von Müller-Westernhagen, viel Geld für Karten, um Pavarotti live singen zu hören. Musical-Theaterbauten an Autobahnkreuzungen - wer soll die füllen?
Nicht Verurteilung dieser Trends, schon gar nicht als »Sünde« brandmarken! Nur darf der Erlebnishunger nicht die einzige Form sein, den Lebenssinn zu suchen. Die Probleme des Alltags auszuhalten und einen Blick für die kleinen Freuden zu behalten, ist nicht weniger wichtig. Das aber hängt zusammen mit der großen Hoffnung auf Befreiung von aller Angst, die dem Zug entgegengehen läßt. Gehen Sie mit?
Mit Palmen kommen wir gezogen, um den Sieger über die Angst und den Tod zu begrüßen, Hosianna rufen wir zusammen mit den anderen. Da geschieht etwas Merkwürdiges. Jesus, dem der Jubel gilt, läßt sich nicht groß feiern, sondern er nimmt einen Esel, der zufällig am Weg steht, und setzt sich darauf. Was soll das? Er sagt kein Wort, aber seinen Weg setzt er fort auf dem Esel. So sieht ja wirklich kein König aus. Vielleicht ist der König David vor 1000 Jahren so daher gekommen. Aber einer, der die Welt einrenken soll, alles Unrecht und alle Gewalttat beseitigen soll, der muß doch anders auftreten. Sind wir am Ende doch auf die falsche Demo geraten?
Wie gut, daß wir nicht dastehen, wie die Leute damals, sondern schon alles übersehen! Den Jüngern ist es übrigens auch ähnlich gegangen. Die haben, was sie erlebten, auch erst später begriffen, an Ostern, und nicht schon am Palmsonntag. Beziehung zur Weissagung des Propheten Sacharja! Dennoch: Kann dieser Mann auf dem Esel die Probleme unserer Welt lösen? Er nimmt Krankheiten nicht weg, schafft Tod nicht ab, bringt Ängste nicht zum Schweigen. Er ist ja selbst Opfer geworden, nur wenige Tage später.

Möglicher Schluß
Das haben die Jünger auch erlebt, und es hat sie schwer geschüttelt, all ihre Hoffnungen durcheinandergerüttelt, ja fast zerstört. Aber dann haben sie begriffen. Vielleicht sind es nur drei kleine Wörtchen in dieser Geschichte, die so nur hier bei Johannes stehen, aber an denen eben alles hängt. Sie heißen: »Fürchte dich nicht!« »Fürchte dich nicht, Tochter Zion, dein König

kommt auf einem Esel.« So heißt der ganze Satz. Aber es kommt doch für uns vor allem auf die drei Wörtchen an. Bei dem ganzen Weg, den Jesus von diesem Ereignis an vor sich hat, gilt das: »Fürchte dich nicht!« – für ihn selbst und für seine Jünger. Und auch für uns! »Fürchte dich nicht!«

Deshalb, um diese drei Wörtchen in unser Herz zu prägen, wiederholen wir die Worte aus dieser Geschichte bei jeder Feier des Abendmahls: »Gelobt sei, der da kommt im Namen des Herrn. Hosianna.« Der da kommt, dieser König ist keiner zum Fürchten; der nimmt die Furcht, auch unsere Furcht, unsere Furcht vor der Zukunft, unsere Angst um unser Leben und um unsere Welt. Der erklärt diese Furcht nicht für unbegründet. Der bagatellisiert unsere Ängste nicht, wie wir es uns oft genug gegenseitig antun. Der nimmt sie ganz ernst. Er hat sie selbst empfunden auf seinem Weg zum Kreuz. Man braucht nur wenig weiterzulesen, um das festzustellen. Aber dort findet man auch, wie er sich hat trösten und stärken lassen für seinen schweren Weg, den er allein gehen mußte.

Neulich sah ich eine Zeichnung. Da war eine ganze Reihe Strichmännchen gezeichnet, nebeneinander. Auf deren Kopf lag eine breite, dicke Last wie eine Betondecke oder ein Grabdeckel. Das offenbar riesige Gewicht verteilte sich auf die vielen Männchen darunter. Und ich dachte: So ist das mit dem Leben. Die ganze Last muß oft jeder einzelne für sich aushalten. Mancheiner hält das nicht aus und bricht darunter zusammen. Aber wenn viele zusammenstehen, schaffen sie es so, daß es keinem über die Kräfte geht. Das, meine ich, geschieht in der Gemeinschaft der Hoffnung, die sich beim Einzug Jesu nach Jerusalem zusammengefunden hat, in jenem Zug der Hoffnung, der Jesus entgegenzieht. Da wird die Last des Lebens nicht leichter, aber tragbar für jeden einzelnen. Deshalb möchte ich Sie gern bewegen, mitzugehen in diesem Zug der Hoffnung. Da wird uns allen gesagt: »Fürchte dich nicht!« Das ist nicht nur eine Beruhigung und Vertröstung, sondern es hat ganz reale Bedeutung für alle, die Jesus das Hosianna zurufen.

Die Katholiken gehen heute mit geweihten Buxbaumzweiglein aus der Kirche nachhause. Wir werden nachher auch solche verteilen, wenn auch ungeweiht. Jedem soll der Zweig bedeuten: »Fürchte dich nicht!«

Kontexte

Aus der Orthodoxen Palmsonntagsliturgie (Der Vortag ist Lazarus geweiht.):
Psalm 115: Stricke des Todes hatten mich umfangen ...
Troparion: Schon vor deinem Leiden die gemeinsame Auferstehung bezeugend, hast du von den Toten auferweckt den Lazarus, Christus Gott. Deshalb rufen auch wir, wie die Knaben, des Siegers Sinnbilder tragend, dir, dem Sieger über den Tod, zu: Hosanna in den Höhen. Gesegnet, der kommt im Namen des Herrn. Ehre sei dem Vater ...

Mit dir begraben durch die Taufe, Christus, unser Gott, sind wir des unsterblichen Lebens gewürdigt worden durch deine Auferstehung, und singend rufen wir: Hosanna in den Höhen. Gesegnet, der kommt im Namen des Herrn. Jetzt und immerdar ...
Evangelium: Johannes 12,1-19
(Der orthodoxe Gottesdienst, Band I, Mainz, S. 67ff.).

Soll am deutschen Wesen wieder einmal die Welt genesen, diesmal im positiven Sinn? ... Der Hang zum moralischen Größenwahn entspringt einem tiefen Unbehagen, vom Schicksal wider Erwarten verschont zu sein. ... Das zentrale deutsche Problem ist weder das Waldsterben im Allgäu noch das Ozonloch über der Antarktis. Es ist die nicht erfüllte Bestrafungserwartung nach dem kollektiven Ausrasten von 1933 bis 1945. So weit haben die Nazis das moralische Fundament der Volksgemeinschaft doch nicht aufgeweicht, als daß die gewesenen Volksgenossen nicht mehr wüßten - oder wenigstens ahnten -, daß dem Verbrechen die Strafe zu folgen habe.
(Der Spiegel, Nr. 39/25.9.1995, S. 35)

Unablässig fluten Wellen von Erlebnisangeboten über die Gesellschaft. Im Akt des Konsumierens ist schon das Drängen des nächsten Angebots spürbar: die nächste Sendung, die neue Zeitschriftennummer, der letzte Hit, das Folgemodell auf dem Automobilmarkt, die aktuelle Modekollektion usw. Das unaufhörliche Pulsieren der nachfolgenden Produktionsausstöße setzt einen Konsumenten voraus, dem es mehr auf das Nehmen ankommt als auf das Haben. Der Idealkonsument des Erlebnismarktes ist ein Kanal, durch den die Angebote hindurchströmen, nicht ein Behältnis, in dem sie sich sammeln.
Die ständigen Verfeinerungen und Qualitätsverbesserungen der Produkte können den Rückgang der Erlebnisintensität nicht ausgleichen. Man reist immer weiter und komfortabler, die Fotoapparate werden immer raffinierter, das Joghurtangebot fächert sich in immer exotischere Varianten auf, den Autos wachsen Heckspoiler und breitere Reifen, alte Stereogeräte werden durch CD-Anlagen ersetzt, ›spießige‹ Möbel machen schicken Einrichtungen Platz, die Innenstädte werden in konsumfreundliche Fußgängerzonen verwandelt. Doch kaufen läßt sich immer nur das Erlebnisangebot, nicht das Erlebnis selbst - dieses muß jeder in eigener Regie produzieren. Widerspenstig entzieht sich der angestrebte Erfolg erlebnisorientierten Handelns immer wieder der rationalen Handlungsplanung. ... Statt sich Befriedigung zu verschaffen, vergrößern die Nachfrager ihren Erlebnishunger umso mehr, je mehr sie ihn zu stillen versuchen. Genuß steigt nicht proportional zu den dafür eingesetzten Mitteln.
(Gerhard Schulze, Die Erlebnisgesellschaft, Campus Verlag, Frankfurt/New York 1992, S. 548)

Vorsichtig mit den linken Fuß tastend, suche ich das Trittbrett über dem Rad. Nachdem ich Halt gefunden habe, fasse ich nach den Griffen unter der Tragfläche - erst mit der rechten, dann mit der linken Hand - und ziehe mich ganz hinaus. - Der Fahrtwind ist gewaltig. Ich kann mich kaum festhalten. Mühsam um Atem ringend, mache ich mich daran, die Absprunghaltung einzunehmen. ... - Endlich nickt mir Klaus zu. X-Lage - Kopf in den Nacken - Hohlkreuz. Jetzt ist alles egal. Es gibt kein Zurück! Meine Hände öffnen sich. Der Kloß im Hals nimmt überdimensionale Ausmaße an. Er schnürt mir die Kehle ab. Ich bekomme keine Luft mehr. Panik. Todesangst. - Die Wilga (Flugzeug) entfernt sich wie in Zeitlupe. Ich bin ganz allein. Jetzt

ist alles aus ... - Und dann schwebe ich. In 500 Meter Höhe. An einem wunderschönen, klaren Septembertag. Kein Ton ist zu hören. In der Ferne sehe ich die Alpen. Direkt unter mir breitet sich eine Spielzeugwelt aus: mit saftigen grünen Wiesen, Puppenhäuschen ... und sogar ein paar Modellflugzeugen. - Ein unbeschreibliches Glücksgefühl durchströmt meinen Körper, ein Gefühl, wie ich es in dieser Intensität noch nie erlebt haben. Es ist unglaublich. Ich hab's geschafft! Ich bin gesprungen - und ich lebe noch. Die Welt liegt mir zu Füßen. Ich betrachte sie mit Wohlgefallen und mit Besitzerstolz. Ein kurzer Blick in meinen Schirm zeigt mir: Alles ok. Ich kann diesen Augenblick noch ein wenig genießen. Und ich tue es ausgiebig ...
(Gert Semler: Die Lust an der Angst - Warum Menschen sich freiwillig extremen Risiken aussetzen, Heyne Verlag, München 1994, Rechte beim Verfasser, S. 27 f.)

Warum gehen Menschen aus freiem Willen Aktivitäten nach wie Fallschirmspringen, Bergsteigen, Drachenfliegen? Und warum machen manche den augenblicklichen Modewahn des Bungeespringens mit? ... Es scheint, daß Menschen bei sämtlichen gefährlichen Sportarten - vom Fallschirm- bis zum Bungeespringen - die ›Politik des äußersten Risikos‹ als freiwillige Strategie einsetzen. Sie gehen reale Risiken ein, konfrontieren sich mit realen Gefahren und hoffen auf nicht kalkulierbare Herausforderungen. Dabei wissen sie, daß sie Angst haben werden. Aber sie wissen auch, daß sie imstande sein werden, das unedle Metall dieser riskanten Situation in das Gold der Aufregung umzuwandeln.
(Michael Apter, Im Rausch der Gefahr, Kösel-Verlag, München 1994)

Gründonnerstag

Annäherungen an den Predigttext Johannes 13,1-15 (34-35)

Barbara Heller

Die »Projektgruppe Bibel« der Evangelischen Erwachsenenbildung in Kassel tritt in ein Gespräch über die »Fußwaschung« ein. Kontext und Hintergrund des Gesprächs ist eine Beschäftigung mit den Lebens- und Arbeitsbedingungen gerade von Frauen zur Zeit Jesu.
So interessiert zunächst und vor allem die als Dienstleistung verstandene Tätigkeit der Fußwaschung.
Wer wäscht wem die Füße? Was ist üblich? Was bedeutet diese Handlung? Unter Rückgriff auf die sozialgeschichtliche Arbeit von Luise Schottroff (Lydias ungeduldige Schwestern, Gütersloh 1994) halten wir fest, daß die Fußwaschung zu den Hausarbeiten gehört, die selbstverständlich im Rahmen der Versorgung von Gästen geleistet wird. Abhängig von Stand und Vermögen der GastgeberInnen geschieht dies entweder durch Sklaven oder Sklavinnen oder durch die Hausfrau.
Um das »Beispiel« (V. 15), das Jesus gibt, richtig zu verstehen, sind wir bemüht, der Szene ihre Exklusiviät zu nehmen. Der Kontext von Abendmahl und Passion und die stilisierte Wiederholung dieser Handlung durch den Papst, die wir durch die Medien kennen, verstellen den Blick. Wie soll etwas zum Gleichnis, Beispiel oder Vorbild werden, das so herausragend und »unvergleichlich« ist.
Wir greifen auf, daß die Fußwaschung zu gewöhnlichen Dienstleistungen und Hausarbeiten gehört und suchen nach analogen Tätigkeiten aus unserer Alltags- und Erfahrungswelt. Welche Arbeiten fallen an, wenn Gäste erwartet werden? Von wem werden sie ausgeführt? Einkaufen, Kochen, Betten beziehen, Bad und Toilette putzen, Handtücher bereitlegen ... Uns fallen die Berufe im Bereich des Hotels- und Gaststättengewerbes ein, die diese Dienstleistungen gegen Geld anbieten. Daneben gibt es Haushalte mit Angestellten und dann den – uns vertrauteren – Bereich der Hausfrauenarbeit. Wer putzt die Toilette?
Wie sieht es bei längeren Besuchen mit Wäschewaschen oder Schuheputzen aus? Gerade an dem letzten Punkt entzündelt sich eine Diskussion über die »Grenzen« der Dienstleistungen, die wir als Gastgeberinnen oder

Hausfrauen zu tun bereit sind. Einige der Arbeiten stufen wir als »niedrig« ein, sind jedoch bereit, sie zu erledigen. Andere, z. B. das Schuheputzen, werden von einigen seit Kindertagen als »erniedrigend« erlebt und deshalb heute verweigert. In diesem Zusammenhang wird auf das Bild der Schuheputzer verwiesen, die wirklich zu Füßen ihrer begüterten Kunden kauern.

Wir fassen zusammen, daß auch in unserem Lebenskontext Dienstleistungen dieser Art von (lohn-)abhängigen Angestellten oder von Hausfrauen ausgeführt werden. Erwähnt seien die Beispiele von Hausherrn oder Gastgebern, die einen Teil dieser Arbeiten übernehmen. Trotzdem ist es wahrscheinlich, daß (Haus-)Frauen die Empfehlung Jesu, in der Gemeinschaft nach seinem Beispiel zu verfahren, im Blick auf die eigene Person eher gelassen aufnehmen konnten oder können. Geht es doch um etwas, das sie ohnehin tun.

Größere Brisanz kommt seiner Aufforderung zu, wird sie als für alle gültig verstanden, in dem Sinn, daß jede/r den anderen gegenüber zu solchen Dienstleistungen bereit sein soll: Hausherrn, Gastgeber, Vorgesetzte, Direktoren ...

Dieses »bereit sein« möge nicht mißverstanden werden als Lippenbekenntnis (»Wir sind alle gleich») oder als symbolische, einmalige Handlung, – etwa im Sinne des »Muttertages« (»Heute machen wir das Frühstück«). In dieser Gefahr sehen wir den Predigttext am Gründonnerstag: – das Beispiel Jesu wird so hoch gehoben, daß es praktisch unwirksam bleibt.

Es schließt sich eine Kontroverse an, wie dem Beispiel Jesu im Sinne einer echten Gleichheit und Gegenseitigkeit zu folgen sei.

Gerade im Blick auf die geschlechtsspezifische Arbeitsteilung in unserer (und der damaligen?) Gesellschaft beharren einige darauf:

»Wer etwas nicht selber tut – oder es erlebt, wie es ist, wenn es nicht getan wird – kann eine Sache/Dienstleistung nicht wertschätzen.«

Also: alle verrichten alle Arbeiten in der Gemeinschaft? Dagegen spricht die Erfahrung zumindest temporär sinnvoller Arbeitsteilung. Dann bleibt die Frage, welcher Ausdruck von Gleichheit und Gegenseitigkeit gefunden wird:

Aufmerksamkeit, Anerkennung, Wertschätzung?

Hier liegt unseres Erachtens der »Arbeitsauftrag« für Predigende und PredigthöherInnen. »Wenn ihr dies wißt – selig seid ihr, wenn ihr's tut« (V. 17).

Zum Gottesdienst

Jürgen Rogler

Exegetisch-homiletische Skizze

a) Anknüpfung an die Annäherungen:
Die Gesprächsgruppe der Annäherungen konzentriert sich ganz auf den V. 15 und versucht auszuloten, wie das »Beispiel« Jesu in unsere Alltags- und Erfahrungswelt umzusetzen ist. Aufgabe der exegetischen Skizze ist es, den Predigttext in seiner Vielseitigkeit zu sehen und die historisch gewachsenen unterschiedlichen Aussagen zu vedeutlichen. Dabei ist die Frage zu klären, was das Beispiel, das den Jüngern aufgetragen ist, mit ihrem Herrn zu tun hat und dem, was er für sie tut. Das ist ein Kernpunkt der johanneischen Theologie, für die Erkennen und Verstehen im Vordergrund steht. Was tut Jesus für die Seinen? Wie erhalten wir Anteil an ihm? Schade wäre es, wenn der Text ohne diese Fragestellung gedeutet würde.

b) Gliederung und Kontext:
Der Predigttext liest sich, besonders in der Einleitung, sperrig und ineinander geschachtelt. Er ist historisch gewachsen und hat mehrere Bearbeitungen erfahren. Über die Zuordnung einzelner Passagen zu bestimmten redaktionellen Autoren gibt es unter den Exegeten unterschiedliche Theorien, die ich nicht im einzelnen darlegen möchte. Für den Gottesdienst ist aber zu beachten, daß wir neben der Erzählung der eigentlichen Fußwaschung zwei Deutungen vorfinden, die ursprünglich nicht zusammengehören und sogar miteinander konkurrieren. Demnach ist der Predigttext folgendermaßen zu gliedern:

V. 1–3	Einleitung (mehrschichtig) mit Kommentar zu dem Verräter
V. 4–5	Fußwaschung
V. 6–10a	Erste Deutung: Teilhabe an Jesus
V. 10b–11	Kommentar zum Verräter
V. 12–15	Zweite Deutung: Beispiel für die Jünger
V. 34–35	Liebesgebot (= Teil der Abschiedsreden Joh 13,31–16,33)

c) Zuordnung des Textes zum Gründonnerstag:
Mit der Fußwaschung beginnt der zweite Teil des Johannesevangeliums. Nach dem »Buch der Zeichen«, das Jesu öffentliches Wirken erzählt, folgt mit den Kap. 13–20 das »Buch der Passion«, das den Abschied Jesu von seinen Jüngern thematisiert. Jesus zieht sich, als er seine Stunde kommen sieht, aus dem öffentlichen Wirken zurück und bereitet die Seinen auf sein Weggehen vor. Sowohl die Fußwaschung als auch die Abschiedsreden deuten Jesu Person, seinen Tod und seine Auferstehung für die Jünger und damit für die johanneische Gemeinde.

Die Zuordnung des Textes zum Gründonnerstag ist deshalb richtig, wie auch die Einleitung in V. 1 bestätigt. Die historische Datierung des Mahles Jesu mit seinen Jüngern auf den 13. Nisan scheint mit fraglich. Aus dem Text geht lediglich hervor, daß es sich um eine Mahlzeit vor dem Passafest handelt. Dabei ist wohlgemerkt nicht das Abendmahl gemeint, von dem die synoptischen Evangelien erzählen. Die Zuordnung zum Gründonnerstag ergibt sich nicht durch die Datierung, sondern allein durch die Thematik: es ist ein Abschiedsmahl vor Jesu Weggang zum Vater. Johannes, der als Evangelist an den Sakramenten nicht interessiert ist, gibt keine Schilderung des synoptischen Abendmahles. Daraus ergibt sich für uns eine Spannung: Einerseits gilt für uns heute der Gründonnerstag als Gedenktag der Einsetzung des Abendmahls, bei dem in jeder Gemeinde auch Abendmahl gefeiert wird. Andererseits begründet Joh 13 nicht das Abendmahl, sondern die andere Tradition der Fußwaschung. Gut ist es, beides nicht gewaltsam miteinander zu vermischen. Die Gemeinsamkeit zwischen den beiden Handlungen ist die Deutung auf Jesu Passion: Jesus wird erniedrigt und dahingegeben, damit alle, die an ihn glauben, nicht verloren werden, sondern das ewige Leben haben (Johannes 13,16).

d) Auslegung der einzelnen Abschnitte:
Die Einleitung V. 1-3 stellt mehrfach die Souveränität Jesu im Passionsgeschehen heraus: Jesus erkennt, daß die Stunde der Passion für ihn gekommen ist. Dieses Erkennen umklammert die ganze Passionsgeschichte und zeigt an, daß es sich bei dem folgenden um ein Offenbarungsgeschehen handelt. »Jesus handelt als der, der ›weiß‹, als der vollkommene ›Gnostiker‹, dessen Tun und Erleiden nicht in dem Wirkungszusammenhang des weltlichen Geschehens Ursprung und Ziel hat, sondern in dem Gott selber wirkt, mit dem als dem ›Vater‹ er in Einheit steht.« (Bultmann, S. 354). Der Tod ist für Jesus nicht, wie bei den Synoptikern, Ausgeliefertwerden in die Hände der Feinde, sondern aktives Weggehen zum Vater. Der Bestätigung seiner Souveränität dienen auch die Einschübe der Verräterthematik in V. 2 und V. 10b–11.
Mit wem ist Jesus zusammen? Mit »die Seinen« ist nicht ausdrücklich der 12er-Kreis gemeint, an den wir an Gründonnerstag automatisch denken. Zwar sind im weiteren Kontext der Abschiedsreden Petrus, Thomas, Philippus und Judas genannt, dennoch ist der Begriff der Seinen weiter zu fassen: »Es ist die Gemeinde, in der Jesus hier steht und zu der er redet, für die er betet. Die Gemeinde, deren Konstituierung symbolisch durch Joh 13,1-20 beschrieben wird ... und deren Lebensgesetz in 13,34 f. 15,1–17 entwickelt wird.« (Bultmann, S. 349)
Bei der Fußwaschung V. 4–5 wird fast minutiös geschildert, was Jesus tut. Dadurch wird die Besonderheit der Handlung hervorgehoben. Die Sitte der Fußwaschung gehörte zur Zeit Jesu zur Heimkehr oder Ankunft eines Familienoberhauptes oder Gastes. Dieser niedrige Dienst wurde entweder

von Sklaven verrichtet, konnte aber »ebenso Frauenpflicht dem Mann gegenüber oder Kinderdienst dem Vater gegenüber« (Becker, S. 422) sein. Mitunter wuschen auch ergebene Schüler ihren Lehrern die Füße. Daß Jesus seinen Jüngern (und Jüngerinnen?) die Füße wäscht, hat nichts mit dem Zweck der Reinigung zu tun, sondern ist symbolische Handlung, die der Deutung bedarf.

Die erste Deutung V. 6–10a geschieht im Dialog zwischen Jesus und Simon Petrus, der repräsentativ für alle anwesenden Jünger sein Unverständnis ausspricht. Der Dialog ist literarisches Gestaltungsmaterial des Evangelisten mit dem Ziel, die Szene für die Leser zu deuten. Petrus versteht die Handlung zunächst irdisch, nicht als Heilsymbol. Jesus verweist auf das spätere Verstehen und meint damit die nachösterliche Zeit, wenn die Jünger zurückblicken werden auf seine Erhöhung am Kreuz und den Geist empfangen haben werden. Die Fußwaschung verweist auf den eigentlichen Dienst Jesu an den Seinen: sein Gang zum Vater durch das Kreuz – nach den Maßstäben der Welt tiefste Erniedrigung – dient denen, die durch den Glauben mit Jesus verbunden sind, zur bleibenden Teilnahme an ihm (V. 8; 14,19–20). Somit liegt der Schwerpunkt auf V. 8: die Fußwaschung ist Eröffnung der Teilhabe an dem Gottgesandten und Zugang zum Heil. Oder umgekehrt: »Wem der Irdische als Gesandter nicht die glaubende Annahme ermöglicht, der hat auch keinen Anteil an Jesu Erhöhung.« (Becker, S. 423). Fast komisch mutet darauf die Bitte des Petrus, nun ganz von Jesus gewaschen zu werden. Sie ist Anlaß für eine weitere Erklärung des Geschehens. In V. 10 ist eine textkritische Entscheidung notwendig: dabei ist die kürzere Leseart zu bevorzugen, so daß der Text lautet: »Wer gebadet hat, hat nicht nötig, gewaschen zu werden, sondern ist ganz rein.« Der Vers hat keinen direkten Bezug auf die Taufe. Für die Taufe verwendet Johannes bis auf eine Ausnahme das Bild vom Geboren-werden. Deshalb: » ›Gebadet‹ ist derjenige, der durch die Fußwaschung in das dadurch versinnbildlichte Kreuzesgeschehen hineingenommen ist.« (Schnackenburg S. 24). Außerdem werden nach Joh 15,3 die Seinen rein durch das Wort, das sie von Jesus empfangen. Zeichenhafte Handlung und Wort Jesu ergänzen sich.

In V. 10b und 11 sind jetzt alle angeredet. Der Zusatz hat die Funktion, den Verräter ausdrücklich von der Teilhabe am Heil auszuschließen, obwohl auch ihm die Füße gewaschen werden.

Die zweite Deutung V. 12–15 hat das Thema: Jesus gibt ein Beispiel für die Jünger. Ausdrücklich wird durch die zweimalige Nennung der Titel Herr und Meister die Umkehrung der Rangordnung bei diesem Dienst der Fußwaschung betont. Die zweite Deutung hat keinen soteriologischen Sinn, sondern gibt die Grundnorm der Jüngerschaft vor.

Was heißt »Beispiel«? Es geht nicht um den Auftrag der wörtlichen Nachahmung dessen, was Jesus tun, sondern um den symbolischen Akt des Liebesdienstes überhaupt. »Das Liebesgebot, das nach 13,34 das Vermächtnis des scheidenden Offenbarers ist, ist hier vorausgenommen.« (Bultmann,

S. 362). Angeredet sind hier allerdings nicht alle Menschen generell, sondern im Rahmen des Kontextes die Jüngerschaft, d.h. für Johannes die Gemeinde. Wenn Jesus »den niedrigen Dienst tat, dann ist dies Verpflichtung für die Jünger (d.h. für die Gemeinde), untereinander Gleiches zu tun, nicht im äußeren Sinn, sondern im beispielhaft übertragenen Sinn, sich gegenseitig zu dienen, d.h. sich zu lieben.« (Becker, S. 427)
Das Liebesgebot der Verse 34–35 paßt damit sachlich gut zur Fußwaschung. Formal gehören die Verse zu den Abschiedsreden der Kapitel 13,31–16,33. Der V. 35 erinnert noch einmal daran, daß es nicht um das Gebot der Nächstenliebe geht, sondern um die Liebe der Jüngerschaft untereinander, die Erkennungszeichen nach außen sein soll.

e) Folgerungen für den Gottesdienst:
Die Erkenntnis der Schichtung des Textes erklärt die sprachlichen und logischen Spannungen und befreit uns davon, alles harmonisieren zu müssen. Das völlige Fehlen von Bezügen im Text zum Abendmahl und zur Taufe befreit auch am Gründonnerstag davon, diese Bezüge gewaltsam herstellen zu müssen. Für möglich halte ich aber ein Nebeneinander von Predigt über Joh 13 und der traditionellen Abendmahlsfeier.
Die Verräterthematik der Verse 2b und 10b–11 kann bei der Predigt vernachlässigt werden, da sie ein Nebenzug der Souveränität Jesu ist.
Die beiden Deutungen der Fußwaschung konkurrieren miteinander, ermöglichen aber nicht eine willkürliche Konzentration der Predigt auf die zweite Deutung. Die erste Deutung ist vielmehr die Grundlage für die zweite: denn in der ersten ist die Gemeinschaft mit Jesus das Thema, die zweite Deutung fügt hinzu, »daß diese Gemeinschaft der Jünger mit Jesus zugleich eine Gemeinschaft der Jünger untereinander erschließt«: (Bultmann, S. 365). Deswegen kann der Gottesdienst an der ersten Deutung nicht vorbei. Ich möchte die Frage nach der Umsetzung des Beispiels Jesu in den Alltag, wie sie in den Annäherungen gestellt ist, auf einer anderen Ebene beantworten: Nicht auf der Alltagsebene (Nächstenliebe), sondern auf der Gemeindeebene (gegenseitige Liebe in der Jüngerschaft). Konkret heißt das: in unserer Gemeinde feiern wir seit mehreren Jahren an Gründonnerstag Fußwaschung und Abendmahl. Dabei waschen im Rahmen des Gottesdienstes Mitarbeiterinnen und Mitarbeiter eines Vorbereitungskreises den Gottesdienstbesuchern die Füße. Das bedeutet, das Beispiel, das Jesus gegeben hat, wird innerhalb einer Feier erinnert und erfahrbar gemacht.

Vorschläge zur Liturgie

Eingeladen wird zu einem Abendmahlsgottesdienst, der zwei Teile hat. Ähnlich einem Gastmahl zur Zeit Jesu werden den geladenen Gästen vor

dem Mahl die Füße gewaschen. Danach kommt das gemeinsame Mahl, zu dem wir am Tisch des Herrn geladen sind.
Für die Fußwaschung sollte, wenn möglich, der Eingangsbereich des Gottesdienstraumes genutzt werden. Es empfiehlt sich, Stühle im Kreis aufzustellen. Zum Abendmahl zieht die Gemeinde dann in den Altarraum.
Begrüßung und Einleitung: Jesus lädt uns zu seinem Mahl. Es beginnt mit dem Dienst des Gastgebers an seinen Gästen: er wäscht ihnen die Füße.

Lied
EG 168,1-3 Du hast uns Herr gerufen

Gebet
Jesus Christus. wir dürfen heute abend bei dir zu Gast sein. Wir sind unsere Wege gegangen in dieser Woche und an diesem Tag. Beschwerliche Wege oder Wege, für die wir nicht viel Zeit hatten. Bei dir dürfen wir aufatmen und uns Gutes tun lassen. Du willst uns erquicken. Wir danken dir. Amen

Lesung: Johannes 13,1–7
Gespräch der Jünger in verteilten Rollen (siehe Vorschlag zur Predigt)
Lesung: Johannes: 13,12–15 und 34–35

Einladung zur Fußwaschung

Mitarbeiterinnen und Mitarbeiter waschen den Gottesdienstbesuchern die Füße. (Bitte jeweils Einverständnis erfragen. Noch ein praktischer Tip: Frauen, die synthetische Strumpfhosen anhaben, können diese mitwaschen lassen. Sie trocknen nach kurzer Zeit).

Während der Fußwaschung Musik

Gebet
Herr Jesus Christus, du hast dich erniedrigt und bist uns ein Diener geworden. Was du erlitten hast, es soll uns zugute kommen. Hab Dank für diese Gemeinde, in der wir uns gegenseitig ermutigen können. Hab Dank für die Gemeinschaft, in der deine Liebe gilt und wir sie weitergeben können. Amen

Gemeinde geht singend zum Altar. *Lied* 220: Herr, du wolltest uns bereiten

Abendmahlsfeier

Lied: EG 168,4–6

Fürbittengebet; Vaterunser; Segen

Vorschlag zur Predigt

Aufbau: im Gottesdienstraum steht ein Stuhl, davor eine Schale mit Wasser, ein weißes Tuch, Kerzen, Polster oder Kissen zum Sitzen. Die SprecherInnen des Stükkes brauchen nicht unbedingt historische Gewänder.

Anfang

Lesung: Johannes 13,1-7

Liebe Gemeinde, Gründonnerstag. Der letzte Tag, an dem Jesus mit seinen Jüngern zusammen war und Abschied feierte. Sie wußten noch nicht genau, was kommen sollte an Leiden und Schrecken. An jenem Abend wusch Jesus ihnen allen die Füße. Er tat es als Zeichen. Zeichen dafür, daß sie zu ihm gehören. Zeichen dafür, daß er ihnen Anteil gibt an seinem Leiden, aber auch an seinem Auferstehen. Sie verstanden es an jenem ersten Gründonnerstag noch nicht. Erst später, als sie wußten, wie es mit Jesus weiterging. Dann taten sie weiter, was Jesus ihnen aufgetragen hatte. Sehen und hören wir die Jünger selbst an einem solchen Gründonnerstag, ein oder zwei Jahre danach.

Weiterer Verlauf

(Kommen Petrus, Philippus und Maria von Magdala. Sie setzen sich auf die Polster.)

Petrus: Guten Abend. Schön, daß ihr auch da seid.

Philippus: Ja, heute vor 2 Jahren war es, daß Jesus uns allen die Füße wusch. Er sagte, wir sollen es untereinander weiter so tun. Zünden wir die Kerzen an.

Maria: Wißt ihr noch, wie das war? Wir befanden uns in Jerusalem. Jesus war an jenem Abend anders als sonst. Ganz feierlich sprach er zu uns: »Jetzt ist meine Stunde gekommen, um zum Vater zu gehen.« Ich ahnte, daß sich da etwas zusammenbraute. Ich spürte, daß bald etwas Furchtbares mit Jesus geschehen würde.

Petrus: Deshalb hat er uns ja alle versammelt, um Abschied zu nehmen. Wir haben gegessen und getrunken. Ein richtiges Abschiedsmahl gefeiert. Dann stand Jesus plötzlich auf. Er legte sein Gewand ab. Wir hörten auf zu essen und fragten uns, was er da wohl vorhatte?

Maria: Er goß Wasser in das Becken, nahm eine Schürze und fing an, uns die Füße zu waschen. Ich staunte nicht schlecht: so etwas war doch die Arbeit von Dienern oder uns Frauen.

Philippus: Rundherum wusch er jedem von uns die Füße. Aber als er zu dir kam, Petrus, da konntest du nicht mehr still bleiben. Du sprangst auf und riefst: »Herr, du wäschst mir die Füße?«

Petrus: Ja, mir war das unangenehm. Mehr noch: ich fand es völlig falsch. Unser Herr kniet sich vor mich hin und wäscht mir die Füße. Und das nach den langen Wegen durch die Stadt von Jerusalem. Meine Füße waren völlig schmutzig vom Staub und vom Schweiß.

Maria: Bei mir war es genauso.
Petrus: Da sagte Jesus zu mir einen Satz, den ich erst viel später verstand. Er sagte: »Wenn ich dich jetzt nicht wasche, dann hast du keinen Anteil an mir.« Inzwischen weiß ich, was er meinte: Er hat sich erniedrigt für uns, hat gelitten und ist am Kreuz gestorben. Er ist niedrig geworden wie ein Verurteilter. Er hat sein Leben gegeben für uns. Um mir das zu zeigen, kniete er vor mir.
Philippus: Aber was du dann getan hast, war wirklich zum Lachen. Du wolltest doch glatt dein Gewand ausziehen und dich von Jesus ganz waschen lassen. Vom Kopf bis zu den Füßen.
Petrus: Ja, ja, ich dachte: je mehr, desto besser.
Maria: Aber Jesus sagte, das braucht es nicht. Es genügt, daß ich euch nur die Füße wasche. Ihr dürft glauben, daß ihr zu mir gehört. Es genügt, wenn ihr glaubt, daß ich euch liebe und mein Leben für euch lasse. So ein Glaube ist wie ein Vollbad, durch das ihr gereinigt seid von allem Zweifel. Und von allem, was euch von mir trennt. Mehr braucht es nicht.
Philippus: An jenem Abend habe ich das auch noch nicht so verstanden. Aber ich spürte: die Füße gewaschen zu bekommen, das tut gut. Wir hatten ja einen langen Weg mit Jesus hinter uns. So Vieles hatten wir mit ihm erlebt.
Petrus: Und wir hatten einen schweren Weg vor uns. Noch am selben Abend wurde Jesus verraten, gefangengenommen und weggeschleppt. Ich wollte ihm noch folgen und in seiner Nähe bleiben. Doch dann habe ich ihn verleugnet. Wie schämte ich mich dafür! Doch dann fiel mir wieder ein, was Jesus gemeint hatte: Ich gehöre zu ihm, auch wenn ich versage. Auch dann, wenn ich mir die Hände und die Füße schmutzig mache.
Maria: Schlimm war es für mich, bei seinem Kreuz zu stehen. Und doch haben wir alles durchgestanden. Jesus hat uns vorbereitet und gestärkt. Deswegen gab er uns dieses auffällige Zeichen.
Petrus: Nie werde ich vergessen, wie er vor mir kniete und mir die Füße wusch. Wie gut das tat! Ich bin froh, daß ich es zugelassen habe, obwohl ich anfangs dagegen war.
Philippus: Als Jesus uns allen die Füße gewaschen hatte, sagte er, wir sollen das weiter tun und seinem Beispiel folgen. Als Zeichen der Liebe und der Gemeinschaft. Nun, wollen wir anfangen?
(Sie waschen sich gegenseitig die Füße. Dabei kann Musik gespielt werden.)

Lesung: Johannes 13,12–15 und 34–35

Schluß
Liturg/in: Ich möchte Sie nun einladen, dieses Zeichen, das Jesus gab, an sich geschehen zu lassen. Wenn wir uns die Füße waschen lassen, nehmen wir das Zeichen von Jesus an: daß er sich für uns und erniedrigte und litt. Aber auch als Zeichen der Gemeinde, der Gemeinschaft untereinander:

Da darf man sich etwas Gutes vom anderen tun lassen. Haben Sie also keine Scheu. Petrus fiel es anfangs auch nicht leicht. Aber im Nachhinein wollte er nicht mehr darauf verzichten. Die Mitarbeiter und Mitarbeiterinnen werden so behutsam wie möglich mit Ihnen umgehen.

Alternativvorschlag
In einem *Gottesdienst ohne Fußwaschung* kann der Predigtteil folgenden Aufbau haben:
1. Anfang (wie oben)
2. Rollenspiel (wie oben)
3. Gedankenskizze zum weiteren Verlauf:
a) Anknüpfung an das Rollenspiel. Jesus gibt uns Anteil an ihm. Er erniedrigt sich. Nicht nur für seine Freunde, mit denen er zusammen war. Seine Handlung gilt auch uns. Die Fußwaschung und die Passionsgeschichte gehören eng zusammen.
b) Wie nehmen wir Anteil an ihm? Vergleich mit der »Herzlichen Anteilnahme« bei einem Trauerfall. So denken wir auch an ihn, indem wir an Gründonnerstag Gottesdienst feiern. Darüber hinaus aber gibt es eine frohe und hoffnungsvolle Seite der Anteilnahme: wir spüren leiblich, wie gut uns seine Zeichen tun. Wir können uns vorstellen, wie gut es tut, die Füße gewaschen zu bekommen. Ebenso schmecken wir Brot und Wein als Zeichen der Bestärkung.
c) Dem Beispiel Jesu folgen. Wir sind bereit zum niedrigen Dienst aneinander. Ganz natürlich geschieht dies zwischen Eltern und kleinen Kindern. Die Eltern waschen sie, auch die Füße und den Po. Ob dies auch in anderen Lebensbezügen möglich ist? Aktuell ist z. B. das Verhältnis zwischen Landeskirchen in den alten und neuen Bundesländern. Sind wir in den alten Bundesländern bereit, von den Partnerkirchen zu lernen? Sind wir bereit, Einsparungen hinzunehmen, um den Aufbau der Landeskirchen in den neuen Bundesländern zu fördern?
d) Schluß: Das Liebesgebot der Verse 34 und 35. Liebestaten müssen nicht spektakulär sein. Es geht eher um ein natürliches Empfangen und Geben: wie Jesus uns liebt, so lieben und handeln wir auch an anderen. Dabei kann es gelingen, daß die selbstverständlichen Rangordnungen auch aufgehoben werden.

Kontexte:

»Meine Frage nach dem Sinn der Askese hat mir unser Pfarrer Strasser im Übersee beantwortet, so einfach und schlüssig, daß ich bisher keine bessere Antwort fand. Dem Sinne nach war sie so: Jesus hat seinen Aposteln die Füße gewaschen, die waren vom Herumlaufen schmutzig, und vielleicht hat es ihn gegraust vor dem Dreck und dem Fußschweiß, und er ist zu den Zöllnern gegangen, das waren keine

feinen Leute, die standen herum und schwitzten und rochen nicht gut, aber der Herr setzte sich zu ihnen, und weißt du, wir riechen auch nicht gut vor dem Herrn, wir sind auch dreckig von Sünden, und es graust ihm nicht vor uns.
Das war einleuchtend, das bewegte mich sehr. Der Herr Pfarrer Strasser war ein Ästhet, er war aus gutem Hause, er war immer sehr proper angezogen und roch gut nach Seife und Kölnisch Wasser, ihm fiel es wohl sehr schwer, mit dem »Volk« zusammen zu sein. Das Beispiel des großen Meisters lehrt ihn die Überwindung solcher Empfindlichkeiten.
Meine Schulkinder besonders in jenem Moordorf rochen auch nicht gut, und sie hatten Läuse, und ihre Hälse und Hände hatten Schmutzkrusten. Ich lernte sie lieben, so wie sie waren. Freilich begann ich alsbald den Kampf gegen Schmutz und Läuse, aber wenn sie nach dem Essen zum Nachmittagsunterricht wieder in die Schule kamen, dann stanken sie nach Sauerkraut und Kartoffeln und schwerem Brot und ihren Abgasen, und dagegen half einfach nichts, das war hinzunehmen, das war liebend zu ertragen.«
(Aus: Luise Rinser, Den Wolf umarmen, © 1981 S. Fischer Verlag GmbH, Frankfurt am Main)

Die Erforschung der Fußreflexzonen zeigt, wie alle menschlichen Organe mit den Füßen in Verbindung stehen und korrespondieren. Durch Massage der entsprechenden Fußreflexzonen kann man z. B. Kopfschmerzen oder andere Beschwerden zum Abklingen bringen. Das Wohlbefinden der Füße steht in direktem Zusammenhang mit dem Wohlbefinden des ganzen Körpers.

Zitierte Literatur
Becker, Jürgen, Das Evangelium nach Johannes, Gütersloh 1987; Bultmann, Rudolf, Das Evangelium des Johannes, 17. Aufl., Göttingen 1962; Schnackenburg, Rudolf, Das Johannes-Evangelium, 3. Teil, 5. Aufl., 1986.

Karfreitag

Annäherungen an den Predigttext Johannes 19,16-30

Ulf Schlüter

Die Gesprächsbeiträge stammen aus einem monatlichen Gesprächskreis jüngerer erwachsener Gemeindemitglieder. Fragen zum und an den Text wurden eingangs schriftlich von den einzelnen formuliert.

Zum Ganzen
»Die Geschichte wirkt doch sehr abgeklärt. Alles verläuft irgendwie nach Plan, nach dem Motto: Was sein muß, muß sein. So als ob es eine Art Drehbuch gäbe, nach dem sich alles zu richten hat. ... Aufregung gibt es überhaupt nicht, obwohl eine Hinrichtung doch eher eine dramatische Angelegenheit gewesen sein dürfte.«
»Ich finde, Jesus wirkt hier überhaupt nicht mehr besonders menschlich. Kein Mensch kümmert sich doch in so einer Situation um die Erfüllung von Schriftzitaten.«
»Man hat fast den Eindruck, als sei Jesus überhaupt gänzlich unbeteiligt. Das Ganze scheint ihm recht wenig auszumachen. Kein Wort davon, daß er Schmerzen hat und leidet. Nicht einmal echten Durst hat er! Er läßt sich nur zu trinken geben, um die Schrift zu erfüllen. Mir ist das eher unheimlich und fremd. Mit meinen eigenen Erfahrungen hat das eher wenig zu tun.«
»Jesus ist hier nur der, der seine Pflicht erfüllt. Aber man hat den Eindruck, das kostet ihn nicht besonders viel, er scheint absolut cool und distanziert zu sein. Geradezu heldenhaft, wie er sich verhält. Irgendwie wirkt alles dadurch ein wenig wie eine Theateraufführung.«
»Daß es hier ausschließlich darum geht, irgendwelche Schriftworte zu erfüllen, finde ich merkwürdig. Was soll damit bewiesen werden? Ich kann mir nicht vorstellen, daß es tatsächlich so gewesen ist. Hier wird offensichtlich im nachhinein an der Geschichte herumgedeutet.«

Zu V. 18
»Warum erfährt man hier nichts über die beiden Verbrecher, die mit Jesus gekreuzigt wurden? In den anderen Kreuzigungsgeschichten spricht er doch sogar mit einem von ihnen.«

»Warum wird Jesus in der Mitte gekreuzigt? Weil er der Wichtigste war? Sind die anderen tatsächlich nur zwei Statisten?«
»Ich fände es interessant, mehr über die zwei Verbrecher zu wissen. Immerhin ist ihnen ja das gleiche passiert wie Jesus.«

Zu V. 19–22
»Warum tut Pilatus das? Steht er tatsächlich zu Jesus? Oder ist er bloß rechthaberisch und eitel und will sich nicht korrigieren lassen? Angst vor den Hohenpriestern scheint er jedenfalls nicht gehabt zu haben.«
»Die Hohenpriester sind hier eindeutig die Unsympathischsten. Während Pilatus – ob gewollt oder nicht – noch etwas für Jesus tut, karten sie noch nach, als er schon am Kreuz hängt.«

Zu V. 23f.
»Wieso nehmen sie seine Kleider? Jesus hat doch nicht viel gehabt, soweit wir wissen.«
»Das hat er sich ja fein ausgedacht mit dem ungenähten Kleid. Das Ganze klingt konstruiert, so als sollte hier unbedingt etwas bewiesen werden.«

Zu V. 25–27
»Wie kommt es, daß hier ein Jünger hervorgehoben wird? Ich dachte eigentlich immer, daß Jesus bei den Jüngern keine Unterschiede gemacht hat und machen wollte. Und welcher ist hier gemeint?«
»Auch hier klingt mir das wieder sehr heldenhaft. Bei den Schmerzen, die Jesus am Kreuz gehabt hat, scheint es mir unwahrscheinlich, daß er in dieser Form noch ›Familienangelegenheiten‹ klärt.«
»Der Anblick seiner Mutter scheint Jesus am Kreuz zumindest nicht zu erschüttern. Auch hier steht er völlig über den Dingen.«
»Ich finde es sehr schön, daß sich Jesus am Kreuz darum kümmert, was aus seiner Mutter wird. So ungewöhnlich ist das doch nicht, daß Sterbende noch Dinge für ihre Familie regeln und sagen, was ihr letzter Wille ist. Ich erinnere mich, daß mein Vater mir kurz vor seinem Tod gesagt hat, daß ich mich um meine Mutter kümmern soll.«

Zu V. 30
»Ich habe immer gedacht, Jesus habe am Kreuz geschrien ›Mein Gott, mein Gott, warum hast du mich verlassen?‹. Warum wird das hier gar nicht erzählt?«
»Mich stört, daß der Tod Jesu hier total sachlich und emotionslos erzählt wird. Es geht offenbar nur um das ›Es ist vollbracht!‹«
»Meint Jesus hier, daß es das Leiden nun hinter sich hat – oder meint er etwas anderes?«

Zum Gottesdienst

Jobst von Stuckrad-Barre

Exegetisch-homiletische Skizze

1) »Sie nahmen ihn aber, und er trug sein Kreuz ...« Die beiden Sätze mit ihrem Ineinander von äußerem Geschehen und der bis zum Ende gehenden Haltung Jesu genügen schon, den ganzen Sinn des, dieses Karfreitags offenzulegen - bis hin zu dem: »Es ist vollbracht!« Das Johannesevangelium will nicht das Leiden, die Einsamkeit des Gekreuzigten herausstellen; die Leser und Hörer, die von den Synoptikern herkommend nach diesen Zügen in der johanneischen Passionsgeschichte forschen, bleiben ebenso enttäuscht (s. o. Annäherungen) wie manche Prediger, die daran und an die vielfache Erfahrung des Schreckens und der Gewalt des Sterbens anknüpfen möchten. Dieser hier will seinen Weg vollenden und damit den Weg dessen, der ihn gesandt hat. Was als spröde und wirklichkeitsfern empfunden werden mag, ist die konsequente Vollendung und in der Schilderung der Ereignisse ihre joh. Zuspitzung auf den Gottgesandten - ein Passionsbericht neben den anderen als letzte Bestätigung dessen, der weiß, daß seine Stunde nun da ist (s. Joh. 2,4).
2) Schritt für Schritt vollzieht sich dieses Ineinander von äußerem Ablauf und innerer Konsequenz: Die Kreuzigung des Einen zwischen den Beiden zu seiner Seite - Christus in der Mitte. Pilatus nimmt mit seinem bleibenden Urteil den protestierenden Hohepriestern ihre Propaganda und dem Versuch, Jesu Tod aus der Verheißungsgeschichte herauszunehmen, jede Möglichkeit; ineins damit wird er, der Jesus-Ferne, mit seinem ›Zeugnis‹ dadurch in die Geschichte und in das Credo hineingenommen. Die Soldaten werfen das Los und erfüllen selbst damit die Schrift. Die Gemeinde unter dem Kreuz kommt aus Juden (Maria) und Heiden (der Lieblingsjünger) zustande und wird nur so und nicht im Gegeneinander beider Gruppen dem gerecht, der sie zuletzt aufeinander weist. Auch daß ihn dürstet und er dem Essigtrank nimmt, gibt nur der Schrift recht und dem, der darin seine Sendung vollendet. Es ist vollbracht - nun gibt er seinen Geist dem, der ihn diesen Weg gehen ließ.
3) Reduktion gegenüber den Synoptikern, Konzentration auf die Vollendung des Gesandten, des Χριστὸς- das kennzeichnet Jesus in der joh. Auffassung. Werden die geschilderten ›Mitwirkenden‹ zu Werkzeugen, berührt dieser Erlöser den Boden allgemeiner Geschichte kaum noch? Es ist alles Notwendige gesagt, und getan ist, was den Weg zum Vater frei macht.
Ohne hier auf die unterschiedlichen Redaktionsstufen im joh. Kreuzigungsbericht einzugehen (s. Jürgen Becker, Das Evangelium nach Johannes. ÖTK NT 4/2 Gütersloh 1981, S. 582 ff.), bringt mich die eigenständige und elementare Weise dieser Passionsschilderung an den Ursprungsort

heutiger Predigt: Bericht pur können wir nicht geben, ebensowenig wie bloße Interpretation der damaligen Kreuzigung ausreicht – die anstößige, Gott verletzende, zuletzt tötende heutige Wirklichkeit muß zu Wort, und das Wort vom Gekreuzigten zur Wirkung kommen in der Ausweglosigkeit heutiger (Un-)Glaubensgeschichte.

4) »Es ist vollbracht!« Jesus stirbt, weil er den Willen des ihn sendenden, weil er Gottes Weg vollendet. Dieses Ende ist ein Anfang – wenn die weltanschaulichen Distanzen und die Infragestellung des Glaubens angesichts unserer Ohnmacht gegenüber dem Tod dieses Menschen und all der anderen, auch meines Sterbens, uns nicht den Mund verschließen, sondern öffnen, dann doch deswegen, weil der sich so erkenntlich machende, uns aus dem Kreuz ins Leben weisende Christus für diese ihn ablehnende Welt handelt. Wo ich von seinem Sterben zu reden habe, gibt er durch mich Leben an die, die in diesem Kreuz ihre Welt erkennen: gottlos und von Gott geliebt, fern von aller Herrlichkeit und von ihr ergriffen, erbaut und erschüttert: Der da seinen Geist aufgibt, vertraut dem Vater, damit wir nicht dem Tod, sondern dem Lebendigen glauben. Dann ist alles ›vollbracht‹.

5) So ›genügt‹ mir eine einfache, die elementaren Spannungen wiedergebende Erzählung der johanneischen Kreuzigungsgeschichte.

Wie die scheinbar ferne gegenwärtige Alltagswelt in diesen einmaligen Horizont eingeschrieben werden kann, ist vom Zeitpunkt des nächsten Karfreitags aus zu beurteilen. Weniger als der Versuch, die Ferne der bedrohten Menschen von Gott und die Nähe des ›alles‹ vollendenden, für diese Menschen ans Kreuz gehende Gottes zum Menschen auszusagen, wird es nicht werden können. So hat der Prediger einen schweren Gang vor sich, doch keineswegs einen aussichtslosen: Das Entscheidende ist vollbracht in dem, der den Widerspruch der Welt mit seinem Weg ans Kreuz auf sich genommen hat.

Im unten folgenden Entwurf unternehme ich den Versuch, im mittleren Teil die im Kreuzigungsbericht nicht problematisierten Mitgehängten in das Geschehen einzubeziehen – spekulativ, sicher, nichtsdestoweniger jedoch angeleitet durch die johanneische Auffassung des Gekreuzigten und, wie ich hoffe, nicht im Widerspruch zu ihr.

Vorschläge zur Liturgie

Psalm

Förmlich zum Gegenlied wird im Anfang Psalm 22. Es ist die Frage, ob man ihn nicht mit verschiedenen Stimmen vortragen kann, wie im folgenden vorgeschlagen. Aber auch, wenn er im Wechsel mit der Gemeinde vom Liturgen/Pfarrer gelesen wird, lassen die Stimmen sich verteilen. Allemal muß die Kollision der Form bedacht werden, wenn die Karfreitagsliturgie mit Psalm 51 am Beginn gefeiert wird:

Sprecher A
Mein Gott, mein Gott, warum hast du mich verlassen?
Ich schreie, aber meine Hilfe ist ferne.
Mein Gott, des Tags rufe ich, doch antwortest du nicht, und des Nachts, doch finde ich keine Ruhe.

Sprecher B
Du aber bist heilig, der du thronst über den Lobgesängen Israels.
Unsere Väter hofften auf dich; und da sie hofften, halfst du ihnen heraus. Zu dir schrien sie und wurden errettet, sie hofften auf dich und wurden nicht zuschanden.

Die weitere Auswahl muß ebenso abgestimmt werden.

Lieder
Das »Ich will's gern leiden« von EG 83,1 entspricht dem souveränen Ton des Johannes-Berichts, doch besteht eine gewisse Spannung zwischen der Lieblichkeit (wörtlich V. 5) in Paul Gerhardts großem Lied und dem »vor dem die Felsen springen« (V. 3).
EG 85,1ff. »O Haupt voll Blut und Wunden«
90,1+2 »Ich grüße dich am Kreuzesstamm«
94,1-4 »Das Kreuz ist aufgerichtet« (1967 von Kurt Ihlenfeld veröffentlicht)
97,1ff. »Holz auf Jesu Schulter« (V. 3 »Alles ist vollbracht!«)

Gebet vor dem Abendmahl
(aus: Gottesdienstgebete. Hrsg. von Klaus Bannach und Gerhard Raff, Gütersloher Verlagshaus, Gütersloh 1977, S. 59):
»Gott gebunden,
Gott geschmäht,
Gott am Kreuz:
ich erkenne mich wieder,
die Abgründe in mir, die ich nicht begreifen kann,
die Schuld, die ich zu vergessen suche,
die Ruhe, die mir fehlt,
die Gedankenlosigkeit, in der ich mich treiben lasse,
die Umkehr, zu die ich nicht bereit bin.
Gott gebunden,
Gott geschmäht,
Gott am Kreuz:
Ich erkenne sie wieder,
meine Welt, die an sich selbst zugrunde geht,
die Macht, die alles zerstört,
den Krieg, der nicht vermieden wird,
die Unmenschlichkeit, die überall praktiziert wird,
im großen und im kleinen,
Gott, all des Unheils wegen am Kreuz,
ich bin voller Trauer über mich und meine Welt,
errette mich!«

Vorschlag zur Predigt

Möglicher Anfang

»Sie nahmen ihn aber, und er trug sein Kreuz.« Daß er der Christus ist, können wir weder der Welt noch uns selbst aufreden; daß die Verhältnisse sind, wie sie sind und Menschen sie schmerzlich erfahren, läßt sich nicht verheimlichen. Doch daß die Menschen in dem, was sie tun, Gottes Werk ausführen, und Christus am Kreuz seinen Weg vollendet, das ist überwältigend: Was er will, geschieht; was die Menschen wollen, vollbringt trotz aller Gewalt, in aller Niedertracht und Feigheit zuletzt nur das, was verheißen ist.

Es ist eine Niederlage - er hängt am Kreuz auf Golgatha. Doch der so Erhöhte geht damit seinen letzten Schritt auf den Vater zu. Die Aufschrift verkündet es in den verschiedenen Sprachen: »Jesus von Nazareth, der König der Juden«. Was wie Hohn klingt für die einen, wie eine Verurteilung für die anderen, ist in Wirklichkeit eine Bestätigung vor aller Welt: Dieser ist für alle ans Kreuz geheftet. Wenn unsere Hoffnung nicht nationalistisch oder sonstwie egoistisch verzerrt ist, wird sie hier begründet: In ihm ist das Heil, wie es vom Alten Testament her angekündigt, Heil, wie es seitdem geglaubt und erfahren worden ist.

Was Johannes so berichtet, nimmt die beiden Geschichten ganz ernst, die Gottes und die der Menschen und zeigt sie in ihrer unlöslichen Verwobenheit. Was aber, wenn wir zumeist nur die eine Seite, die der Menschen, zu fassen kriegen? Läßt sich Jesu Passion so wiedergeben, daß wir zugleich Gott und den Menschen, die Vollendung des Gekreuzigten und die Eröffnung der Menschengeschichte darin erkennen können?

Die Zustimmung zu diesem Kreuzigungsbericht ist darin begründet, daß hier Jesu Weg nicht auf eine der beiden Seiten, die Gottes oder die der Menschen verlagert wird. Noch in der Gestalt des Lieblingsjüngers bindet das Evangelium Verkündigung und Gegenwart, Lebensweg und Todesende zusammen mit der daraus entstehenden Gemeinde - unter und vor dem Kreuz. Da sind wir, bin ich mit angesprochen, mitgemeint: Das ist dein Sohn! Das ist deine Mutter! Wir erfahren so selbst, was wir zu tun haben, wenn wir sein wollen, was wir vor dem Gekreuzigten sind.

Zum weiteren Verlauf

Was mir zu schaffen macht, und das teile ich mit nicht wenigen Zeitgenossen, ist das Weitergehen der anonym wirkenden Gewalt, der Tod, wie ihn die einen ausüben und die andern erleiden. Wenn im Gekreuzigten der Christus erkennbar ist, sollte da in denen zu seiner Seite nicht auch Gottes Wille am Werk sein?!

Nein, weder das Morden oder Töten noch das Leiden oder Sterben möchte ich hier verklären.

Ich sehe die Gefahr, daß solche Überlegungen spekulativ werden. Daß wir jetzt noch nicht Gottes Willen erkennen in solchen Schicksalen, heißt jedoch nicht unbedingt, daß uns die Kreuzigung Jesus nicht nötigt, an solchem Punkt des Anstoßes weiterzudenken. Und das muß nicht einfach dualistisch - hier die Geretteten, dort die Verlorenen - oder monistisch - am Ende sind sie alle Menschen - ablaufen.

Der hier sein Kreuz nimmt, zeigt sich als der Christus, Gottes Gesandter für die Welt. Mit ihm die andern neben ihm zu sehen, heißt ihrer Gleichgültigkeit, ihrer Feindseligkeit, aller Unmenschlichkeit ebenso zu widersprechen wie Gottes Erbarmen mehr zuzutrauen als unsern vorlaufenden Einteilungen und Verurteilungen. Im Licht des Gekreuzigten treten die Schatten der Welt durchaus zutage, und doch überwindet dieses Licht das Dunkel, das von aller Feindschaft in unserer Welt ausgeht.

Ich kann und mag diesen Anspruch - Heiland der Welt ist der Gekreuzigte - nicht aufgeben und frage daher das Johannesevangelium wie die Karfreitagsgemeinde, wo sie ihren Platz vor dem Kreuz sehen. Der da stirbt, tut es in Gottes Namen, und dies geschieht auch für die am Rande, außerhalb des weltanschaulich, traditionsgemäß festgelegten Lichtkegels angesiedelten Menschen.

Wie ich dann mit den ablehnenden, Gott verwerfenden und andere vernichtenden Menschen umzugehen gedenke? Ich höre das Nein dessen, der ans Kreuz ging, zu allen Untaten und Verleugnungen der Menschen. Ich hoffe auf sein Ja zu allen Menschen und muß nicht lösen wollen, was nicht meine Sache ist. Er hat sein Kreuz getragen - auf ihm liegt alle Unerlöstheit dieser Erde.

Möglicher Schluß

Am Ende nimmt Jesus den Trank, der Zeichen der Verheißung ist. Am Ende neigt er das Haupt, gibt sein Leben in die Hand dessen, der in ihm für uns ist, und stirbt. Am Ende sagt er: »Es ist vollbracht.«

Kontexte

1) Judas kommt in unserm Predigttext nicht vor, doch kann die hier entwickelte Auffassung duch einen Blick auf ihn gestützt werden, wie *Gollwitzer* zeigt:

»Judas Ischariot ist Beispiel für ein Leben, das geschenkten Sinn durch eigene Verfehlung verwirkt hat. Gottes Zuwendung in Jesus zu den von ihm und damit von ihrem eigenen Leben Getrennten ist Gewährung neuen Sinnes in bedingungsloser Liebe, darum auch für den Verräter und Selbstmörder in Geltung. So wenig wie die Verfehlung des Sinnes kann auch der Tod diese neue Gewährung aufheben. Das Evangelium ist Zusprache größerer Hoffnung über das Nein des Todes hinaus.«

(Helmut Gollwitzer, Krummes Holz - aufrechter Gang. 5. A. München 1972, S. 271)

2) »Denn daß von dem Menschen, wie er ist, ohne die Vorbedingung seiner Veränderung durch das Geistgeschehen, das Sein in Christus ausgesagt werden kann, ist nur von daher begreifbar, daß von der Menschheit überhaupt gesagt werden kann, sie habe ihre konstitutiven Ort und damit ihr Sein in Christus.«
(Gerhard Ebeling, Dogmatik des christlichen Glaubens. Bd. III Tübingen 1979, S. 69 f.)
Ebd. S. 72: »Die Sendung in die Welt ist bereits Hingabe an die Welt (Joh 3,16) und deshalb ein Faktum, das als solches die Welt verändert hat. Paulus verbindet den universalen Charakter des Christusgeschehens, der ohnehin in den vielen panta-Formeln zum Ausdruck kommt, mit dem Gesichtspunkt des Perfektischen zu der Aussage, daß der Tod Christi für alle geschehen ist. (...) Freilich ist es dann noch einmal etwas anderes, wenn der Tod Christi in der Taufe tatsächlich existenzbestimmend wird (Röm 6,3) und der Glaubende damit Ernst macht, daß ihm durch Christus die Welt gekreuzigt ist und er der Welt (Gal 6,14). Dennoch gehört es zu eben dieser Übernahme des Todes Christi, auch den Mitmenschen als einen anzusehen, um dessentwillen Christus gestorben ist (1. Kor 8,11 Röm 14,15 [sic!]).«

3) »Die Wahrheit über Jesus tritt paradox zutage. Selbst die Schergen erfüllen die Schrift. Die neue Familie Gottes beginnt unter dem Kreuz. Der Mangel leidende vollbringt das Vollkommene.«
(Henning Schröer in Predigtstudien I 1. Stuttgart 1978, S. 224)

Ostersonntag

Annäherungen an den Predigttext Markus 16,1-8

Klaus Johanning

Ostersonntag sind oft Familien mit Kindern und Jugendliche im Gottesdienst. So lag es für mich nahe, den Text einmal an Jugendlichen »auszuprobieren«. Ich verteilte ihn an eine Katechumenengruppe, die seit fünf Monaten den kirchlichen Unterricht besucht und nur wenige biblische Vorkenntnisse besitzt. Das Gespräch fand im Unterrichtsraum während einer Unterrichtsstunde statt.

Die Bedingungen sollten denen ähnlich sein, die alle Hörerinnen und Hörer meist im Gottesdienst vorfinden: Der Text wird zunächst ohne Hilfen und Erklärungen vorgelesen.

Einzige Zugeständnisse: Ein Textblatt wird an alle verteilt. Als Vorlage habe ich, um den Zugang noch etwas zu erleichtern, statt Luthers Übersetzung die »Gute Nachricht« gewählt.

Die Jugendlichen haben bereits beim Vorlesen Schwierigkeiten mit Namen und Ausdrücken im ersten Vers. Ist beispielsweise »Sabbat« eine Person? - »Sabbat kann man machen«, ruft einer und lacht. Einige wissen, daß »Sabbat« etwas ähnliches wie unser Sonntag ist. Dagegen bringen alle den Text mit Ostern in Verbindung, »weil Auferstehung drin vorkommt«.

Interessant ist für die Jugendlichen das »Einbalsamieren«, das sie deuten als »einreiben, damit er frisch bleibt«. Einige erwähnen ägyptische Mumien, von denen sie in der Schule oder im Film erfahren haben.

Der Inhalt der Geschichte wird kurz zusammengefaßt: »Drei Frauen wollen zum Markt gehen und Öl kaufen, und dann gehen sie zum Grab von Jesus, um ihn einzubalsamieren.«

Was anschließend passiert, wirkt äußerst geheimnisvoll: »Wer ist der junge Mann - ein Engel oder ein Geist? Wieso weiß er denn, wo Jesus gelegen hat?« Einer meint: »Es muß ein Engel gewesen sein. Ein normaler Mensch hätte den schweren Stein nicht wegbekommen.« Befremdlich erscheint auch das Höhlengrab, das so gar nicht an unsere Friedhöfe erinnert.

Schwierig für die Jugendlichen, aber äußerst fruchtbar im Hinblick auf die Predigtvorbereitung ist das »offene« Ende der Geschichte. Hörerinnen und Hörer mit Bibelkenntnissen haben einen Gesamtüberblick, der es ihnen

leicht macht, innere Widersprüche zu glätten. Die Jugendlichen aber empfinden textinterne Widersprüche sehr deutlich als Störung. Alle sind mit dem Verlauf und dem Ende der Geschichte unzufrieden. »Man weiß gar nicht, was wirklich passiert ist. Wie geht es denn weiter? Warum wollen die sich ausgerechnet in Galiläa treffen, und wo liegt das überhaupt?« Es fehlt offensichtlich ein für unsere Ohren befriedigendes Ende, das alle Unklarheiten auflöst.
Hinzu kommen Probleme mit der inneren Logik dieser Perikope. Ein Mädchen bringt es mit folgenden Worten auf den Punkt: »Wenn die Frauen nichts weitergesagt haben, wieso weiß man dann, was passiert ist?« Einer schlägt vor, daß vielleicht der junge Mann in der Höhle dafür verantwortlich sein könnte.
Alle sind sich jedoch darin einig: Ihnen wäre es nicht anders ergangen als den drei Frauen: Sie hätten ein solches Erlebnis äußerst unheimlich gefunden und wären so schnell wie möglich »abgehauen«.
Auf meine Frage, was denn ihrer Ansicht nach für Menschen von heute an dieser Geschichte wichtig sei, erhalte ich folgende Antwort:
»Gott hat die Macht, Menschen vom Tod zu befreien. Jesus ist der erste, an dem er das zeigt. Er geht seinen Freunden voraus, um sie in Galiläa wiederzutreffen.« – Aber warum ausgerechnet in Galiläa? »Weil irgendwo ein Anfang gemacht werden muß.«

Zum Gottesdienst

Helmut Gröpler

Exegetisch-homiletische Skizze

Die historisch-kritischen Untersuchungen und theologischen Interpretationen zum Thema »Ostern« sind verwirrend zahlreich und unterschiedlich. Der Prediger, der ein klares und klärendes Wort sagen möchte, sehe zu, daß sie ihn nicht sprachlos machen. Er lese zuerst mit aller Sorgfalt den Text und nehme ihn auf in sein persönliches Leben. Nur dann wird er ihn lebendig in der Predigt weitersagen können.
Jesus zieht von Galiläa kommend hinauf nach Jerusalem. In Galiläa hat Jesus zu wirken angefangen und seine Jünger gewonnen (Markus 1,14.39; 9,30). »Geht nach Galiläa«, d.h. verfolgt seine Wirkungsgeschichte von Anfang an, lest das Evangelium noch einmal. Laßt euch den Blick schärfen. Ihr werdet auf Hilfsbedürftige stoßen, auf Hungrige, Kranke, Gefangene, Versager, Lebensmüde, auf Menschen, die mit dem Leben nicht mehr klarkommen, auf Menschen, die ein gutes Wort brauchen oder eine handfeste

Hilfe. Die Leser sollen begreifen, daß Jesus ihnen vorausgehend, in neuer Weise lebt. Wer Jesus sucht, soll ihn finden: Er ist auferstanden. »... daß er vor euch hingehen wird nach Galiläa; dort werdet ihr ihn sehen, wie er euch gesagt hat«. In der Profanität wird Jesus den Seinen begegnen.
Nach der Kreuzigung war die Enttäuschung der Jünger Jesu groß. »Wir hofften, er würde Israel erlösen«, sagten zwei Jünger auf dem Weg nach Emmaus (Lukas 24,21). Gerüchte vom gestohlenen Leichnam kursierten. Noch nicht einmal im Grab ließ man Jesus die Ruhe. Frauen suchten ihn, machten sich früh auf den Weg. »Herr, hast du ihn genommen?«, fragte Maria den Friedhofsinspektor (Johannes 20). Auch unser Text redet vom leeren Grab. Tod, Ungerechtigkeit, Schuld, Versagen machen den Menschen stumm. Auferstehung bedeutet: Die Macht des Todes, der Ungerechtigkeit, der Schuld, der Angst zu brechen, so daß Stumme wieder reden können, Menschen von Schuld entlastet werden, Sichfürchtende wieder furchtlos werden. »Fürchtet euch nicht, entsetzt euch nicht! Ihr Frauen, ihr sucht Jesus, den Gekreuzigten, den Stummgemachten, den vom Tode zum Schweigen Gebrachten: Er ist nicht hier! Der Herr der Gemeinde ist dort, wo Stumme zu reden beginnen, weil sie erfahren: Jesus ist kein Vergangener, er ist da. - Ihr Frauen, bleibt nicht stumm, redet und ihr werdet Jesu Auferstehung am eigenen Leib erfahren.« Auferstehung bedeutet, erleben, wie Sprachlose wieder reden lernen, wie sich der Bann der Stummheit löst, wie man, obwohl Jesus tot ist, ihm trotzdem begegnen kann in seinem Wort. Auferstehung setzt einen Schlußstrich unter das scheußliche Geschehen von Gründonnerstag bis Karsamstag, der Gefangennahme, Justizmord, Friedhofsgeschehen, Angst und Stummheit. Etwas Neues beginnt. Inmitten dieser Geschichte vom leeren Grab geht Markus zu einer bekennenden Sprache über, eingekleidet in die Rede eines göttlichen Boten, nicht feststellende, informierende Sprache, die von einem Faktum spricht. Man kann den Gekreuzigten, wie Markus ihn versteht, nicht im Grabe finden. Nicht Erinnerung erweckt Jesus aus dem Grab der Geschichte. In der Nachfolge (Galiläa!) erweist sich Jesus als der Lebendige. Die Jünger werden ihn »sehen«.
Im einzelnen geht es um drei Schichten unseres Textes:
1. Um die redaktionelle Verbindung mit dem Vorhergehenden (Vers 1);
2. die alte Leere-Grab-Geschichte (V. 2–5 a.6 b+8) und
3. das Kerygma von Jesu Auferstehung (V. 5 b.6 a.7):
Zum Glück brauchen wir Ostern nicht über die Geschichte vom leeren Grab zu predigen, sondern über Markus 16,1–8. Unser Predigttext bietet von seinem Grundbestand die Geschichte vom leeren Grab (siehe oben!). Wir haben alle schon einmal Plakate gesehen, die durch Überkleben eines Aufdrucks in ihrer alten Aussage überholt wurden. Der Evangelist Markus überklebt diese alte Geschichte, dieses elende Gerücht vom leeren Grab mit einem Streifen, in dem er in diese alte Geschichte die Botschaft einarbeitet: »Erschreckt nicht! Jesus von Nazareth sucht ihr, den Gekreuzigten?

Er ist auferweckt worden. – So geht hin und sagt seinen Jüngern und Petrus: Er geht nach Galiläa voran; dort werdet ihr ihn sehen.« Das ist das Neue und dahinter braucht keiner mehr zurück. Ostern kann man nicht beweisen. Aber man kann darauf hinweisen, wo »Galiläa« heute liegt. Galiläa ist die Welt, wie sie nun einmal ist: Die tägliche Arbeit, Liebe und Enttäuschung, Versagen und Erfolg, Schuld und Glück, da ist Jesus mitten drin. Der weiterwirkende Gekreuzigte ist uns immer voraus. Darum kann man nie abschließend von ihm reden.
»Da werdet ihr ihn sehen«. Werden wir?

Vorschläge zur Liturgie

Introitus (Psalm 118,15,17,22–24)
Dies ist der Tag, der rote Morgen, vom Herrn gemacht.
Im Feld liegt erschlagen der Tod.
Mann aus Nazareth, Stein des Anstoßes,
Namenlose, Du lebst.
Krieg den Palästen des Todes,
Friede den Hütten des Lebens;
Steht auf,
Verdammte dieser Erde,
und singt das Lied der gelungenen Revolte:
Der Gekreuzigte lebt,
der Sieg ist erstritten für euch.
Am Kreuz erhöht spricht der Schöpfer:
Ich lebe, ihr sollt auch leben.
(Peter Beier, Liturgische Texte, ZGP 2/83, 45)

Kollektengebet
Herr, unser Gott,
deine lebenschaffende Macht wirkt unter uns,
auch wenn wir sie nicht erkennen.
Wir bitten dich: Erwecke uns aus Tod und Verzweiflung zu Leben und Freude. Durch Jesus Christus, den du für uns vom Tode erweckt hast.
(Erneuerte Agende, Vorentwurf, Hannover, Bielefeld, 1990, S. 220)

Ostermorgen auf dem Friedhof
Gott, du bist unser Herr.
Was wir nicht begreifen können, hast du vollbracht.
Was wir nicht fassen können, hast du wahrgemacht.
Grab bleibt nicht Grab vor dir.
Schuld bleibt nicht Schuld vor dir.
Leid bleibt nicht Leid vor dir.

Angst vergeht vor deinem Angesicht.
Trauer weicht bei deinem Wort.
Schmerz wird still unter deiner Hand.
Freude kehrt ein, wo du bist.
Hoffnung kommt auf, wo du erscheinst.
Leben erwacht, wo du dich zeigst,
du Überwinder des Todes,
du Tröster der Betrübten,
du Schöpfer neuen Lebens.
(Badische Agende, 3. Lieferung 1985, Osterfestkreis 1)

Gebet
Du bist auferstanden, Bruder Christus,
Du, das Licht, siegst über alle Finsternis.
Du, die Wahrheit, endest allen Wahn.
Du, die Liebe, befreist von aller Furcht.
Der Stein ist abgewälzt.
In Angst und Schwermut leuchtet dein Licht auf.
Fesseln der Seele fallen.
Das Werk des Todes, von Menschen getan, endet.
Pilatus und der Hohe Rat urteilten vergeblich.
Leben, das nicht getötet werden kann,
setzt sich durch.
Die Frauen am Grab erschrecken,
die ohnmächtigen.
Sie waren zum Zuschauen verdammt.
Sie erkennen, wie mächtig die Liebe ist,
und fassen Mut.
Wir empfangen dein Leben.
Wir wollen unser Leben austeilen
für das Leben der Menschen.
Dein sind wir im Licht deines Tages
und im Dunkel unsrer Nächte.
Behüte unsern Ausgang und Eingang
jetzt und in Ewigkeit.
(aus: Jörg Zink, Hans-Jürgen Hufeisen, Wie wir feiern können, Kreuz Verlag, Stuttgart 1992)

Fürbittengebet
Vater unseres Herrn Jesus Christus,
Du Liebhaber alles Lebendigen,
Wir rühmen deine Güte, die höher ist als unsere Vernunft.
Du hast unseren Bruder Jesus aus dem Tode gerufen
und machst uns zu seinen Gefährten.

Wir bitten Dich, löse uns aus der Komplizenschaft des Todes,
bringe seine Helfershelfer zum Schweigen:
die Propagandisten der Gewalt, die Planer tödlichen Fortschritts,
die gewissenlosen Agenten des Krieges.
Ermutige Deine Kirche zu geduldigem Widerstand
gegen alles, was Leben behindert und bedroht.
Gib Deinen Boten Vollmacht,
gegen den stummen Tod Dein lebendiges Wort zu halten:
an den Gräbern der Menschen, die wir verloren;
angesichts qualvoller Krankheit und sinnlosen Sterbens.
Laß uns im Frieden und in der Gewißheit Deiner Liebe
gehen, wenn Du uns rufst.
Wir bitten Dich für die Völker, die gefangen sitzen in Finsternis
und Schatten des Todes, die hungern nach Brot und Gerechtigkeit,
die dürsten nach Frieden und Freiheit.
Schaffe ihnen Recht und setze ihrer Qual ein Ende.
Wir bitten Dich für alle Menschen, die in Politik, Wirtschaft
und Wissenschaft den Zustand der Welt mitverantworten.
Zeige ihnen Mittel und Wege, Katastrophen abzuwenden.
Wir bitten Dich für jeden Menschen an unserer Seite,
dem wir die Botschaft von der Auferweckung Jesu Christi schulden;
schenke unseren Worten Gewißheit und unseren Taten Glaubwürdigkeit;
verbinde uns in der Liebe, die du bewiesen hast bis ans Ende.
(Peter Beier, Liturgische Texte, ZGP 2/83, S. 46)

Lieder
Erschienen ist der herrlich Tag (EG 106)
Frühmorgens, da die Sonn aufgeht (EG 111)
Gelobt sei Gott im höchsten Thron (EG 103)
Christ ist erstanden (EG 99)

Dieter Frettlöh, 25996 Wenningstedt, hat nach Markus 16,1–8 ein Lied geschrieben, das nach der Melodie »O daß ich tausend Zungen« leicht zu singen ist:
Wenn wir den Herren balsamieren, / daß er uns in Erinn'rung bleibt, / kann er in uns nicht triumphieren. / Wir haben ihn zwar einverleibt, / doch so, daß er ein Leichnam ist / und nicht der auferstand'ne Christ.
Weil wir noch immer nicht entdecken, / wie Jesus Christus aufersteht, / muß erst ein Engel uns erschrecken. / Wenn Ehrfurcht unser Herz durchweht, / dann sehen wir in seinem Licht, / daß er in uns das Grab zerbricht.
Er reißt uns mit in's Auferstehen / für Frieden und Gerechtigkeit. / Und sehen wir ihn vor uns gehen, / folgt es sich leichter in den Streit, / in dem der Tod vor Christus flieht / und Gottes Liebe Kreise zieht.

Vorschlag zur Predigt

Möglicher Anfang
Wenn wir an Ostern denken, verbinden wir damit vielleicht das Bild der ersten bunten Frühlingsblumen, von Krokus und Narzissen und jungem, frischem Grün. Das Ostern, das die Frauen erleben, ist nicht dem freundlichen Naturereignis ähnlich, mit dem sich die alte Mutter Erde in jedem Jahr aufs neue schmückt und das wir schon erwartet haben. Dreimal ist von den Frauen gesagt, daß sie statt Freude zu empfinden, von Zittern und Entsetzen geschüttelt werden. Ostern ereignet sich für sie das Unbegreifliche. Es stürzt mit einer solchen Gewalt auf diese Frauen ein, daß sie von Entsetzen gepackt werden. Sie zittern am ganzen Leibe unter dem Anruf des Gottesboten: Jesus von Nazareth, der Gekreuzigte, ist auferstanden, er ist nicht hier.
Paßt denn das zu diesem Tag der ganz großen Freude und zu unseren Osterliedern? (z. B. »Erschienen ist der herrlich Tag« oder »Auf, auf, mein Herz mit Freuden«).

Weiterer Verlauf
Ostern beginnt in der Dunkelheit, in der Nacht, mit dem Entsetzen und einer tiefen Verunsicherung. Die Frauen tappen im »Dunkeln«. Sie wollen dem toten Jesus nahe sein, am Grabe ihre Totenklage halten und einen Akt der Pietät und Liebe vollziehen. Auch sie glauben an die Allgewalt des Todes. Auch sie stehen vor einer schwarzen Wand. Ihnen bleibt nur die wehmütige Erinnerung an den Toten.
Aber da geht die Sonne auf. Die Nacht des Sabbats muß dem Tag des Heils weichen. Die Frauen finden am Ort der Dunkelheit das Licht, das ihr Leben hell macht. Mitten in ihrer Ratlosigkeit und Trauer tritt der lebendige Gott in ihr Leben. Nun können sie wieder sehen, hindurchsehen, und das Ziel erkennen, auf das hin sie unterwegs sind. Im Lichtschein des österlichen Ereignisses gewinnt ihr ganzes Leben eine neue Perspektive.
Wer die Nacht der Trauer kennt, der kennt auch die Dankbarkeit für das erste Licht des dämmernden Tages.
Gott schickt sie ins Leben: Wenn ihr wissen wollt, wo Jesus zu finden ist, müßt ihr in eurem Leben danach suchen. Im Leben sollen sie suchen, wenn sie den auferstandenen Herrn erfahren wollen.
Ostern hat seine Konsequenzen für das *Leben*. An das Leben, wie es wirklich ist, werden wir gewiesen. Hier können wir in der Begegnung mit anderen Menschen Christus entdecken und erleben. Möchte ER uns in dem Hilfsbedürftigen begegnen oder in dem, der ein gutes Wort oder eine handfeste Hilfe braucht? (Konkrete Beispiele aus dem Erfahrungshorizont der gelebten Wirklichkeit). Christus lebt da, wo Menschen sich bemühen zu verstehen, was er von Gott sagen und zeigen will. Er lebt da, wo Menschen in seinem Sinne handeln. (Wo ist Galiläa heute?)
Ostern hat Konsequenzen auch für das *Sterben*.

Wenn Jesus Christus auferstanden ist, hat der Tod nicht mehr das letzte Wort in unserem Leben. Die Dikatatur des Todes ist auch für uns zerbrochen. Schwer genug ist zwar der Schritt in die Dunkelheit des Todes immer noch. Aber wir können damit rechnen: Auch auf der anderen Seite ist Christus. Wir sterben nicht mehr, um tot zu sein, sondern um neu zu werden für Gottes Reich.

Möglicher Schluß

Ich habe mir erzählen lassen, wie das Osterfest in Herrnhut begangen wird: Die Gemeinde versammelt sich im Kirchsaal, hört die Namen der im letzten Jahr Gestorbenen und antwortet: »Der Herr ist auferstanden.« Dann zieht sie mit Gesang und Posaunenspiel zum Friedhof und singt über den Gräbern Loblieder. So erwartet sie den Aufgang der Sonne. Die Herrnhuter wissen: Wir sind gemeint zu Ostern.

Wenn überall solche Gewißheit wäre: Wieviel siegesbewußter wäre unser Glaube, wieviel klarer und zielbewußter unser Leben. Ostern hat Konsequenzen für unser Leben und Sterben, die unübersehbar sind.

Kontext

»Wenn es so in der Auferweckung Jesu nicht um ein Ereignis im menschlichen Raum und in der menschlichen Zeit geht, so doch auch nicht nur um den Ausdruck der Bedeutsamkeit seines Todes. Vielmehr um ein zwar nicht historisches (mit Mitteln der historischen Forschung feststellbares), wohl aber (für den Glauben) wirkliches Geschehen. Es geht folglich in der Auferweckung Jesu auch nicht nur um die von Jesus gebrachte »Sache«, die weitergeht und historisch mit seinem Namen verbunden bleibt, während er selbst nicht mehr ist und nicht mehr lebt, tot ist und tot bleibt. Ähnlich etwa wie die »Sache« des verstorbenen Herrn Eiffel: Der Mann ist tot, aber im Eiffelturm lebt er fort; ähnlich etwa wie Goethe, obwohl tot, in Werk und Erinnerung »auch heute spricht«. Es geht vielmehr um des lebendigen Jesu Person und deshalb Sache. Die Wirklichkeit des Auferweckten selbst läßt sich nicht ausklammern. Über Jesu Sache, die seine Jünger verlorengegeben hatten, wird von Gott selbst an Ostern entschieden: Jesu Sache hat Sinn und geht weiter, weil er selbst nicht gescheitert im Tod geblieben ist, sondern von Gott her voll gerechtfertigt lebt.

Ostern ist somit ein Geschehen nicht nur für die Jünger und ihren Glauben. Der Osterglaube ist keine Funktion des Jüngerglaubens. Er war nicht einfach zu groß, um sterben zu können, wie manche meinten: er ist gestorben. Sondern Ostern ist ein Geschehen primär für Jesus selbst: Jesus lebt neu durch Gott – für ihren Glauben.«

(Hans Küng, Christ sein, © R. Piper GmbH & Co. KG, München 1974, S. 341)

Ostermontag

Annäherungen an den Predigttext Lukas 24,13-35

Gisela Arp-Kaschel

Mitglieder des Kirchenvorstands Esgrus beschäftigten sich mit dem Bibelabschnitt Lukas 24,13-35: Ingried Clausen, Angelika Lüthje, Mariechen Ossipow, Peter H. Thiesen, Anita Treede und Gisela Arp-Kaschel.

1. Assoziationsrunde zum gehörten Text:
Die kommt mir sehr bekannt vor, diese Geschichte. - Sie wird oft im Gottesdienst vorgelesen. - »Bleibe bei uns«, das kenne ich als Gebet. Oder als Lied. - Das kommt jedesmal wieder, daß die Jünger die Auferstehung nicht glauben. Immer wollen sie es sehen! Das betrifft uns ja auch manchmal. - Das ist ein langer Text. Und so kompliziert. Den muß ich noch einmal hören (Allgemeine Zustimmung, der Text wird noch einmal vorgelesen) - Für mich paßt das nicht zu Ostermontag: In diesen Versen geht es um Visionen und nicht um Tod und Auferstehung wie zu Ostern. Die Jünger sind schon weiter in Gedanken; sie sind schon so weit, daß sie denken, Jesus lebt. - Aber sie reden doch über seinen Tod! - So wie es den Jüngern mit diesem für sie Fremden geht, so geht es uns auch oft: daß man Leute trifft, die einem bekannt vorkommen - man hat bloß die Schublade noch nicht, wo man sie 'reintun muß. - Sie reden mit Jesus über Jesus!! - Und er ist ihnen sympathisch, dieser Fremde, sonst würden sie ihn nicht einladen. Sie merken, es tut ihnen gut, darüber zu sprechen. - Sie begegnen ihm so, als kennten sie ihn schon aus einem anderen Leben. - Kompliziert ist das, weil es um eine Nachbetrachtung zu Ostern geht, was Ostern passiert ist. Es ist das Problem der Jünger, das zu glauben. Jesus tritt hinzu - ja, *wie* tritt er hinzu? Nur im Geiste, glaube ich. - Als Fremder, jedenfalls erkennen sie ihn nicht. - Also als Mensch in Wirklichkeit. - Ich glaube, nur in ihrer Vorstellung. - Das sind die Alternativen dabei. Das muß jeder mit sich selbst abmachen, was er da glaubt! Es ist kompliziert, Ostern nachzuvollziehen. - Jesus nimmt aber den beiden Jüngern ihre Zweifel. Warum denn uns nicht? - Das ist die alte Sache mit dem Sehen und dem Glauben. Die Jünger erleben: Da kommt ein Mensch, der ihnen die Schrift auslegt, und am Ende ist das Jesus.

2. Leitfragen beim Lesen des Textes: Was schwingt in mir mit, wenn ich diese Verse lese? Was finde ich schön? Was bleibt mir rätselhaft?
Ich finde schön, daß Jesus kommt und sie ihn erkennen; sie denken, es geht nicht mehr weiter, und dann ist das erst der Anfang. Schön finde ich auch, daß sie aus dem Traurigsein herauskommen und neue Hoffnung schöpfen. Die Jünger sind überrascht, daß ein Fremder kommt und ihnen Stellen aus Mose und den Propheten zitiert, die genau mit Jesus zu tun haben. Sie laden ihn ein: sie möchten gern noch mehr hören! Ich finde, es muß immer jemand kommen, damit es weitergeht. Wenn eine Sache festgefahren ist, oder wenn man sich verrannt hat in ein Gefühl, ist es gut, wenn ein Dritter dazukommt. Rätselhaft ist mir, daß die beiden sich einem völlig Fremden gegenüber doch gewaltig öffnen mit ihren Sorgen und Problemen. Und daß er so verblüffend viel weiß, dabei bleiben die Zwei sehr ruhig – mich hätte das mehr aufgeregt!! Für mich ist es schön, daß sie gemeinsam zu Abend essen; aber es ist noch keine Auflösung des Rätsels, daß er so plötzlich weg ist. Ich wäre dann genauso ratlos gewesen wie vorher. Ja, er ist so plötzlich da wie weg! Das Brotbrechen ist das Erkennungszeichen! Da fällt es ihnen wie Schuppen von den Augen. Wer hält ihnen eigentlich vorher die Augen zu? Doch ihr eigener Unverstand, ihre Zweifel. Und wer öffnet sie ihnen? Jesus! Wir als Leser wissen ja mehr: Wir wissen, daß der Fremde Jesus ist, und daß das Ganze am dritten Tag passiert! Das sind *unsere* Stichworte. Dann wissen wir sofort Bescheid, um was es geht. Das Stichwort für die Jünger bzw. die typische Geste, an der sie Jesus wiedererkennen, ist das Brotbrechen. Das geht mir auch manchmal so: Man kennt einen Menschen, aber man erkennt ihn nicht – und plötzlich geht einem ein Licht auf, durch eine typische Handbewegung oder dadurch, wie er den Kopf hält oder wie er geht. Aber die Jünger hätten doch schon viel früher stutzig werden müssen: daß da einer, den sie gar nicht kennen, so viel über Jesus weiß. Sie hätten ihn doch fragen können: Sag mal, kanntest du Jesus denn? Aber das Ganze ist ihnen noch nicht einmal unheimlich. *Mir* wäre das unheimlich! Die beiden sind ganz vertieft in ihre Erinnerungen. Sie reden über Jesus so, wie man über Tote spricht. Sie rufen sich alles noch einmal genau in's Gedächtnis. Oft verschließt man sich in der Trauer nach außen. Jesus verhindert, daß die beiden das tun. Und er verhindert auch, daß sie es bei ihren Erinnerungen bewenden lassen. Es geschieht etwas ganz Neues, das die Sache wieder richtig in Gang bringt! Erst sind sie traurig und enttäuscht, irritiert und ratlos. Dann freuen sie sich und sind erleichtert. Sie glauben erst nicht, weil sie etwas anderes erhofft haben. Sie haben nicht mit Jesu Tod gerechnet. Vom Messias haben sie eine andere Vorstellung gehabt. Ich habe die Erfahrung gemacht, daß etwas Bewirken im Leben nicht geht ohne Leiden und Arbeit – so wie bei Christus! Man soll viel mehr nach dem Gefühl leben: es hatte vorher schon in ihrem Herzen gebrannt, heißt es; sie hätten gleich auf ihre innere Stimme hören sollen. Daß es so kommen *mußte* mit dem Leiden und Sterben Jesu, das haben sie verdrängt, weil es zu

grausam ist. Obwohl Jesus es ihnen x-mal gesagt hat vorher! Ihr Herz brannte, als Jesus lebte. Es erlosch, als er starb. Und jetzt brennt es wieder. Vielleicht befreit sie das auch von Schuld, daß es so sein *mußte:* D. h. ja, Jesu Tod wäre nicht zu verhindern gewesen, auch nicht, wenn sie am Kreuz geblieben wären und nicht weggelaufen wären. Die Frauen sind als einzige am Kreuz und am Grab geblieben. Und sie haben es den Jüngern doch schon gesagt, daß Jesus lebt. Man glaubt den Frauen mal wieder nicht! An diesen Versen muß man viel herumrätseln: Ich denke, eine Schuld brennt ja auch, vielleicht ist das ihre Kleingläubigkeit, die brennt – daß sie das mit dem Auferstehen am dritten Tage ganz vergessen haben oder nicht wirklich damit rechnen. Na, da geht's uns ja oft auch nicht besser! Als sie zurückkommen nach Jerusalem, da treffen sie auf eine ganz andere Szene: Die Elf haben sich auch verändert, sie haben auch etwas erlebt, Simon hat Jesus gesehen. Sie rufen die Osterbotschaft aus: »Er ist wahrhaftig auferstanden!» Sie tauschen ihre Erlebnisse aus. D. h. die Zwei gehören wohl doch nicht zum engsten Kreis der Zwölf. Einen Kleopas kenne ich auch gar nicht, und der Name des anderen wird nicht genannt.

3. Gesprächsimpuls: Gibt es in dieser Geschichte Wendepunkte?
Das ist eine Weg-Geschichte, die sind ja unterwegs. Es wendet sich von Trauer zu Freude. Da, wo Jesus sich einklinkt, da wendet es sich; und wo er ihnen das Brot bricht. Und auch, wo die beiden sofort aufbrechen und nach Jerusalem zurücklaufen! Eigentlich ist das die Geschichte der ganzen Bibel: ein Weg, eine Entwicklung – erst ganz wenig, dann mehr, zuletzt wissen es ganz viele! Mit dem Weg ist es ganz komisch: auf dem Hinweg nach Emmaus gehen die Zwei eigentlich gedanklich zurück!! Sie sind mit ihren Gedanken beim Geschehen in Jerusalem. Darum sind sie auch so blind. Und auf dem Rückweg nach Jerusalem gehen sie eigentlich nach vorn!! Wie weit war denn überhaupt der Weg? Real, meine ich? Und wieviel km schafft man in 1 Stunde als guter Fußgänger? 6 km pro Stunde, 12 in 2 Stunden – da darf man aber nicht bummeln. Die beiden sind zwei Stunden unterwegs, heißt es. Gibt es dieses Emmaus heute noch? Diese zwei Jünger erleben noch einmal im Kleinen die Passion und die Auferstehung: an sich selbst, am eigenen Leibe! Man kann einmal sagen: das ist real so passiert. Man kann aber auch sagen: das ist den beiden bei ihrem Rekapitulieren des Geschehens so eingegeben worden, daß sie es auf einmal verstehen können. Sie halten sich an das Wort (die Schrift, das Brot), und ihnen wird alles klar. Auf jeden Fall muß Jesus das Ganze anschieben: das leere Grab reicht nicht, der Engel reicht nicht. Jesus kann wer weiß was erzählen (Leiden, Sterben, am 3. Tage Auferstehen), das hat er ja schon alles vorhergesagt – das überzeugt alles nicht. Er muß *wirklich* kommen!! Wie »wirklich«? Real oder im Geiste. Für mich eher im Geiste. Aber er ist doch auferstanden – warum soll er dann nicht den Leuten erscheinen??!

4. Ist dies für mich eine Ostergeschichte?
Tod, Auferstehung und Leben - das ist die Fortsetzung! - Ja, weil alles so zutrifft wie vorhergesehen. - Es ist eine Nachbetrachtung zu Ostern. Aus Trauer wird Hoffnung, und ihnen werden die Augen geöffnet. - Ja, weil ich glaube. - Ja, denn zu »Ostern« gehört für mich nicht nur die einzige Geschichte, sondern der ganze Teil, beginnend beim Garten Gethsemane bis Himmelfahrt - das ist für mich das »Osterpaket«. Ich hätte sonst Schwierigkeiten, es zu verstehen. So gehören Trauer und Freude zusammen, das ist Ostern ganz deutlich erlebbar.

Zum Gottesdienst

Angela Fuhrmann, Christian Fuhrmann

Exegetisch-homiletische Skizze

»Es ist kompliziert, Ostern nachzuvollziehen.« In der Annäherung wird unsere Erfahrung als Predigerin oder Prediger deutlich. Und der zweite Halbsatz benennt den großen Anspruch, vor den wir uns Ostersonntag wie Ostermontag gestellt sehen: »Ostern nachzuvollziehen!« Es geht also für unsere HörerInnen um mehr als um Ansage der Auferstehung, es geht um Nachvollzug und das verstehen wir so, daß wir versuchen müssen, das, was langläufig die Theologensprache »Osterbotschaft« nennt, in unser Leben einzubeziehen. Ostern beansprucht mehr als Ansage - Ostern beansprucht den Bezug zu unserem Leben.
Und damit sind wir schon fast in Emmaus. Den entsetzten Frauen am Grab wird Ostern angesagt. Doch damit ist für sie noch lange kein Auferstehungsfest verbunden, »denn sie fürchteten sich sehr«. Sie fliehen vom Grab, weg vom Ort des Geschehens. Die Wanderer nach Emmaus haben einen Zuhörer und einen, der sie hinterfragt, sie haben einen, der ihnen Zusammenhänge erklärt, und jemanden, der zu ihnen kommt, und so erfahren -»erwandern« - die beiden sich die Auferstehungsbotschaft.
Die beiden Wanderer stehen für unsere eigene Glaubenserfahrung: Wir können die Botschaft der Frauen hören, wir können die Erscheinung des Auferstandenen vor Simon Petrus für wahr halten - aber was geht uns das an!? Wie kann die Osterbotschaft in das eigene Leben »einwandern«. Ist das nicht die homiletische Frage, die uns alle umtreibt ob auf oder unter der Kanzel? Wir haben in den vergangenen Jahren zu lernen gehabt, daß der Ostermontagsgottesdienst an einem Feiertag (und nicht wie früher an einem Arbeitstag zur Abendstunde mit kleiner Kerngemeinde) stattfindet. Ostern und Auferstehung im Alltag - das war die vorgegebene Thematik, wenn wir uns

in kleiner Runde - in mancher Runde waren es wohl bisweilen nur zwei Wanderer, die sich trafen - versammelten, wie die beiden Freunde aus Emmaus: Was ist denn nun mit dem, was erzählt wird, daß er gesehen wurde usw.? Ostermontag ist für uns der richtige Zeitpunkt, mit nach Emmaus zu wandern, am Ostermontag steht nach dem großen Festtag die Frage, die nach jedem Jubel kommt, wie lernen wir denn nun mit dieser frohen Botschaft zu leben?

Die Exegeten scheinen sich einig darin zu sein, daß wir in dieser Erzählung neben dem Erzählstrang vom leeren Grab eine andere Überlieferung, wenn nicht sogar die älteste Überarbeitung einer weiteren schriftlichen Ostererzählung vor uns haben. Bultmann sieht hier die älteste Erzählung von der Auferstehung Jesu Christi vorliegen. Stil- und Strukturelemente der Wundergeschichte sind nicht zu übersehen. Und das ist neben der Tatsache, daß dem hellenistischen Menschen Erzählungen von der Begegnung mit einer Gottheit in Menschengestalt nicht ganz fremd waren, ein hermeneutischer Schlüssel für diese Ostererzählung. Die Botschaft der Auferstehung soll den Hörern so nahe wie möglich »gehen«, da geschieht nicht nur etwas ganz Überraschendes und Fremdes, da wird die Hoffnung deutlich, daß Gott den Menschen begegnen kann. Und das alles geschieht in dieser Weggeschichte in einem dem hellenistischen Menschen verständlichen Koordinatensystem.

Als Prediger können wir bei dieser längsten aller Ostergeschichten unterschiedliche Schwerpunkte dieser Erzählung zu Grunde legen. Außerdem legt es sich nahe, die Stilmittel dieser Geschichte selbst zum Ausgangspunkt unseres homiletischen Weges zu wählen.

1. Die »Annäherungen« stellen deutlich heraus, daß diese Geschichte bis heute ihren Reiz nicht zuletzt in ihrer anrührenden Art hat. Manches wird als schön (3x) empfunden, da ist Rätselhaftes, Aufregendes und Unheimliches in dieser Erzählung miteinander verwoben, so daß als hermeneutischer Hinweis für das Verständnis dieser Erzählung in den »Annäherungen« gefordert wird: »Man soll viel mehr nach dem Gefühl leben!« Hier liegt einer der Schlüssel zum Nachvollzug der Osterbotschaft. Wir können als PredigerInnen auch zum Fest der Auferstehung theologisch argumentieren, es ist u. E. aber kaum möglich, dadurch kritische Anfragen und quälende Zweifel auszuräumen. Hier brauchen wir die Ruhe und Besinnlichkeit des schönen Erzählens, wie Lukas es uns vormacht. Dabei lassen wir uns von Stimmungen bewegen: Das Wandern ermöglicht das ruhige, ungestörte und konzentrierte Gespräch, die Besinnung auf Ereignisse, die nur als Desaster erlebt werden konnten. Die Abendstimmung der schnell einbrechenden Dunkelheit und die wohltuende Nähe eines Zuhörers, Fragers und Gesprächspartners wirft einen neuen »Schein« auf die Geschehnisse. Die Enttäuschung wendet sich in Freude.

In der Gemeinschaft des Brotbrechens werden die Augen geöffnet, so weit, daß nach dem überraschenden Verschwinden des Fremden die Ereignisse des Karfreitags und Ostersonntags anders als bisher gesehen werden. Das einzige »Mirakulöse« dieser Ostererzählung liegt in dem plötzlichen Nicht-Mehr-Dasein des Auferstandenen. Wunderbar ist die Wende, die die beiden Freunde in diesem Augenblick erleben, Verzweiflung wird zu Hoffnung und Vertrauen. Dieser Spannungsbogen ist es, der auch uns am Ostermontag in Bewegung setzen kann.

2. Jerusalem - Emmaus - Jerusalem. Es ist eine Weggeschichte nicht nur zwischen zwei Orten, sondern ein Weg von der Leben tötenden Enttäuschung zur lebendig machenden Hoffnung. Es ist der Weg von Passion zu Auferstehung, den beiden durchwandern. Aber wo liegt der Wendepunkt für beide? In der bloßen Erscheinung dessen, der sich hinzugesellt hat? Vielleicht in dem intensiven Gespräch? Ist es nicht auch die Einladung der beiden, die die eigentliche Erkenntnis beim Brotbrechen ermöglicht? Ist es das gemeinsame Essen und Wiedererkennen des Totgeglaubten?

Der Wendepunkt liegt für uns dort, wo die beiden Wanderer von ihrer Not nicht mehr ganz gefangen sind, sondern angesichts der anbrechenden Nacht ihren Mitwanderer einladen, bei ihnen zu bleiben. Sicher mag schon im Urtext die liturgische Formulierung unübersehbar sein. Doch wir müssen uns ja nicht durch bekannte Lieder und Sprüche verstellen lassen, daß hier zunächst einfach eine Einladung ausgesprochen wird. »Es wird Abend, bleibe bei uns!« Weil der Auferstandene bei ihnen Gast werden konnte, wurde er dann selbst zum Gastgeber. Der Evangelist Lukas legt Matthäus 25,40 b vollgültig aus. Für beide Wanderer kann Auferstehung auch dadurch Wahrheit werden, daß sie den Nächsten nicht der Dunkelheit überlassen. Im Nachherein freilich fällt auch auf die »Vorwendezeit« ein ganz anderes Licht.

3. Die Geschichte beschreibt das Zerbrechen von Kinderglauben und die Entstehung eines ganz neuen Glaubensverständnisses. Nicht die biblischen Schriften waren es, die ihnen den Glauben verstellten. Es waren die eigenen Erwartungen der Jünger, die der am Kreuz Gestorbene nicht erfüllt hatte. Ihre Hoffnung auf die (politische) Erlösung Israels, die mit dem Kreuzestod enttäuscht wurde, war so stark, daß sie für Jesu Anliegen, für Jesus selbst blind waren - »ihre Augen wurden gehalten,daß sie ihn nicht erkannten«. Unsere Erwartungen an Gott machen unseren Glauben nicht leichter und doch ist Glaube tot, wenn er von Gott nichts mehr erwartet. Diese Spannung ist die Spannung der Emmausgeschichte, so wie sie unsere Spannung ist. Wieviele Mißverständnisse tauchen auf, wenn wir über das sprechen, was jeder für sich von der Auferstehungsbotschaft erwartet. Aber wer hat eigentlich ein Recht, diese unsere Erwartungen zu beurteilen?

Es gibt nur einen Grundsatz - der wird in Vers 31 festgehalten: Gott selbst wie göttliches Handeln sind uns Menschen unverfügbar. Den Jüngern von Emmaus ist Jesus, der Auferstandene nicht verfügbar. Auch sie können ihn nicht an die Hand nehmen und den anderen in Jerusalem vor Augen führen. Der Auferstandene ist der Unverfügbare, allein seine Zusagen seiner Nähe, seiner Liebe und Annahme haben wir.

4. An die beiden in Emmaus ergeht kein Verkündigungs- und Missionsbefehl. Und obwohl sie nicht gesandt sind, gehen sie zurück an den Ort ihrer Enttäuschung (33–35). Die Begegnung mit Jesus, das gemeinsame Essen mit ihm hat sie ganz verändert. Ostern, die Auferstehungsbotschaft, lebt von den Menschen, in deren Herzen es brennt. Verkündigung braucht diesen tiefen Anstoß und dieser selbst ist vielleicht auch ein Hinweis auf all das, was unsere Verkündigung oft so trocken und nichtssagend macht. Die Rede von der Auferstehung ist nicht erst für heutige Ohren eine Zumutung - Argumentation und Logik macht sie kaum plausibler. Sie kann nur bezeugt werden, das heißt wohl, daß die Kraft dieser Botschaft wie an den verwandelten Jüngern aus Emmaus auch heute noch an Menschen unserer Gemeinde erfahrbar werden kann.

Vorschläge zur Liturgie

Lieder
EG 99 Christ ist erstanden
EG 116 Er ist erstanden, Halleluja!
EG 236 Ohren gabst du mir
EG 347 Ach bleib mit deiner Gnade

Psalm: 146 in Auswahl und Wechsel mit der Gemeinde (EG 757)

Eingangsgebet
Herr, wir verstehen uns selbst oft nicht:
was wir ersehnen, was uns bewegt und was uns ängstigt.
Täglich stehen wir vor vielen Fragen,
auf die wir keine Antwort wissen;
vor Meinungen, die uns verwirren.
Laß uns klar sehen und erfahren,
was die Jünger Jesu erfahren haben:
Ihnen gingen die Augen auf, und sie erkannten,
was sie lange nicht verstanden hatten:
den Sinn seiner Worte.
(Gottesdienstgestaltung. Ein ökumenisches Arbeitsbuch. Hrsg. von K.-H. Bieritz und M. Ulrich, Vandenhoeck & Ruprecht, Göttingen, 2. Aufl. 1987)

Fürbittengebet
Herr Jesus Christus!
Auf deine Auferstehung berufen wir uns,
aber wir hören so wenig auf deinen Ruf.
Deinen Namen tragen wir,
aber wir machen ihm wenig Ehre.

Deine Botschaft wird uns gesagt,
aber sie sagt uns oft zu wenig zu.

Darum bitten wir dich:
Vergib uns unser Versagen,
befreie uns aus aller Gedankenlosigkeit des Handelns
und rufe uns zurück zu dir.

Laß uns aufstehen und gehen
in Räume, die wir nicht kennen,
zu Menschen, die uns fremd sind,
auf Wegen, die uns schwerfallen,
weil auch du aufgestanden bist
und Bewegung gebracht hast
in den Trott unseres Alltags,
aus dem Tode zum Leben.

(Gebete für die Gemeinde. Gebrauchstexte für die Gemeindearbeit, hrsg. von F. Heydenreich, 2. Aufl. Berlin 1986, S. 91)

Vorschlag zur Predigt

Predigtanfang

Zwei gehen. Sie ziehen sich zurück. Enttäuscht sind sie, sehr enttäuscht. Sie hatten sich das mit Jesus anders vorgestellt.
Zu seinen engsten Freunden hatten sich die beiden Männer zwar nie gezählt und ihn eher immer ein bißchen mit Abstand erlebt.
Dennoch: Dieser Jesus hatte ohne Zweifel eine große Ausstrahlung, die sie wie viele andere angezogen hatte:
- Wenn er ihnen die Schrift ausgelegt hat,
- wenn er Blinden die Augen geöffnet hat,
- wenn er das Brot mit ihnen geteilt hat, war das nicht so, als ob ihnen dann der Himmel, das Reich Gottes nahe war, viel näher als sonst? Mußte das alles nicht große Erwartungen wecken? Aber nun war alles vorbei: Am Kreuz hingerichtet, in aller Öffentlichkeit.
Dieses schreckliche Ende! Diese Schande! Diese Enttäuschung!
Aber das alles wollten die beiden jetzt hinter sich lassen, es sollte nur noch der Vergangenheit angehören - wenn diese Ereignisse sie auch noch nicht loslassen wollten: während sie unterwegs sind, reden sie eigentlich von nichts anderem, auch als sich ihnen ein Fremder nähert. Es tut ihnen gut, diesem Fremden das mit Jesus von Nazareth zu erzählen, wie ihn die Hohenpriester und Oberen zum Tode verurteilt und gekreuzigt haben. Es tut ihnen gut, diesem Fremden zu erzählen, wie ihnen zumute ist, von ihren enttäuschten Hoffnungen zu erzählen und von ihrem Erschrecken über das, was ihnen die Frauen über das leere Grab gesagt hatten. Und es tut

ihnen ebenso gut, auf diesen Fremden zu hören, auf das, was er ihnen zu sagen hat, wie er ihnen die Schrift auslegt, angefangen bei Mose bis hin zu den Propheten.
Vielleicht ist es auch die Nähe dieses Fremden, die ihnen gut tut, so daß sie ihn schließlich einladen: »Bleibe bei uns ...!«

Zum weiteren Verlauf
Die Geschichte sollte möglichst lebendig weitererzählt werden. Dann müßte u.E. der Frage nachgegangen werden: »Wo/wie begegnet uns der Auferstandene auf unserem Lebensweg?« Dabei könnte man z.B. darauf Bezug nehmen, daß viele aus der Kirche austreten, weil ihre Erwartungen enttäuscht wurden. Als Kind haben sie sich vielleicht Gott ganz anders vorgestellt, stark und allmächtig. Aber wo bleibt Gottes Allmacht oder die Herrschaft Jesu Christi erfahrbar bei so viel Ungerechtigkeit, so viel Leid, so viel Krieg auf dieser Erde? Stehen solche Fragen im Zusammenhang mit falschen Erwartungen? Haben wir nicht alle solche Erwartungen, und haben wir sie nicht auch zu Recht?

Zum Predigtabschluß
Es ist ein Unterschied, ob du dich auf deinem Lebensweg allein gelassen fühlst oder ob du weißt, daß da jemand ist, der dich begleiten will; unaufdringlich und wohltuend, auch in dunklen Stunden, so wie der Auferstandene die Männer auf ihrem Weg nach Emmaus begleitet hat.
Bis heute wird uns in den Kirchen dieser Auferstandene nahegebracht, wenn auch oft anders als erwartet.
- Vielleicht werden wir uns manchmal enttäuscht von ihm zurückziehen.
- Vielleicht bleibt er uns auf weiten Strecken unseres Lebens fremd.
- Dennoch kann Jesus uns ganz unerwartet nahe sein: wenn uns jemand die Schrift auslegt, wenn wir beim Abendmahl das Brot brechen, vielleicht auch, wenn wir einen Fremden an unseren Tisch einladen ..., unaufdringlich und wohltuend.

Kontexte

»Ich habe noch eine Frage, Herr Godelund!«
»Bitte!«
»Die Auferstehung des Fleisches, von der Sie da sprachen, wie hat man sich das eigentlich vorzustellen? Nehmen wir einmal an, anno domini xundsechzig fällt uns sowas wie Atombomben auf den Kopp: fünfhundert Megatote. Kommen wir beim Jüngsten Gericht alle gleichzeitig hoch?«
Godelund betrachtete Kurafeiskis Gesicht. Es blieb unverfänglich, skeptisch, ernsthaft.
»Und vor allem: wie kriegen wir die Knochen wieder zusammen«, fragte Mitzkat, »wenn wir doch alle verschröckelt sind?«

»Es hat geklingelt!« unterbrach Adlum.
»Wir wollen beten!« sagte Godelund.
»Vater unser, der du bist im Himmel ...«
(Thomas Valentin: Auferstehung des Fleisches, in Die Unberatenen. Claassen Verlag, Hamburg, Abdruck mit freundlicher Genehmigung von Jutta Valentin)

Advent
Sie schauen nach oben und warten auf den, der da kommt.
Doch von oben kommt er nicht.
Vergebens schauen sie, indessen hinter ihrem Rücken der da kommen soll kommt.
(Friedrich Schwanecke in: Thema Weihnachten. Hrsg. Wolfgang Fietkau, Wuppertal 1965, S. 11)

G.B. Shaw: »Hütet euch vor den Menschen, deren Gott im Himmel ist!«

Quasimodogeniti

Annäherungen an den Predigttext Johannes 20,19-29

Bernd Giehl

Die Konfirmanden
Ein schöner Text. Ein Text, über den ich schon ein- oder zweimal gerne gepredigt habe. Allerdings auch ein schwieriger Text. Selbst unter den Auferstehungsgeschichten nimmt er durch seine Symbolik eine Sonderstellung ein. Deshalb hat es mich gereizt, diese Geschichte mit zwei ganz unterschiedlichen Gruppen zu besprechen: zum einen mit meinen Konfirmanden, zum anderen mit dem Bibelkreis unserer Gemeinde. Mit den Konfirmanden hatte ich vorher schon über Wunder gesprochen, von daher bot sich diese Fortsetzung an. Allerdings war mir klar, daß ich diese Geschichte den Konfirmandinnen und Konfirmanden nicht ohne Vorbereitung vorsetzen könnte, sondern daß ich eine Anlaufphase vorschalten müßte. Deshalb habe ich mit den Jungen und Mädchen erst einmal über eigene Todesbilder geredet. Dabei wurde deutlich, daß das, was wir früher »in den Himmel kommen« nannten, für diese Kinder ganz weit weg ist. Was sie tun würden, wenn sie wüßten, sie hätten nur noch ein Jahr zu leben? Eine Amerikareise unternehmen, noch einmal ein großes Baseballspiel der »Chicago Bulls« besuchen. Einer hat es ganz gewitzt formuliert: Achtzig Prozent Spaß, zwanzig Prozent Kirche, falls doch die Rechnung kommt. Wenn er sich da mal nicht täuscht.
In der zweiten Unterrichtseinheit sind wir dann soweit, daß wir uns der Geschichte von der Erscheinung Jesu im Jüngerkreis und vor Thomas nähern können. Wir lesen sie gemeinsam, danach lasse ich die Jugendlichen ihre Verständnisfragen formulieren und bitte sie, auch das aufzuschreiben, was ihnen auffällt. Sie verstehe nicht, sagt Sabrina, daß Jesus den Jüngern sogleich vergebe, obwohl die doch alle weggelaufen seien. Auf die Rückfrage, woraus sie das schließe, antwortet sie, aus dem »Friede sei mit euch«, das Jesus sagt und aus dem Satz: »Welchen ihr die Sünden erlasset, denen sind sie erlassen« (V. 23). Auch über das Anblasen rätseln sie und den darauf folgenden Satz: »Nehmet hin den Heiligen Geist.« Vielleicht wollte Jesus seinen Jüngern damit beweisen, daß er wieder lebendig geworden ist und nicht nur ein Geist ist, meint Nils.

Überhaupt die Frage nach Geist oder wirklichem Menschen. Die taucht an verschiedenen Stellen des Gesprächs immer wieder auf. Einerseits kann Jesus durch verschlossene Türen gehen. Das fällt ihnen auf. So etwas kann nur ein Geist oder David Copperfield, aber bei dem ist es vermutlich ein Trick. Jan sagt: »Er war ja ein Geist und er war Jesus«, und damit scheint für ihn die Frage erledigt zu sein. Und ein anderer ergänzt: Vielleicht konnte Jesus auch schon vor seinem Tod durch verschlossene Türen gehen. Andererseits fällt den Konfirmanden auf, daß die Geschichte zweimal davon berichtet, Jesus habe seine Hände und seine Seite gezeigt. Warum tut er das? Und vor allem: Warum will Thomas die Wunden noch einmal sehen? Thomas will wissen, ob der, der da seinen Jüngern erschienen ist, wirklich Jesus ist und nicht nur ein Geist, formuliert Timm. Und dann begreifen sie selbst die Konsequenz des Gesagten: Haben wir nicht eben gemeint, nur ein Geist könne durch verschlossene Türen gehen? War dieser Jesus denn nun real, oder war er nur eine Erscheinung, um nicht zu sagen, ein Gespenst? Am Ende bleibt das Problem ungeklärt.
Schließlich die Frage, wie sie selbst denn zu dieser Geschichte stehen. Den meisten, die sich dazu äußern, erscheint sie eher unglaubwürdig. Das gibt es nicht, daß einer von den Toten wiederkommt und dann durch verschlossene Türen geht, sagt Fabian. Vielleicht ist er nicht mit dem eigenen, sondern einem anderen Körper wiedergekommen, meint Timm. Sabrina hält es für seltsam, daß Jesus am Ostersonntag aufersteht, dann sich ein paarmal den Jüngern zeigt und schließlich verschwindet. Sie sagt nicht direkt, daß sie nicht daran glaubt, aber Zweifel und Glauben dürften sich bei ihr zumindestens die Waage halten.
So ähnlich wie Sabrina denken wahrscheinlich viele in der Gruppe.

Der Bibelkreis
Thomas – so erscheint es den Teilnehmern – ist einer von uns. Wahrscheinlich hat Johannes seine Geschichte erzählt, um zu zeigen, wie wichtig der Glaube an Jesus ist. Der Definition des Glaubens in diesem Kapitel wollen sie gern folgen: Glauben heißt nicht sehen und sich dennoch sicher sein. Bis in die Gegenwart hinein hat der Glaube sich gehalten, weil es immer Menschen gab, die auf das Nicht-Sichtbare setzten. Heute jedoch sind immer weniger Menschen dazu noch bereit oder in der Lage,
Andererseits steckt in diesem Text aber auch die Beauftragung von Menschen mit der Verkündigung des Evangeliums. Pfingsten wird hier vorweggenommen. Ob diese Berufung allen Christen, einigen Christen oder nur ausgewählten Amtsträgern gilt, darüber ist die Gruppe sich nicht schlüssig. Danach kommen wir wieder zu Thomas zurück. Warum ist er der Einzige, der nicht glaubt, obwohl doch zehn andere ihm übereinstimmend von der Auferstehung berichten? Fühlt er sich ausgeschlossen? Erstaunlich, daß Jesus extra noch einmal zurückkommt, um den Zweifler zu überzeugen. Den Teilnehmern fällt auf, daß die Redewendung »den Finger in die

Wunde legen« aus dieser Geschichte stammen muß, auch wenn sie unseres Erachtens dem Sinn der Geschichte genau entgegengesetzt ist.
Aber was ist das für ein Jesus, der da wiederkommt? Einerseits kann er sich materialisieren und wieder dematerialisieren wie die Besatzung von »Raumschiff Enterprise«, andererseits hat er aber auch Wunden, die man erfühlen kann. Kann er zwischen beiden Existenzformen nach Belieben wählen? Eine merkwürdige Vorstellung, sagen einige. Nur eine Teilnehmerin findet sie selbstverständlich - schließlich war Jesus doch wahrhaftiger Gott. Vielleicht - so heißt die Kompromißformel, war Jesus in den vierzig Tagen zwischen Auferstehung und Himmelfahrt ein »Wanderer zwischen den Welten«.
Am Ende kommt die Gruppe noch einmal auf die Verse über Sündenvergeben und Sündenbehalten zurück. Obwohl diese Befähigung der Jünger auch in anderen Evangelien erzählt wird, ist diese Stelle einigen nicht ganz geheuer. Heißt es nicht in der Bibel, Gott allein richte am Jüngsten Tag über das endgültige Schicksal der Menschen? Und steht nicht in Matthäus 7,1: »Richtet nicht, auf daß ihr nicht gerichtet werdet?« Wie mit diesem und ähnlichen Widersprüchen in der Bibel umgehen? Vielleicht muß man die Bibel nicht nur mit dem Kopf, sondern auch mit dem Gefühl lesen, sagt eine Teilnehmerin.
Interessant, wie die Geschichte vom Zweifler eigene Fragen und Zweifel bei Menschen aufdecken kann, die sonst ganz selbstverständlich davon ausgehen, daß bei den Schreibern der Bibel göttliche Inspiration vorliege.

Zum Gottesdienst

Dietrich Zeilinger

Exegetisch-homiletische Skizze

Das Manuskript wurde begonnen während der bewegten öffentlichen Diskussion zum BVG-Urteil gegen das staatlich verordnete Aufhängen von Kruzifixen in bayerischen Klassenräumen. Ein interessantes Anschauungsbeispiel zur Wirkungsgeschichte der Erscheinung des Gekreuzigten und Auferstandenen! Eine gespenstige Front von Verteidigern der Kruzifixe pochte auf ihre Erhaltung als Symbole von Kultur und Tradition. Die Leiden Christi damals und heute, seine Wundmale, die in Johannes 20 so wichtig sind, wurden eher »zugedeckt«.
Mein persönlicher Zugang zur Geschichte ergab sich aus der Sympathie für die Haltung des Thomas: Ich verstehe und teile sein Fragen und Zweifeln. Die Gewißheit des Glaubens ringt in mir immer wieder mit der Evidenz der Endgültigkeit des Todes. Vielen Gemeindegliedern dürfte es ähnlich ergehen.

Die Analyse der Perikope führt freilich zur Einsicht: Es geht um mehr, als um Auferstehungs-Christologie. Sie entfaltet in drei Aspekten die Wirkung des neuen Lebens aus Gott in der von Tod und Hoffnungslosigkeit beherrschten Welt:

a) In der Begegnung der Jünger mit dem Auferstandenen ist nicht das wunderbare Auftreten entscheidend, sondern die alle überzeugende neue Präsenz des gekreuzigten Herrn und sein Geschenk des Friedens (V. 19 f.).

b) Die Sendung der Jünger bevollmächtigt durch das Geschenk des Geistes zur Fortsetzung des befreienden und vergebenden Wirkens Jesu. Der Ton liegt gewiß auf der Vollmacht zur Befreiung, m. E. werden die Jünger vor der Möglichkeit des Bindens eher gewarnt (V. 21–23).

c) Die Darstellung des Thomas und seiner Umkehr vom Unglauben zum Bekenntnis will ebenso wie die pädagogisch korrigierende Schlußsentenz alle künftigen Christen »bei der Hand nehmen« und sie dafür gewinnen, dem Zeugnis der Augenzeugen zu vertrauen: Der Gekreuzigte ist lebendig, Jesu Leben hat den Tod überwunden.

Somit bedeutet Johannes 20 ein Stück Befreiungstheologie, jedenfalls die Einweisung in die Praxis des Christseins durch Glauben, Liebe und Hoffnung. Deshalb ist es der klassische Text zum Kasus Quasimodogeniti, geht es dann doch um das Weiterwirken von Ostern, um die bleibende Kraft für den Alltag.

Diese Ostergeschichte bringt nicht mehr und nicht weniger als eine Illustrierung von Schlüssel-Erkenntnissen über christliches Leben im Licht von Ostern. Auf dem Weg von der Exegese zur Predigt können diese so gebündelt werden:

1. Erkenntnis der bleibenden Gegenwart Jesu (V. 19,20,28)
2. Erkenntnis des zentralen Kriteriums der Vergebung (V. 23)
3. Erkenntnis des zentralen Kriteriums der Begabung und Sendung (V. 21)
4. Erkenntnis der Legitimation des Auferstandenen durch die Zeichen des Leidens (V. 20,25,27)

1–4 verbindet schließlich die Erkenntnis der Priorität des Vertrauens, das aus der Zusage des Schalom erwächst (V. 19,21,26).

Diese Schlüssel-Erkenntnisse gilt es in heutiger Situation zu bewahren, anzuwenden und anzubieten.

Meine Leitidee zur Predigtgestaltung ergab sich so: Der inneren Ganzheitlichkeit der Geschichte entsprechend sollte die Predigt jenen Erkenntnissen in drei ganz verschiedenartigen Teilen folgen und dadurch unterschiedliche Bedürfnisse der Hörenden ansprechen:

Teil A für den Verstand eine Analyse der Grundbotschaft, ausgehend von Kasus und Schlüsselsymbol;

Teil B für das Gefühl eine Betrachtung und Meditation des weithin schon bekannten Bildes »Das Wiedersehen« von Ernst Barlach;

Teil C für den Willen die Einweisung zur Nachfolge, gestaltet mit vier beispielhaften Stationen eines »persönlichen Osterweges«.

Vorschläge zur Liturgie

Lieder
EG 112 Auf auf mein Herz mit Freuden
EG 114 Wach auf mein Herz, die Nacht ist hin
EG 117 Der schöne Ostertag
EG 260 Gleich wie mich mein Vater gesandt hat
EG 358 Es kennt der Herr die Seinen

Kyrie
Längst leben wir nach Ostern, Gott,
und doch werden wir die Eierschalen nicht los
und trauen uns nicht heraus aus unsern Nestern.

So oft sind wir klein, ängstlich und vorsichtig
in unserem Glauben,
unserem Lieben,
unserem Hoffen

So selten wachsen uns Flügel,
geht uns das Herz auf,
fließt uns der Mund über von dem,
was wir erfahren haben:
Christus ist auferstanden.
Der Tod hat nicht das letzte Wort!

So fest hat uns die Angst im Griff
vor dem Tod und vor dem Leben,
vor dem Leid und vor dem Elend
hier und überall.

So sehr brauchen wir einander
und brauchen wir dich,
damit wir uns aus den Nestern heraustrauen,
damit der Hoffnung Flügel wachsen,
damit ein Lied erklingt
von neuem Leben.

Wir bitten dich:
Komm zu uns und hilf uns
neu zu werden und neu zu sein!

Fürbitten
Heiliger und barmherziger Gott,
wir hören:
Selig sind, die nicht sehen und doch glauben!

Trotzdem bitten wir dich,
daß zur Welt kommt, was im Himmel beschlossen ist,
daß unser Glaube Hand und Fuß bekommt
und Spuren und Zeichen von Ostern
bei uns sichtbar und spürbar werden.

Für die Zweifelnden bitten wir dich
um eine Spur von Vertrauen,
für die Verzweifelten um ein Zeichen der Hoffnung,
für die Einsamen um eine Spur von Zärtlichkeit,
für die Sterbenden um ein Zeichen deiner Treue,
für die Trauernden um eine Spur von Trost,
für die Armen um ein Zeichen der Gerechtigkeit,
für die Flüchtlinge um eine Spur von Heimat,
für die Menschen im Krieg um ein Zeichen des Friedens,
für die Mächtigen um eine Spur von Verantwortung,
für die Machtlosen um ein Zeichen der Solidarität.

Für uns selbst bitten wir dich,
daß wir Zeichen deiner Zukunft aufspüren
und selbst zum Zeichen werden
für neues Leben,
das auch heute beginnt.

Kyriegebet und *Fürbitten* sind entnommen der Sammlung »Neue Eingangs- und Fürbittengebete«, hrsg. von Wolfgang Brinkel und Heike Hilgendiek, Chr. Kaiser/Gütersloher Verlagshaus 1994, S. 70 f.

Vorschlag zur Predigt

Vor einer Woche haben wir Ostern gefeiert, liebe Gemeinde! Heute gehen die Osterferien zu Ende. Was nehmen wir nun von der Osterbotschaft mit ins tägliche Leben? Was gibt uns die Kraft, um unser Leben zu bestehen und als Christen zu gestalten? Um durch die Zweifel hindurchzugehen. Die Zweifel am Geborgensein im Leben und im Tod. Die Zweifel am Aufwachen aus dem Tod. Die Zweifel an der anderen, größeren Welt, die »unsichtbar sich um uns weitet« (Bonhoeffer)!
Um Jesus nachfolgend durch die verschlossenen Türen des Lebens gehen zu können, brauchen wir Schlüssel. Österliche Schlüssel mit dem Profil eines neuen Sehens und Erkennens. Das Johannesevangelium schenkt uns im heutigen Text vier solche Schlüssel und dazu noch einen »Generalschlüssel«. Ich möchte sie Ihnen überreichen wie einen Bund Schlüsselblumen (Im folgenden je eine Blume oder einen Schlüssel in die Hand nehmen).

Teil A – Gliederung
1. Schlüssel. Jesus ist auferstanden, das bedeutet: Gott hat Jesu Leben »erhöht«, ermächtigt, vervielfältigt für immer und alle, die ihm folgen. Wichtig wird, durch den Auferstandenen die Menschen zu sehen; im Licht der Hoffnung; in der Bereitschaft, Wunderbares zu erleben, wie aus Totem Leben erblüht.
2. Schlüssel. Jesu neu gewecktes Leben bedeutet Frieden und Vergebung für alle, die bei seinem Tod versagt hatten und nun neu anfangen dürfen. Wichtig wird, in Situationen der Angst und Schuld durch Vergebung wieder Lebendigkeit zu schaffen.
3. Schlüssel. Jesu neue Vollmacht bedeutet Begabung und Sendung für alle, die als Versöhnte den Dienst der Befreiung beginnen.
Wichtig wird, trotz Zweifel und Ohnmacht durch stärkendes Zutrauen Gemeinde, mitverantwortliche Christen zu »konfirmieren«.
4. Schlüssel. Ob Jesu Lebensmacht, das Gottesreich, echt und präsent ist, wird erkannt und entscheidet sich daran, daß Hingabe, Leiden und »Kreuz« integriert werden in der eigenen Existenz, im Dasein für andere.
Wichtig wird, in leidenden Menschen den Gekreuzigten zu erkennen und ihnen wie Jesus zu begegnen.
Generalschlüssel. Die Seligpreisung der mit dem Herzen Sehenden und Glaubenden schreibt allen Generationen ins Stammbuch: Die Praxis der Auferstehung, des Lebens im Geist Jesu Christi, sie »leibt und lebt« vom Vertrauen zu Gott und zwischen uns, nicht mit Beweis und Kontrolle.

Teil B Bild-Meditation
des Barlach-Bildes »Das Wiedersehen« aus: Manfred Frigger, Frühschicht-Spätschicht, Verlag Herder, Freiburg 1984, S. 44
Bildbetrachtung ...
Selbstbesinnung, z.B.: Wenn ich am Ende bin, unsicher, voll Zweifel, ohne Ausweg – kann ich dann wie Thomas sein, ganz offen, Nähe suchend, bereit, mich trösten und aufrichten zu lassen zu neuem Vertrauen ... Und dann wie Jesus anderen Halt geben, vergeben, etwas zutrauen ...? Christus, nach dir suche ich, nach wirklicher Begegnung, nach Austausch im Geben und Empfangen, Tragen und Gehaltenwerden.
Ich möchte dich unter den Menschen finden – und in mir.

Teil C Der persönliche Osterweg:
Frauen und Männer gehen den Weg der Auferstehung.
1. Station Einer ist verzweifelt und in Trauer verschlossen - eine kommt und richtet ihn auf, gibt wieder Hoffnung.
2. Station Einer ist bedrückt wegen Konflikten und Versagen - einer kommt und stiftet Frieden und Versöhnung.
3. Station Eine ist verzagt, mutlos und ohne Selbstvertrauen - eine kommt und nimmt sie an und baut sie auf.
4. Station Eine leidet Not an Leib und Seele - einer kommt, sieht in ihr den gegenwärtigen Christus und hilft.
In wievielen dieser Menschen und Situationen wir uns auch wiedererkennen, uns allen gilt: Wir sind eingeladen, diesen Auferstehungsweg zu gehen, zu begleiten, nachzufolgen, im Blick auf den eigenen Lebenskreis, auf die Gemeinde, auf die Welt-»Familie«.

Möglicher Schluß
Liebe Gemeinde! Ich weiß nicht, welche Bilder, Gedanken, Vorsätze Sie aus der Betrachtung unserer Ostergeschichte mit nach Hause und in die kommende Zeit nehmen. Zweierlei wünsche ich Ihnen dazu, und ich sage es mit Worten des Paulus, der auch lernen mußte, mit dem Herzen zu sehen: Daß es Ihre Sehnsucht bleibt, »Ihn (zu) erkennen und die Kraft seiner Auferstehung« (Philipper 3,10). Und dazu »erleuchte Er die Augen eures Herzens, damit ihr seht, zu welcher Hoffnung ihr von ihm berufen seid« (Epheser 1,18). Amen.

Kontexte

Das Bekenntnis der Christen richtet sich auf den hingerichteten Sohn, den Gott im Tod gerettet hat. Der unschuldig Hingerichtete erfährt so Gerechtigkeit. Hier gründet die Hoffnung der Christen auf ewiges Leben, genauer gesagt: die Hoffnung auf einen im Tod rettenden Gott. Eine solche endgültige Rettung im Tod scheint vielen Menschen ausgeschlossen; zu überwältigend sind die Erfahrungen eines unausweichlichen Todes, zu grausam die Tode unschuldiger Opfer zu allen Zeiten der Geschichte.
Deshalb kann eine »Theologie nach Ausschwitz« - wie Johann Baptist Metz immer wieder fordert - nicht an den Opfern vorbei getrieben werden. Der Glaube an ewiges Leben steht in der Gefahr, allzu zeitlos zu sein und sich nicht mehr von der Ungerechtigkeit der Geschichte irritieren zu lassen.
Deshalb kann nur im Gedächtnis der Leidenden, nur angesichts von Auschwitz ein im Tode rettender Gott bezeugt werden. Die Frage nach der eigenen Rettung im Tode, nach der Hoffnung über den Tod hinaus, stellt sich neu als Frage nach dem Umgang mit den Opfern der Geschichte. Nur in erinnernder Solidarität mit ihnen kann sinnvoll von Gottes Auferweckungshandeln gesprochen werden.
(Dieter Funke, Gott und das Unbewußte, Kösel-Verlag, München 1995, S. 92/93)

Ich meine: Was die radikalen Aufklärer sagen, ist eine authentische Möglichkeit, die Welt zu erleben und zu deuten. Sie ist mir selbst viel zu vertraut, als daß ich sie weginterpretieren könnte. Sie ist »Nihilismus« - die Entdeckung, daß nichts in der erfahrbaren Welt unbedingten Halt im Leben und im Sterben geben kann. Ich finde in dieser Welt zwar viel Anlaß zu einem begrenzten Vertrauen - einem Vertrauen, das an die Bedingung gebunden ist, daß mein Körper funktioniert, daß die Gesellschaft nicht aus den Fugen gerät, daß wir etwas Glück haben. Gott sei Dank wachsen wir alle mit solch einem bedingten natürlichen Vertrauen auf. Aber in der Konfrontation mit der Wirklichkeit wird dieser Mut zum Leben gekreuzigt. Er stirbt einen vielfachen Tod - durch Erfahrungen der unvermeidlichen Niederlagen des Lebens, aber auch durch Einsichten in das, was ist. Aber immer wieder geschieht ein Wunder. Dieser Mut zum Leben ersteht neu aus dem Nichts. Ich kann ihn letztlich so wenig begründen und erklären wie die Existenz der Welt überhaupt. Ja, dieser neue, unbedingte Mut zum Leben ist selbst eine Schöpfung aus dem Nichts. Nirgendwo spüre ich die Macht, die das Nichts ins Sein ruft, die Totes lebendig macht, die das Dasein in jedem Augenblick bewirkt und erhält, deutlicher als in diesem Mut zum Leben. In ihm erlebe ich Gottes schöpferische Macht. Ohne Nihilismus würde ich nie verstehen, was creatio ex nihilo bedeutet: Schöpfung aus dem Nichts.

Die Osterbotschaft sagt uns allen: Diese aus dem Nichts schaffende Macht ist in euer Leben getreten. Sie ist stärker als das Nichts, in dem der Strom der Wirklichkeit verschwindet. Sie ist dieselbe Macht, aus der dieser Strom kommt ...

Diese Macht ruft euch zu: Wer meinen Ruf hört, der ist schon vom Tod zum Leben hinübergegangen. Er erhält neuen Lebensmut, der aus dem Nichts erschaffen ist.

Sie ruft: Bringt Liebe in diese Welt. Denn nur daran könnt ihr erkennen, daß ihr vom Tod zum Leben hinübergegangen seid. Wer nicht liebt, der bleibt im Tod. So der erste Johannesbrief.

Sie haucht euch ihren Geist ein, wie sie dem leblosen Adam ihren Geist einhauchte und gibt euch den Auftrag, Schuld zu vergeben, Kranke zu heilen, Traurige froh zu machen.

Sie wälzt den Stein der Todesangst immer wieder von eurem Herzen und nimmt dem Tod seinen Stachel. Sie verläßt euch nicht in den Tunneln des Schreckens, und im finsteren Tal ist sie bei euch.

Diese Macht gibt sich an ihren Wundmalen zu erkennen. Sie begegnet euch mitten in den Schmerzen des Lebens, wo Verzweiflung und Nihilismus sich breitmachen ...

Laßt mich mit einem Bild abschließen, mit dem ich mir in sehr unvollkommener Weise die Gegenwart dieser Macht vor Augen führe. Sie erscheint mir wie ein riesiges Feld aus elektromagnetischen Wellen, für das wir keine natürlichen Organe haben - das wir aber an seinen Wirkungen spüren, etwa wenn wir durch Eisenspäne seine Struktur vergegenwärtigen oder durch Funken sichtbar machen. Es ist überall vorhanden. Nur manchmal schlägt ein Funke in unsere begrenzte Alltagswelt. Die Ostererscheinungen sind ein solcher Funke. Nicht die Erscheinungen sind wichtig. Wichtig ist das Kraftfeld, aus dem sie stammen und das uns überall umgibt. Dieses Kraftfeld können wir immer spüren, auch wenn die Ostererscheinungen in der Vergangenheit verblassen. Keiner von uns konnte ihr Zeuge sein. Aber in jeden von uns kann der Funke eines unbedingten Mutes zum Leben und zum Sterben fliegen. Und dann darf jeder von uns die Seligpreisung auf sich beziehen: »Selig sind die, die nicht gesehen und doch geglaubt haben!«.

(Gerd Theißen, Die offene Tür, © Chr. Kaiser/Gütersloher Verlagshaus, Gütersloh)

Daß ER durch Mauern
drang
und verriegelte Tür –,
unglaublich, legendär?

War wohl ein Armenhaus,
lehmig, porös
für Wunschträume.
Durch unseren Beton,
sachlich und kühl,
wär ER schon nicht gekommen.

Kam aber,
unvermutet wie einst
durch mehr als Granit und Stein,
durch mein Verschlossensein.
Kam aber,
mit diesem Friedensgruß.
(Manfred Haustein: Auferstandener. Aus: Rufe. Religiöse Lyrik der Gegenwart 2, S. 27)

Miserikordias Domini

Annäherungen an den Predigttext Johannes 10,11-16 (27-30)

Jürgen Rogler

Ausgangssituation: Das Gespräch fand am 23. 11. 1994 mit 3 Mitarbeiterinnen und Mitarbeitern aus verschiedenen Bereichen der Gemeinde statt.

Erster Eindruck.
Einstimmig: der Text mit seinem Bild von dem Hirten und den Schafen ist klar und gut verständlich. Eine Teilnehmerin hatte den Text zuhause ihren Kindern (4 und 6 Jahre) vorgelesen und deren Kommentar war: »Der Hirte, das ist der Gott und der Jesus.« Ich werfe ein, ob die Sprache für unser heutiges Verständnis nicht zu verschraubt sei und zu viele Wiederholungen enthalte? Dennoch bleiben die Teilnehmer bei ihrem Eindruck. Eingeräumt wird allerdings: Für Außenstehende, die nicht mit Predigten und biblischen Bildern vertraut sind, würde der Text vermutlich tatsächlich verwirrend sein.
Jesus wirkt durch das Ich-bin-Wort sehr selbstsicher und von sich überzeugt. Das vermittelt ein Gefühl von Sicherheit. Ich bemerke, daß Jesus hier so etwas wie Eigenwerbung betreibt und gleichzeitig Negativwerbung gegen die angemieteten Hirten macht.

Aufgeworfene Fragen
Einige Anspielungen machen neugierig: Wer ist mit dem Mietling gemeint? Wen meinte Jesus mit dem Wolf? Ging es um falsche Propheten allgemein oder eine bestimmte Person? Es fällt auf, daß der Wolf die Herde nur zerstreut, aber nicht tötet. Die Gefahr, die in dem Bild angesprochen wird, klingt nicht abschreckend, nicht endgültig. Was zerstreut ist, kann wieder gesammelt werden. Wer sind die anderen Schafe, die der Hirte noch herbeiführen will? Ob das der Ausblick für eine Weltreligion sein soll? Ist mit dem Stall ein geographisches Gebiet gemeint oder eine Glaubensgemeinschaft? Beobachtet wird, daß der Abschnitt ein guter Werbetext sein könnte. Man ist gezwungen, sich mit dem Inhalt auseinanderzusetzen und die enthaltenen Bilder zu deuten. Der Text macht neugierig.

Wo berührt der Text die Lebenserfahrung?
Eine Teilnehmerin empfindet den Abschnitt als eine große Zusicherung.

»Mir kann eigentlich nichts passieren, auch wenn ich einmal falsche Wege gehe oder wenn Zweifel da sind. Das Bild vom Hirten und Schaf sagt: Ich habe Freiheit und weiß trotzdem, wohin ich gehöre. Lieber bin ich Schaf als ein Hund an der Leine.« Auch die Erfahrung, die Stimme des Hirten zu kennen, aber dann doch nicht auf sie zu hören, gibt es. »Ich gehe dann andere Wege und stelle später fest, daß es gewaltige Umwege sind.« Das ist schmerzhaft, aber gehört zum Leben dazu. Man muß und darf aus den Fehlern lernen. Das Gleichnis vom verlorenen Sohn berührt dieses Thema. Ein Teilnehmer spricht über Abschiede und die Erfahrung, daß sie doch mehr schmerzen als vorher vermutet. Das Schaf wird als kluges Tier angesehen, das auch sein Futter sehr selektiv aussucht.
Ein anderer Teilnehmer sieht den Text in dem Umgang zwischen Sektenmitgliedern, etwa Teufelsanbetern, bestätigt. Da könne es leicht passieren, daß einer fallengelassen wird und die anderen nichts mehr von ihm wissen wollen. Jesus als Hirte bestätigt dagegen das alte Sprichwort: »Wo die Not am größten, da ist der Herr am nächsten.«
Ob das Herbeiführen der anderen Schafe einen Auftrag an uns meint? Dann müßten wir tatsächlich weltweit Mission betreiben. Dies wäre allerdings nicht unproblematrisch. Ein anderer Fragenkreis streift das Bischofsamt. Können Kirchenobere als Hirten angesehen werden? Dies wird eindeutig verneint. Verglichen mit diesem Hirten aus Johannes 10 wäre jeder kirchliche Würdenträger zu menschlich. »Ich würde zwar einen Menschen um Hilfe bitten, aber ich würde einen Geistlichen nie als Hirten bezeichnen.«
Das Bild von den Schafen läßt Raum für Vielfalt, etwa auch in einer Kirchengemeinde. Die Schafe können verschieden gefleckt sein oder es gibt auch schwarze Schafe und doch gehören sie zu der einen Herde.
Ein weiterer Aspekt ist die persönliche Beziehung zwischen dem Hirten und den Schafen. Wenn man Schafe auf der Weide sieht, dann sprechen einen sofort die Lämmer an, weniger die ausgewachsenen Schafe. Zu ihnen gewinnt man keine Beziehung. Der Hirte, der seine Schafe kennt, wird allerdings so eine persönliche Beziehung haben. In dem Kinderbuch »Heidi« wird jedes einzelne Schaf so beschrieben, daß sein eigener Charakter hervortritt. Der Geißenpeter kennt jedes Schaf mit seinen Eigenheiten. Im Kontrast dazu die Erfahrung: eine Gruppe von japanischen Technikern macht eine Betriebsbesichtigung in Deutschland. Alle tragen schwarze Anzüge, viele tragen Brillen. Man spricht mit einem und nimmt sich vor, ihn am nächsten Tag persönlich zu begrüßen. Aber man erwischt garantiert den Falschen.

Was sich die Teilnehmer von der Predigt wünschen.
Sie wünschen sich Auflösung der offengebliebenen Fragen nach dem Mietling und dem Wolf. Hier müßten auch aktuelle Interpretationen in der Predigt vorkommen.

Das Geschenk des ewigen Lebens soll nahegebracht werden. Die Zusage, daß die Schafe des Hirten nimmermehr umkommen werden.
Als Anregung empfiehlt die Runde: den Text nicht einfach vorlesen und darüber predigen. Dazu sei der Text zu anspruchsvoll und zu komplex (was den ersten geäußerten Eindrücken widerspricht; Anmerkung des Verfassers). Beim ersten Zuhören könne man sich nicht alles merken. Besser wäre, ihn passagenweise zu lesen und auszulegen. Gut wäre auch, wenn manche Passagen mehrfach gelesen würden.

Zum Gottesdienst

Frank Niemann

Exegetisch-homiletische Skizze

Mir selbst ist nicht unbekannt, was in den »Annäherungen« beschrieben ist. So ist es häufig mit dem Johannesevangelium: bekannt und doch nicht bekannt, eingängig und doch wiederum auch nicht. Auch hier: Schafe und Hirten - da weiß man eigentlich, wie das »biblisch« läuft. Der 23. Psalm und das Gleichnis vom verlorenen Schaf stehen im Hintergrund. Sie haben Glauben und Erfahrungen von Generationen geprägt. Da fühlt man sich geborgen und ganz zuhause. Und irgendwann kommt der Moment, da wird das Bekannte, das man gut zu kennen glaubt, unter der Feder des Johannes fremd, verwirrend, abstrakt, anspruchsvoll, komplex. Fragen tauchen auf, aber das ganze hat noch Platz für Lebenserfahrungen.
Wenn es dazu kommt, stelle ich mir vor, hat Johannes eines seiner Ziele erreicht: Er, der selbst das Evangelium von Jesus Christus durchdacht hat wie keiner vor ihm, hat Anstoß gegeben weiterzudenken und mit eigenen Erfahrungen zu verknüpfen, was er aufgeschriebn hat. Auf diesem Hintergrund möchte ich auf den »Annäherungen« aufbauend den Text, einen Haupttext des Johannes und der Johanneischen Schule, befragen.
Wenn ich es recht verstehe, dann geht er zunächst in eine andere Richtung als der erste Höreindruck erwarten läßt. Johannes sieht das ganze nicht aus dem Blickwinkel der Schafe (Geborgenheit, Vertrauen), sondern vom Hirten aus. In dem Bildfeld »Schafzucht« bearbeitet er theologisch das Verhältnis Jesu Christi zur Gemeinde. Dabei ist sofort klar, wie die Zuordnung ist: »Der Hirte, das ist der Gott und der Jesus«, die Herde die Gemeinde. Dann aber beginnen die Fragen. Deshalb ein genauerer Blick in den Text. Johannes 10,11-16 (27-30) ist aus traditionellen Bausteinen in einen Kontext (vermutlich noch von ihm selbst oder seiner Schule) eingearbeitet, der von der Auseinandersetzung Jesu mit den Pharisäern bestimmt ist. Diese

entzündet sich in Kapitel 9 an der Heilung eines Blindgeborenen und mündet in Kapitel 11 in den Entschluß, Jesus zu töten. Zentrale Frage ist die Messianität Jesu.
Johannes 10,11 ff. legen die Verse 1–5 allegorisch aus. »Der Hirte in dem Gleichnis bin ich«, läßt Johannes Jesus sagen. Das Bildwort (V. 11) greift auf Ezechiel 34 zurück. Jesus ist der angekündigte Hirte und Messias. Der Hirte ist die Tür zum ewigen Leben. Andere Ansprüche werden abgewiesen. Deshalb wird in den Versen 11–13 der Hirte einem Mietling (Luther-Text) gegenüber gestellt. Ein Tagelöhner ist nicht bereit, die Schafe unter Einsatz seines Lebens zu verteidigen. Weil er an ihr kein elementares Interesse hat, läßt er in der Gefahr die Herde ohne Schutz zurück. Sie wird zerstreut. Der Hirte, dem die Herde gehört, verteidigt sie unter Einsatz seines Lebens und stirbt für sie. »Sein Leben einsetzen/lassen« ist johanneisch und verbindet Inkarnation und Kreuzigung Jesu.
Natürlich ist in der allegorischen Deutung der Hirte mit Jesus gleichzusetzen. Der Wolf ist vermutlich der »Teufel«, der die Gemeinde bedroht. Jesus opfert sein Leben, um die Gemeinde aus der Bedrohung zu befreien.
Wer aber ist mit dem »Mietling« gemeint? Mehrere Möglichkeiten sind denkbar. Der Kontext auf der Ebene des Evangeliums deutet auf die Pharisäer bzw. die Juden. Allerdings ist dabei zu bedenken, daß zu der Zeit, als das Evangelium geschrieben wurde, die Auseinandersetzung mit dem Judentum nicht mehr die bestimmende war. Vermutlich ist es so, daß ein Streit mit Doketen oder/und frühchristlichen Gnostikern schwelt, die in die Gemeinden des Johannes eingedrungen waren oder eindringen wollten. Sie bezweifeln die Menschwerdung Gottes in Jesus Christus. Auf der Erzählebene des Evangeliums sind die Gegener die Pharisäer, die die Messianität Jesu nicht anerkennen und sich deshalb vom Volk Gottes trennen. Durch die Abgrenzung des Predigttextes wird die Gegnerschaft nur indirekt angesprochen.
Festzuhalten ist meines Erachtens, daß Johannes die Gemeinden in ihrer Substanz bedroht sieht. Die Erinnerung und Bindung an den guten Hirten, den Messias, und seinen Sühnetod am Kreuz bewahrt sie in dieser Gefahr davor, ihre Mitte zu verlieren. Das Bild des Mietlings ist formal um des Kontrastes willen gewählt und darf nicht überinterpretiert werden, inhaltlich beschreibt es gerade im Kontrast die enge Verbindung Jesu Christi mit seiner Gemeinde.
Darauf bauen die Verse 14 f., die im Analogieschluß des Verhältnis Jesu zu seinem Vater als »kennen« beschreiben. Wie Jesus die Seinen »kennt« und umgekehrt, »kennt« ihn der Vater und er ihn ebenso. »Kennen« (ginoskein) ist dabei ganz aus der alttestamentlichen Tradition (jdh) kommend ganzheitlich aufzufassen und beinhaltet auch den Aspekt der Erwählung. Es besteht eine ganz enge Gemeinschaft zwischen Vater und Sohn (er wurde erwählt), eine Liebesgemeinschaft zwischen Jesus und seiner Gemeinde (sie wurde erwählt).

V. 16 (»die anderen Schafe«) bleibt offen. Vermutlich sind mit den »anderen« Schafen Heidenchristen gemeint, die aus der Zerstreuung zu den Judenchristen hinzukommen. Vielleicht wirbt Johannes in seinen Gemeinden um Toleranz zwischen beiden.
In Vers 27-30 entspricht dem »Kennen« Jesu das Hören = Folgen der Seinen. Die Nachfolgenden empfangen die Heilsgabe des ewigen Lebens. Niemand kann sie wirklich bedrohen, weil sie als Glaubende in den Heilsbereich Gottes eingetreten sind. Nochmals wird die Einheit zwischen Vater und Sohn betont: »Ich und mein Vater sind eins.« Gott offenbart sich in der Sendung seines Sohnes. Und Gott ist es, dessen Autorität im Sohn sichtbar wird.
Der Text hat in der jetzigen Abgrenzung eine starke christologische und ekklesiologische Ausrichtung. Das »ego eimi« ist Selbstprädikation des Messias. Mehr als Werbung oder Selbstbewußtsein ist es Offenbarung an die zusammengerufene Gemeinde. Es stellt die Einzigartigkeit und Ausschließlichkeit des einzigen guten Hirten heraus. Der polemische Unterton ist unüberhörbar. Die Gemeinde ist die zum ewigen Leben bestimmte, aus der Menge herausgerufene Gemeinschaft, für die der Sohn Gottes sein Leben hingegeben hat. Dabei verdeutlicht Vers 16, wie sehr die unsichtbare über die empirische Kirche hinausgeht. Alle »Hirtenämter« der Kirche sind abgeleitete Ämter aus dem Hirtenamt Jesu Christi und ihm allein verpflichtet. Die Kirche findet durch die Zeiten hindurch allein den *dem* guten Hirten Orientierung und Sinn. Die Gemeinden des Johannes haben das in unruhiger Zeit für unsere Zeit weitergegeben.
In der in Teilen vergleichbaren Gemeindesituationen liegt für mich ein Reiz des Textes. Bekannte Bilder aus unserem Ort (Schafzucht) werden aufgegriffen und für die Gemeinde umgesetzt. Auch wir leben in unruhiger Zeit auf einem »Markt der Möglichkeiten und Unmöglichkeiten«. Alle haben die Freiheit, zu wählen, aber auch den Zwang, Orientierung zu suchen. Hier bietet der Text die Chance mit den Hörerinnen und Hörern ins Gespräch zu kommen. Ich möchte deshalb einen Aspekt des Textes besonders herausheben und die Selbstprädikation Jesu und damit auch den Kontrast zu dem »Mietling« betonen. Ich möchte diese Verse daraufhin befragen, was der gute Hirte für unsere Zeit, für unsere Gemeinde anzubieten hat. Die Predigt kann dabei dem Duktus der im Text angesprochenen Themen folgen.

Vorschläge zur Liturgie

Begrüßung
Liebe Gemeinde, der Sonntag heute trägt den traditionellen Namen »Misericordias Domini«, d. h. die »Barmherzigkeit Gottes«. Gleichzeitig heißt er bei uns auch »Sonntag zum Guten Hirten«. Die Schwerpunkte des Gottes-

dienstes in Lesungen und Liedern laden uns ein, dem nachzugehen, wie dieser »Gute Hirte« für uns in unserer Zeit da ist. Dazu möchte ich Sie heute morgen herzlich willkommen heißen. Wir feiern den Gottesdienst im Namen des Vaters, der uns seinen Sohn gesandt hat, und des Sohnes, der unser guter Hirte geworden ist, und des Heiligen Geistes, der uns an der Gemeinde des guten Hirten Jesus Christus teilhaben läßt. Amen.

Das *Biblische Votum* zum Sonntag sollte gelesen werden, weil es die Schwerpunkte benennt: »Jesus Christus spricht: Ich bin der gute Hirte. Meine Schafe hören meine Stimme, und ich kenne sie, und sie folgen mir; und ich gebe ihnen das ewige Leben.« (Johannes 10,11a.2728a)

Psalmlesung
Psalm 23 (im Wechsel gesprochen entweder von Liturgin/Liturg und Gemeinde oder aufgeteilt nach der jeweiligen Sitzordnung in der Kirche), auch wenn der Psalm einen anderen Akzent setzt als der Predigttext.

Sündenbekenntnis
Gnädiger und barmherziger Gott, wir kommen zu dir und bekennen unsere Schuld:
Die Stimme deines guten Hirten Jesus Christus
haben wir überhört in den vielen lauten Stimmen um uns herum.
Eigene Wege haben wir verfolgt, anstatt ihm nachzugehen.
Eigenes Lebens haben wir gesucht, anstatt dein ewiges Leben für uns anzunehmen.
Wir bitten dich: Vergib uns und öffne uns neue Wege durch deinen guten Hirten, Jesus Christus, unseren Herrn. Amen.

Kollektengebet / Gebet des Tages
Herr, unser Gott, aus ganz unterschiedlichen Häusern rufst du uns zu deiner Gemeinde. Du willst uns begegnen, dein Wort will uns Wege zeigen zum Leben. Wir bitten dich, sei uns nahe in deinem Wort (und Sakrament) durch deinen Sohn Jesus Christus, der unser guter Hirte ist. Amen.

Lesungen
Ich schlage mit Ezechiel 34 (in Auswahl) die Lesungen aus dem Alten Testament vor, die zum Evangelium (= Predigttext) den notwendigen Verstehenshorizont liefert. Wenn der Predigttext schon als Evangelium gelesen wird, können in der Predigt einige Passagen des besseren Verständnisses wegen wiederholt werden.

Fürbittengebet
Gott,
wir bitten dich für alle,
die auf der Suche sind nach Orientierung für ihr Leben,

also auch für uns,
daß in der Stimme des guten Hirten Wege und Ziel deutlich werden läßt.
Gemeinsam bitten wir dich:
Gemeinde: Herr, erbarme dich (EG 178.10)
Wir bitten dich für die Selbstsicheren, die immer genau wissen, was richtig ist,
also auch für uns,
daß die Stimme des guten Hirten neues Denken ermöglicht.
Gemeinsam bitten wir dich:
Gemeinde: Herr, erbarme dich (EG 178.10)
Wir bitten dich für alle Zweifelnden, die den richtigen Weg nicht mehr wissen,
also auch für uns,
daß die Stimme des guten Hirten den Zweifel überwinden hilft.
Gemeinsam bitten wir dich:
Gemeinde: Herr, erbarme dich (EG 178.10)
Wir bitten dich für deine Kirche und deine Gemeinden,
also auch für uns,
daß die Stimme des guten Hirten ihr Mittelpunkt bleibt.
Gemeinsam bitten wir dich:
Gemeinde: Herr, erbarme dich (EG 178.10)
Wir bitten dich für unsere Welt mit ihren vielen unterschiedlichen Stimmen,
daß die Stimme des guten Hirten an vielen Orten Gehör findet
auch bei uns,
und Leben in ewiges Leben verwandelt,
auch für uns.
Gemeinsam bitten wir dich:
Gemeinde: Herr, erbarme dich (EG 178.10)
Gemeinsam beten wir zu dir, wie Jesus Christus, dein guter Hirte, uns gelehrt hat:
Vater unser …

Lieder
Nun singe Lob, du Christenheit (EG 265), Strophe 4: »Du guter Hirt, Herr Jesus Christ«
Der Herr ist mein getreuer Hirt (EG 274)
Such, wer da will, ein ander Ziel (EG 346)
Ich weiß, woran ich glaube (EG 357,1.4.5; das Lied müßte aber wohl kommentiert werden)
Vertraut den neuen Wegen (EG 395)
Laß mich dein sein und bleiben (EG 158)

Vorschlag zur Predigt

Möglicher Anfang
Liebe Gemeinde,
Bilder von Schafhirten und ihrer Herde sind uns bekannt. Bei uns in Arpke wird deutlich, daß Schafzucht nichts mehr mit Heideromantik zu tun hat. Schafzucht war und ist ein Erwerbszweig auf einem hart umkämpften Markt. Schäfer und Schäferin (wie bei uns) haben tagaustagein alle Hände voll zu tun. Kümmern sich um Krankheiten, Futter, um die Schur, die Lämmer. Sie müssen ihre Schafe genau kennen.
Auch zur Zeit des Alten und Neuen Testaments war das ein harter Jub: Es gab keine abgezäunte Weide, die Hirten zogen mit ihren Herden von Weideplatz zu Weideplatz, zu Wasserstellen, mußten sich mit Konkurrenz auseinandersetzen. Abends wurden meist mehrere Herden in einen Pferch gesperrt, zum Schutz vor wilden Tieren oder Dieben. Morgens dann wurde die Tür geöffnet und der Hirte rief seine Tiere mit Lockrufen heraus. Die Schafe kannten seine Stimme und folgten ihm – aufs Wort. Gefährlich war dieser Job wegen der anderen Hirten und vor allem wegen der wilden Tiere: Wölfe, Schakale, Bären, sogar Löwen. Manchmal unter Einsatz seines Lebens mußte ein Hirte die Herde verteidigen, sie war ja seine Existenzgrundlage. Bei den großen Grund- und Viehbesitzern mußten für die Herden Hirten gemietet werden. Ihnen gehörte die Herde nicht. Sie waren angestellte Tagelöhner, die für nur geringen Lohn arbeiteten.
Auf diese Situation, liebe Gemeinde, spielt der Abschnitt aus dem Johannesevangelium an, der vorhin gelesen wurde. Aufgeschrieben wurde er in christlichen Gemeinden, die Orientierung suchten in unruhiger Zeit. Und so schreibt Johannes: *Johannes 10,11–16 werden gelesen.* Die Gemeinden des Johannes werden sich darin wiedergefunden haben, liebe Gemeinde. »Jawohl, so ist es«, werden sie gedacht haben. »Unser Guter Hirte Jesus hat sein Leben für seine Herde, für uns, gegeben. Mit Fug und Recht kann er deshalb sagen: Ich bin der gute Hirte.« Für die Gemeinden damals ist er der gewesen, der sie zusammengehalten hat, der sie gerettet hat durch seinen Tod. Er ist der, der sie kennt und sie folgen ihm.
Es war ein Verhältnis, wie ich es vorhin beschrieben habe zwischen Hirt und Herde. Und die Gefahren, in denen der Hirte die Herde schützt? Gibt es die für eine Gemeinde ebenfalls? Wie war das bei den Gemeinden des Johannes?
Die größte Gefahr der Herde bestand darin, wenn sie ihren Hirten aus den Augen verlor. Dann war sie allem schutzlos ausgeliefert und wurde zerstreut. Für die damaligen Gemeinden hieß das: Es gibt um uns herum so viele verlockende Angebote, verlockende Stimmen. Manche sagen: Unsere Götter zeugen euch, was Leben bedeutet. Sie sind wie wir. Opfert ihnen und lebt wie ihr wollt. Tut das Gute und das Schöne, sagten andere. Die Götter haben sich zurückgezogen. Sie lassen euch euren Willen.

Aus manchen christlichen Gemeinden kamen Stimmen, die sagten: Jesus ist nur zum Schein Mensch gewesen. Er brauchte nicht zu leiden und ist auch nicht wirklich am Kreuz gestorben. Die, die an ihn glauben, gehören schon ganz zur Welt Gottes. Sie haben schon alles erreicht. Vergebung haben sie nicht mehr nötig. Wozu gemeinsam Gottesdienst feiern? Wir können auch so glauben. Wozu noch Abendmahl feiern? Uns ist alles vergeben, und Gemeinschaft haben wir nicht nötig.
Es waren unruhige und gefährliche Zeiten für die christlichen Gemeinden. Viele Glaubensströmungen trafen sich, zumal in den großen Städten. Und die Gemeinden des Johannes waren froh, daß der gute Hirte sie zu sich gerufen hatte in die Gemeinde. Wenn sie von ihm hörten: »Ich bin der gute Hirte!«, also nicht irgendeiner, sondern der einzige, dann konnten sie sich daran halten. Sie waren gewiß: das Vertrauen zu diesem Hirten würde nicht enttäuscht werden. So hatten sie es erfahren. Er hatte ja mit seinem Leben bezahlt. Er war der einzige glaubwürdige Hirte, deshalb folgten sie ihm nach. Dieser Hirte war in jeglicher Bedrängnis nahe und ließ sie nicht im Stich, wie die falschen Prediger oder Propheten, die Mietlinge.
So wie ich mir, liebe Gemeinde, diese Zeit der Gemeinden damals vorstelle, war sie in manchen Dingen unserer Zeit ähnlich. Wir leben auf einem Markt der vielfältigen Glaubensangebote und verknappten Religionen. Und zwar außerhalb und in Konkurrenz zum christlichen Glauben. Viele bieten Lebenshilfe an und versprechen Erfüllung und Glück. Von den Ratgeberseiten in Zeitschriften bis hin zu den Horoskopenschreibern. Da wird nicht nur Rat gegeben, sondern mehr vermittelt: Glückliches Leben ohne Schwierigkeiten oder das Meistern der Zukunft - aus eigener Kraft.

Im weiteren Verlauf könnten angesprochen werden:
Sport - an sich eine gute Sache, aber manchmal werden Grenzen überschritten. Fußball bekommt manchmal religiöse Züge. Fangemeinden mit ihren Hymnen, Spieler betreten den »heiligen« Rasen, sie werden verehrt und angebetet. Erfüllung und Glück winken den Fans der Sieger, für einige Zeit wenigstens.
Formel 1-Rennen: Vielleicht die Ersatzreligion derer, die sich rücksichtlos durchsetzen? »Hauptsache clever!« ist die Botschaft ihrer Propheten in den schnellen Autos.
Werbung preist nicht ein Produkt an, andere sind ja genauso gut, sondern sie lockt: mit Freiheit oder Ausdauer und Exklusivität. Viele Botschaften werden weitergegeben in einer Religion der Jugendlichen, lächelnden, coolen oder ganz locker gelösten Typen. Von »ich bin so frei« über »die Freiheit nehm ich mir« bis zur »zarten Versuchung«: Religion allenthalben.
Diese Themenfelder müßten so angesprochen werden, daß ihre »Verlockung« deutlich wird, ihre Einladungen, ihre Identifikationsangebote. Wir leben ganz selbstverständlich mit ihnen und lassen uns auf vieles ein. Hörerinnen und Hörer

sollen nicht entlarvt werden, sondern eigene Erfahrung bringt mich mit ihnen ins Gespräch.

Möglicher Schluß
Unendlich viele religiöse Angebote in unserer Welt. Viele, die ihre Stimme erheben und behaupten: So ist Leben, so ist es gut und richtig. Manchmal fällt es mir schwer, die Stimme des einzigen guten Hirten herauszuhören unter den unendlich vielen Stimmen. Dann glaube ich gern an das, was mir vorgegaukelt wird. Manchmal, aber nicht immer, werden diese Stimmen schnell als Mietlinge entlarvt, die bei erstbester Gelegenheit davonlaufen, sich als schöner Schein erweisen und enttäuschen. Dann nämlich, wenn die Stimme des guten Hirten bei mir durchdringt.
Der gute Hirte, Jesus Christus, steht für sein Angebot ein. Sein Angebot: Er kennt uns und gibt uns ewiges Leben. Leben, dem auch der Tod letztlich nichts anhaben kann. Ewiges Leben, das schon hier beginnt. Das dort beginnt, wo ich auf meinem Weg gemeinsam mit anderen dem guten Hirten vertraue und ihm folge. Ewiges Leben, das schon hier Gemeinschaft heißt und sinnerfülltes Leben. Wo die Suche an manchen Stellen ans Ziel kommt. Wo ich keine Angst vor der ungewissen Zukunft haben muß bzw. mit meiner Angst nicht allein bin, weil Gott mich kennt. So schreibt es Johannes: (Vers 27–30 lesen).
Gut, liebe Gemeinde, daß ich heute so deutlich auf die Stimme des guten Hirten hingewiesen werde. Ist er tatsächlich der gute Hirte für uns? Wie läßt sich das feststellen? Nur indem ich ihm folge. Indem ich auf dem Weg, den ich zu gehen habe, nach ihm frage. Mich an dem orientiere, was er gesagt hat und ihn um Vergebung bitte, gemeinsam mit denen, die mit mir unterwegs sind. Der Weg mit dem guten Hirten trägt die Verheißung des ewigen Lebens in sich. Er hat dafür sein Leben gegeben. Amen.

Kontexte

Buch und Film »Die Welle« (von Morton Rhue, erschienen z. B. als Ravensburger Taschenbuch, Band 1501, Ravensburg 1985) beschreiben einen Versuch in einer amerikanischen Schule: ein Lehrer, der mit Schülern über den Nationalsozialismus diskutiert, entwickelt eine System von Unterordnung und Anerkennung mit den Parolen »Macht durch Disziplin, Macht durch Gemeinschaft, Macht durch Handeln«. Schritt für Schritt verführt er die, die vorher sagten »Bei uns kann so etwas nicht geschehen«, zu einer faschistoiden Gemeinschaft mit überdeutlichen Parallelen zum Nationalsozialismus und entlarvt diese zum Schluß.
Ein Probelauf mit dem Predigttext fand zu Misericordias Domini 1995, gleichzeitig der 50. Todestag Adolf Hitlers, statt. Einige Zeitschriften hatten zu diesem Zeitpunkt seine letzten Tage und Worte gegen die nunmehr »unterlegene und damit minderwertige deutsche Rasse« dargestellt. Diese flossen zum Themenbereich »Mietling« ein.
Angeregt durch das Bonhoeffer-Gedenken, ebenfalls 1995, einige Sätze aus Dietrich Bonhoeffers Meditation »Der gute Hirte und seine Gemeinde« von Misericordias

Domini 1940 (GS IV, S. 486-491, zit. nach D. Bonhoeffer, Predigten Auslegungen Meditationen 1925-1945, Band I, hrsg. von O. Dudzus, Chr. Kaiser Verlag, München 1985, S. 317 ff.): »Ich bin' - damit wird deutlich, daß nicht von Hirten und ihrer Arbeit im allgemeinen die Rede sein soll, sondern von Jesus Christus allein. Ich bin der gute Hirte - nicht ein guter Hirte, ... Alles übrige Hirtenamt in der Kirche Jesu Christi setzt nicht neben den guten Hirten einen zweiten oder dritten, sondern läßt allen Jesus den guten Hirten der Gemeinde sein ... es ist sein Hirtenamt, an dem die ›Pastoren‹ teilnahmen, oder sie verderben das Amt und die Herde ... Jesus, der gute Hirte, hat die Seinen auch dort, wo wir es am wenigsten meinen, wo bisher nichts als Gottesleugnung und Götzendienst. Jesus gehört nicht nur uns und er ist nicht auf uns angewiesen. Das ist der Kirche zur Warnung vor Überhebung und zum Trost gesagt ... Es wird die Vollendung der Gemeinde Jesu sein, wenn sie alle seine Stimme hören.« Zum Thema des Sonntags und des Textes schreibt er: »Die Beziehung des Evangeliums auf den Sonntag Misericordias Domini wird meist so gesucht, daß von der Barmherzigkeit des guten Hirten gepredigt wird. Das gibt jedoch dem Text eine Wendung, die geeignet ist, ihm in seiner Eigenart nicht mehr ganz erkenntlich werden zu lassen ... Es ist also nicht als geraten anzusehen, den Sonntagsnamen thematisch für die Predigt auszuwerten.«

Jubilate

Annäherungen an den Predigttext Johannes 15,1-8

Helmut Zeilinger

Äußerungen in einem Bibelgesprächskreis von 12 Frauen und Männern der Gemeinde: Rentner, Naturwissenschaftler, Hausfrauen, Psychologen ...

- Das ist eins der sehr bekannten Bibelworte. Wird's nicht oft in der Gottesdienstliturgie zitiert? Oder als Konfirmationswort. Oder als Taufzusage »Du bist mein« - ähnlich wie's V. 16 sagt: »Ich habe dich erwählt«.
- Wenn ich diesen Text auf mich wirken lasse, fällt mir ein, wie oft Menschen, nicht nur Jugendliche, fragen: Was bringt's!? ... eben auch das Christsein.
- Tröstlich ist, daß »Frucht« verheißen wird, wo vieles um uns herum kaputt geht. Auch in der Kirche. Im Konfirmandenunterricht und so.
- Wir müßten überlegen, was uns der Text jetzt in diesem Augenblick konkret bedeutet. Wie sieht in der und der Situation die »Frucht der Liebe« aus?
- Wenn ich da an die römische Kirche denke, wie die drei Bischöfe zitiert wurden, die wiederverheiratete Geschiedene zum Abendmahl zulassen wollen! Oder wie mit dem französischen Bischof umgegangen wird, der doch wie Jesus die Außenseiter im Blick hatte!
- Also, daß es sich da in der Kirche um »edle« Gewächse und Früchte handeln könnte, hat sich im Blick auf viele Erfahrungen doch schon ganz schön verschoben! Wenn ich an all die Thron-und-Altar-Verirrungen denke. Das wird doch täglich neu aktuell.
- Der Text war auch mir gut bekannt bis auf die Sätze vom »Verdorren, Wegwerfen, Verbrennen«. Das ist mir unsympathisch. Wo ist da die »Gnade«? Was passiert mit den Menschen, die sich »lösen«? Wenn's nur »Verdorren« hieße; aber »Verbrennen« klingt schaurig nach Zorn, Strafe und »Fegefeuer«.
- Das mit dem »Fegefeuer« können wir ja wegdrücken. Aber sonst: Machen wir's uns oft eben nicht zu leicht? Das Bild ist doch nachvollziehbar: Ohne den Kontakt mit dem Weinstock fehlt der Rebe die Lebensenergie. Sie wird »eingehen« wie die Blume, die kein Wasser hat. Holen wir uns also aus Texten wie diesen immer nur das raus, was uns paßt?

– Aber daß der »Gärtner« geschildert wird als einer, der aktiv zerstört! Der Gärtner, der doch pflanzt, hegt und pflegt!
– Jesus sagte doch aber: Ich bin gekommen, zu retten und nicht zu richten.
– Ich kann mir nicht vorstellen, so fehlerlos zu sein. Ich bin doch auch nur ein Mensch.
– »Rebe sein ... Frucht bringen ... bleiben ... tun ... sonst weggeworfen werden ...«: Ich reagiere aggressiv auf das alles. Ich kann doch nicht immer sinnvoll sein, unter Druck stehen zu leisten und zu produzieren. Und dann noch unter solcher Perspektive, weggeworfen zu werden, wenn nichts »herauskommt«!
– Für mich ist's ein wunderschönes Bild: Ich brauche eben nicht alles aus mir selber zu tun. Ich bring's ja auch gar nicht fertig. Das Primäre geht nicht von uns aus.
– Mir fällt die »Abhängigkeit« auf: die der Rebe vom Weinstock und eigentlich auch die des Weinstocks von der Rebe. Was wäre er ohne sie! »Ohne sie kann er nichts tun«?
– Das berührt den »Zusammenhang« zwischen uns Christen und dem, was wir von Jesus wissen. Das ist einerseits ermutigend, andererseits aber auch anstrengend für uns. – »An Jesus bleiben«: Besteht nicht die Gefahr, daß man da überheblich wird, wenn man das für sich in Anspruch nimmt? Bei all solchem Vorhaben bleibe ich doch ich selbst und werde dadurch nicht etwa auch ein »heiliges Wesen«.
– Ich muß aber gar nicht alles selbst bewerkstelligen. »Sein Wort« (V. 3) kann mich ohne mein Zutun verändern.
– Was heißt »an ihm bleiben«? Kann ich auch sagen: Ich bleib' dabei? Also z. B. in der Kirche trotz allem, was mir auch da schwerfällt. Oder: Ich bleibe, auch wenn andere widersprechen und andere Akzente setzen, dabei, daß mir dies und das an Jesu Lebensweise wichtig ist. Dann sind meine Wünsche und Vorstellungen schon nicht mehr beliebig. Dann wünsche ich mir z. B. Kraft und Mut für den nächsten Tag; Kraft, mich um den Nächsten zu kümmern.
– In »seiner Gedankenwelt« sein: das klingt aber sehr abgehoben! Und doch könnte es unsern Alltag berühren.
– Durch Jesus kommen wir zu wirklichem Menschsein. Ich werde sein »Teilhaber«.
– Wie wohl Kranke auf V. 7 reagieren, daß alles passiert, worum gebetet wird?
– Mir sagte jemand: Du mußt nur richtig beten, dann klappt's mit dem Gesundbleiben.
– »Was ihr wollt«? Und Hiob? Und Auschwitz? Und zudem: In jedem Krieg wird Gott auf *beiden* Seiten um Sieg angebetet! Mit solchen Worten darf also nie »missioniert« werden!
– Ich denke an etwas anderes. So einen Text in den Weindörfern am Kaiserstuhl zu predigen, ist doch problematisch ... wegen der Assoziationen zu

diesen Bildern: Heute *darf's* ja gar nicht so viel »Frucht« geben! Die Menge ist von der EU festgelegt. Die setzt sogar einige Prozente der Agrar-Haushaltsmittel ein, um Lebensmittel zu vernichten! Insoweit haben wir heute ganz andere Lebenserfahrungen, als sie damals hinter dem Text stehen mögen.
- Bei »Weinberg« fällt mir nicht nur der Kaiserstuhl ein. Dies Bild gehört doch landschaftlich und theologisch zu »Israel«. Ich denke an das Weingärtner-Gleichnis. Oder an das Weinberglied in Jesaja 5. Und dann habe ich Angst vor antijüdischen Assoziationen.
- Ja, und all diese »Ich bin«-Worte fallen den Juden doch so schwer!
- Ist Jesus hier nicht zu ausschlaggebend gezeichnet? Mir ist die Vorstellung lieber, daß er eher der »Weg zu Gott« ist.
- »Fruchtbringen« heißt doch: die Traube ist nicht für sich selbst da. Ich werde zum »Lebensmittel« für andere. Ich denke da an Martin Luther King und wie er mit seinen Leuten zuerst im Gottesdienst war. Da haben sie einander ermutigt, auf die Straße zu gehen und dort auch gewaltfrei zu bleiben.
- Ähnliches hat sich doch auch in Leipzig in der Nikolaikirche zugetragen.
- Ist die christliche Gemeinde - wie wir das erleben - nun Selbstzweck? Oder Lebensmittel für andere?
- Gut, daß es am Schluß heißt: »Ihr *werdet* meine Jünger«. Vielleicht auch im Sinn von »Werde der, der du bist«.
- Dann könnte man V. 7 ja vielleicht auch so wiedergeben: »Ihr werdet bekommen, was ihr braucht«?

Zum Gottesdienst

Christian Kollath

Exegetisch-homiletische Skizze

Tausendmal gehört, tausendmal ist nichts passiert - das fiel mir zu dieser traditionellen Evangeliumslesung am Sonntag Jubilate als erstes ein. Und es entspricht der allerersten Äußerung, die in den »Annäherungen« von Helmut Zeilinger berichtet wird. Das gilt besonders für Gemeinden, in denen einzelne Sätze dieses Abschnittes bei der Aussendung nach dem Abendmahl regelmäßig wiederholt werden.
Und es erscheint mir *ein* möglicher Zugang zu sein, nämlich das vertraute Bild vom Weinstock und den Reben nicht weiter zu problematisieren, sondern die Eingängigkeit und Vertrautheit zu nutzen, indem ich es nachsprechend predige. Ich stelle mir eine Predigt vor, die für die (eher konservativ geprägte) Kerngemeinde im wahrsten Sinne des Wortes erbaulich ist, der

Vergewisserung und Glaubensgewißheit dient durch die grundlegenden Themen »Lebenskraft durch Gott« und »Bleiben in Jesus«. Wem das eine reizvolle und angemessene Idee für den Predigtabschnitt ist, der muß nicht unbedingt weiterlesen.
Ich selbst habe nämlich diese »Unschuld« bei längerer Beschäftigung mit dem Abschnitt verloren, was zur Folge hatte, daß ich durch eine Menge Ablehnung gegen dieses Bild hindurch mußte, bis schließlich wieder ein produktiver Umgang in den Blick kam!
Der Reihe nach: Exegetisch herrscht große Übereinstimmung, daß wir hier eine »Kirchliche Redaktion« der johanneischen Gemeinde (Schule) vorfinden. Als Sitz im Leben wird immer häufiger angenommen, daß es sich um eine Situation der Bedrängnis dieser Gruppe handelte. Unter massivem religiös-politischen Druck verließen zunehmend mehr Menschen die Glaubensgemeinschaft. In dieser Lage beschwört der Text, daß nur im Bleiben das wahre Leben gefunden werden könne. (Man könnte hier natürlich Parallellen zu unserer jetzigen Lage der vielen Kirchenaustritte ziehen, aber sie scheinen mir im Detail so schief und schräg, daß ich darauf nicht eingehe.) Nun gut, so weit. Es gäbe auch noch interessante Einzelaspekte zu erwähnen, die johanneische Theologie zu beschreiben und viel Richtiges zu sagen. Und immer raumgreifender wurde in mir das Gefühl, daß alles, was sich um dieses Bild rankt, mich nicht in Bewegung bringt, sondern langweilig und richtig, ja sogar richtig langweilig ist. Hinzukommen Widersprüche zwischen dem Bild und unserer heutigen Lebenswirklichkeit, die demotivierend sind.
Wer sich heute, zumal aus der mittleren Generation, auf die Suche nach gelungenem Leben macht, probiert auch religiös gesehen dieses und jenes, um den ihm angemessenen Weg zu finden. Typisch dafür ist die anrührende Formulierung von Renan Demirkan in ihrem Buch »Schwarzer Tee mit drei Stück Zucker« (Kiepenheuer & Witsch, Freiburg i. Breisgau 1991, S. 46), wie sie zu ihrem ungeborenen Kind sagt: »Ich hab' für uns mehrere Götter ausgewählt.« Sie streichelt den Bauch. »Ich glaube nicht, daß nur einer allein die Menschen zur Vernunft bringen kann. Ich bin überzeugt, daß die vielen sich irgendwann zusammensetzen und die Friedenspfeife rauchen werden. Dann wird jeder von ihnen den alleinigen Anspruch auf die einzige Wahrheit aufgeben, und man wird aus jeder Religion das Schönste für uns aussuchen. Sicher werden sie bei der Suche sehr viel Tabak brauchen und viele Pfeifen heiß rauchen. Aber du wirst sehen, sie werden sich einigen, und das Ergebnis wird ein wunderbarer, würdiger Götterbund sein, eine neue Religion mit mehr Rechten und weniger Pflichten als die vorherige. Dann werden wir mit dem christlichen Tatendrang aufwachen, in liebevoller, moslemisch gelassener Art die klugen jüdischen Weisheiten leben und abends mit der Hoffnung auf Wiedergeburt in Buddhas Schoß einschlafen. Was meinst du, mein Engel, was das für schöne Träume gibt.«

Der Predigtabschnitt hingegen lebt von Ausgrenzung und dem Wissen, welcher Weg der allein selig machende ist. Das turnt ab, macht eng.
Die Zuspitzung auf den zentralen Vers 5 läßt mich innerlich protestieren. Vor 18 Jahren war ich in einem Familiengottesdienst, in dem der diensthabende Kollege die versammelte Gemeinde ca. 20mal als Kehrvers immer wiederholen ließ: »Ohne Jesus kann ich nichts tun.« Schon damals hatte ich erhebliche Zweifel, ob die Aktion im Sinne Jesu war. Es atmete den Geist von Suggestion und großer Ängstlichkeit. Angst kommt mir überhaupt aus dem ganzen Abschnitt entgegen wie eine Welle, die mich zu überspülen droht.
In diesem Vers 5 geht der Verfasser ja sogar so weit, daß er die Wirksamkeit Gottes, die notwendige Voraussetzung ist, um überhaupt Frucht zu bringen, noch nicht einmal innermenschlich (anthropologisch), sondern ausschließlich christologisch beschreibt. Hier scheint mir das Gleichgewicht von Eigenverantwortlichkeit des Menschen und Heilstat Gottes doch einseitig abgestürzt zu sein. Ich frage mich, welche Funktion die Drohung in Vers 6 noch hat, wenn mir vorher die Möglichkeit einer Wahl eigentlich schon abgesprochen worden ist.
Andererseits brachte mich gerade dieser Zusammenhang wieder zurück *in* das Bild. Wie verhält es sich eigentlich mit den Reben? Bringen sie automatisch Frucht? Plötzlich spürte ich ein wachsendes Interesse – von der Übertragung einmal ganz abgesehen –, den inneren, biologischen Abläufen des Bildes nachzugehen. Den ZuhörerInnen Jesu und Menschen bei uns in Weinanbaugebieten ist das sicher bekannt und vertraut, mir aber war es das nicht. So machte ich mich in einem Gartenbuch schlau, sah mir Fotos an und erfuhr eine Menge über Weinanbau.
Im Bild, in der Geschichte selbst ist Spannung und Leben enthalten, Wachstum und Vergehen, Ge- und Mißlingen, Sorge und Bemühen, Ertrag und Verlust – und das Ganze recht unpathetisch dargestellt in einem Bild aus der Pflanzenwelt.
Mich mit meinen bisherigen Lebenserfahrungen in Beziehung zu setzen zu der Lebenswirklichkeit in dieser Geschichte – das fand ich lohnend, dem wollte ich nachgehen und tat es auch. (Nachdem alles fertig war, stellte ich erstaunlich viele Parallelen zur »Exegese von unten« fest, wie sie in den »Annäherungen« von Helmut Zeilinger zum Ausdruck kommt.)
Man könnte alles Folgende einschließlich des Predigtvorschlags für die Predigtmeditation ansehen und der Meinung sein, daß die Predigt selbst sich mit den dann daraus ergebenden moralisch-ethischen Übertragungen und Konsequenzen beschäftigen müßte. Ich hingegen glaube, daß sich »die Moral der Geschicht'« jedem Zuhörer selbst erschließt, wenn es gelingt, ihren Inhalt und ihre Dynamik zu entfalten.
Als Personen kommen in dieser Geschichte vor: Jesus, Gott, die ZuhörerInnen (die später in zwei Gruppen aufgeteilt werden, nämlich die Gruppe derer, die bleiben und die Gruppe derer, die sich trennen). Auf der

Bildebene »spielen eine Rolle«: der Weinstock, der Gärtner, die Rebe, die Frucht, verdorrte Reben und das Feuer. Als weitere, implizite Rollen ließen sich nennen: die Arbeit (des Weingärtners), die Reinheit, das Wort, das Bleiben, das Wachstum bzw. Frucht-Bringen, das Sich-Trennen, das Verdorren, das Verbrennen, das Bitten, die Verherrlichung (Gottes) ...
Wer einen Bibliodrama- oder Predigtvorbereitungskreis hat, kann die Mitglieder bitten, sich eine Rolle auszusuchen, sich mit ihr zu identifizieren und dann zu erzählen, wie es einem in der Rolle ergeht, bzw. mit den anderen ins Gespräch zu kommen. Gelingt das, und traut die Gruppe sich das zu, kann dieses »Spiel«, können diese Dialoge im Gottesdienst als Predigt wiederholt werden.
Daß das nicht für jeden praktikabel ist, zumal dann nicht, wenn man sich nach einer harten Woche am Samstag an die Predigtvorbereitung setzt, fahre ich anders fort. Ich versuche, den Gemeindemitgliedern in der Predigt diese eben angedeutete Möglichkeit zu geben. Jeder, so wie er da ist, soll Gelegenheit bekommen, sich in die Personen und die Dramatik der Geschichte hineinzuversetzen, um - hoffentlich - in dieser Begegnung etwas für sein jetziges Leben mitzunehmen.

Vorschläge zur Liturgie

Am Sonntag Jubilate ist es in einigen Gemeinden Tradition, Konfirmationen zu feiern. In anderen Gemeinden ist es üblich, daß der Chor singt. Dementsprechend muß dann natürlich die Liturgie gestaltet, mit dem Kirchenmusiker abgesprochen und die Begrüßung formuliert werden.

Biblische Lesungen
In einem »normalen« Gottesdienst ist zum Eingang Psalm 66,1-9 vorgeschlagen. Er scheint mir mehr zum Sonntag Jubilate zu passen als zum Predigttext, aber das mag ja auch seine Berechtigung haben.
Die Epistel 1. Johannes 5,1-4 unterstreicht die Aussage vom Weinstock und seinem Gärtner, vom Sohn und Vater sowie uns, den Kindern Gottes, denen es gelingen kann, mit dem Willen des Vaters identisch zu sein.

Lieder
- Als erstes dachte ich an das sehr schöne Lied »In dir ist Freude in allem Leide«, EG 398, das in der Formulierung »an dir wir kleben im Tod und Leben« geradezu ein Augenzwinkern erzeugt.
- »Wir pflügen und wir streuen den Samen auf das Land«, EG 508, ist vielleicht nicht in allen Gemeinden bekannt, könnte aber für diesen Anlaß vom Kirchenmusiker eingeübt werden.
- Außerdem eignen sich: »Bei dir, Jesu, will ich bleiben«, EG 406 und »Zieh ein zu deinen Toren«, EG 133.

- Als Schlußlied des Gottesdienstes: »Bewahre uns, Gott, behüte uns, Gott«, EG 171.

Kollektengebet
Guter Gott,
ich danke dir, daß ich hier im Gottesdienst sein kann. Ich danke dir, daß ich mich heute morgen beim Aufwachen körperlich so gut fühlte, daß ich rechtzeitig aufstehen konnte, Verdauung hatte und den Weg hierher in die Kirche gut schaffen konnte. Ich freue mich, gemeinsam mit den anderen dein Wort zu hören. Für alle, die geknickt, bedrückt und beladen hier sitzen, bitte ich dich, daß du ihnen mit diesem Gottesdienst den Rücken wieder gerade machst und sie aufrichtest. Stärke du uns alle mit deiner Liebe für unseren Alltag. Das bitte ich dich im Namen unseres Bruders Jesu Christi, der mit dir und dem Heiligen Geist lebt und regiert von Ewigkeit zu Ewigkeit. Amen.

Fürbittengebet
Guter Gott,
wir bitten dich für uns selbst und für alle Menschen dieser Erde,
die erfahren müssen, wie es ist, sich von dir und der Welt verlassen zu fühlen. Bitte, Gott, gib uns auch dann Zeichen deiner Nähe, deines Mitleidens, deiner Sympathie.
Wir bitten dich für die Menschen, die sich in der Rolle der Reben wiederfinden, die keine Frucht bringen. Für Menschen, die unter brutalen und lieblosen Bedingungen aufwachsen, für Menschen in den vielen Kriegsgebieten dieser Welt, die sich nicht den Luxus leisten können, zu überlegen, wie sie Frucht bringen, sondern nur dafür kämpfen, die nächsten Minuten zu überleben. Gott, schenke ihnen die Gewißheit, daß du sie nicht wegnimmst, sondern bei ihnen bist, sie am Leben erhälst und ihnen deine Kraft gibst.
Wir bitten dich für alle, die sich - aus eigener Schuld oder auch nicht - von dir, der Quelle des Lebens entfernt haben. Rechne die Schuld nicht an oder auf, sondern beschenke sie mit deinem neuen Leben.
Guter Gott, wir bitten dich um ein Leben, das wie fruchtbringende Reben an deinem Weinstock ist. Wir wünschen uns, mit deiner Kraft in deinem Sinne Frucht zu bringen. Erfülle uns dazu mit deinem Geist und deiner Liebe. Amen.

Vorschlag zur Predigt

Möglicher Anfang
Liebe Gemeinde, wie ist es Ihnen mit dem Predigtabschnitt ergangen, den Sie vorhin als Evangeliumslesung gehört haben? Ich empfinde ihn wie eine warme Dusche. Er plätschert wie warmes Wasser angenehm über die Haut, was sich wohlig anfühlt, mich innerlich aber eigentlich nicht erreicht, eben nicht unter die Haut geht.

Deshalb las ich ihn noch einmal Satz für Satz. Ich ließ die Bilder, Personen und Rollen dieser Geschichte auf mich wirken und versuchte, mich mit ihnen zu identifizieren. Dazu lade ich Sie jetzt auch ein.

Zum weiteren Verlauf

(An dieser Stelle wird man sich entscheiden müssen, ob man als strukturelle Grundlage der Predigt a) die Personen(gruppen) der Geschichte, b) die Rollen auf der Bildebene oder c) die impliziten Rollen wählen will. Für die Klarheit beim Zuhören und die Länge der Predigt sollte man sich wohl für eine der drei Möglichkeiten entscheiden. Um mehr Anregungen bieten zu können, mache ich mit einer Mixtur aus a) und b) weiter.)

- »Ich bin der wahrhaftige Weinstock«, sagt Jesus. - Jesus, der Mensch aus Fleisch und Blut, der Wanderprediger damals in Israel. Ich stelle ihn mir vor, wie ich ihn aus Filmen oder Abbildungen kenne. Ich erinnere mich an meine Israel-Reise, an die Landschaften, an die Orte, das Klima, das Lebensgefühl der zwei Wochen, die ich dort verbracht habe, und die meine Vorstellungen prägen. Vor meinem inneren Augen sehe ich ihn dort predigen, heilen, zuhören, wüten, trösten, lieben, trauern, genießen, suchen, kämpfen - also leben, leben in der damaligen Zeit mit seinen Freundinnen und Freunden, mit seinen Zielen und seinem Glauben ...

Ich versuche, mich in ihn hineinzuversetzen. Ich, als Jesus, der von sich sagt: »Ich bin der wahrhaftige Weinstock.« Ich bin sozusagen das Ganze, der Stamm, die Pflanze selbst, der Weinstock, und zwar der wahrhaftige. Mir stockt sofort der Atem. Könnte ich das von mir sagen? Welch ein Selbstbewußtsein drückt sich darin aus. Bei Jesus nennt man das wohl »Vollmacht«. »Ich bin der Weinstock.«

Aber wenn ich das von mir sage, klingt es mir mehr wie pastorale Überheblichkeit, bzw. ich verdächtige mich, wieder einmal meinen Allmachtsphantasien und -wünschen erlegen zu sein.

Jesus sagt das so von sich, und ich versuche, dieses Lebensgefühl genauer nachzuempfinden: Ich bin hier, ich stehe hier wie ein Weinstock, ich bin der Stamm, das Rückrat der Pflanze. Ich bin tief verwurzelt, weitflächig und stabil. So müssen meine Wurzeln auch sein, weil der Boden, in dem ich verwurzelt bin, nicht gerade vom Feinsten ist. Da ist viel Schrott und Schutt darunter, viel Kaputtes und Unsauberes. Aber es ist gut so. Der Boden paßt zu mir, ich will keinen anderen, ich habe mich auf ihn eingestellt. Ich stehe fest in ihm, kann genügend Kraft aus ihm ziehen, und habe es ansonsten ja auch warm und sonnig, werde gepflegt und umsorgt ...

Ich spüre, wie ich Jesus um diese Lebenseinstellung beneide. Mir mangelt es nicht nur am Selbstbewußtsein, so von mir reden zu können, mir mangelt es auch an der inneren Zufriedenheit. Wie die Bodenbeschaffenheit für den Weinstock, so sind meine Lebensumstände für mich auch nicht immer vom Feinsten. Aber vielleicht ist das der gewaltige Unterschied: Jesus geht kraftvoll und produktiv um mit dem, was er vorfindet. Bei mir geht viel

Kraft in meinen Hader, daß alles so ist, wie es ist. Zudem vergeude ich eine Menge Power dadurch, daß ich ständig – um im Bild zu bleiben – auf der Suche nach Orten bin, wo der Boden vielleicht besser sein könnte ...
(Hier ließe sich leicht eine Reihe von Konkretionen einfügen.)
– Ich lese den Predigtabschnitt weiter: » ... und mein Vater ist der Weingärtner.«
Ich stelle mir einen Weingärtner vor, wie er in seinem sonnendurchfluteten Weinberg bei der Arbeit ist. Jung ist er nicht mehr, aber wie alt er tatsächlich sein mag, ist schwer zu sagen, weil er seinen Hut, der ihn vor der Sonne schützt, tief ins Gesicht gezogen hat. Deshalb erkenne ich wenig von seinem Gesicht, sehe nur teilweise seine wettergegerbte Haut. Dennoch strahlt er Freundlichkeit und Fürsorge aus – ich glaube, er spricht sogar mit seinen Pflanzen –, wie er in seinem staubigen und etwas klebrigen Arbeitsanzug in leicht gebeugter Haltung seinen Weinstock versorgt. Nach getaner Arbeit geht er nach Hause. Er kann dann für seinen Weinberg nichts mehr tun. Er legt sich schlafen und hofft, daß das Zusammenspiel von Sonne, Wind, Regen, Boden und seiner unterstützenden Pflege das Wachstum ermöglicht ...
Wenn ich versuche, in diese Rolle des Weingärtners hineinzuschlüpfen, stelle ich erstaunt fest, daß mir diese Identifikation (mit Gott!) am besten gelingt. So verstehe ich in der Tat oft meine Arbeit, nämlich Menschen hilfreich in ihrem Wachstum zu sein. Sie zu begleiten, wenn sie sich befreien von dem, was ihnen die Kraft raubt, was sie unterdrückt, ihnen schadet, sie kaputt und tot macht, um den Anteilen in ihnen neue Luft und Kraft zu geben, die nach Lebendigkeit, Freiheit und Wachstum streben ...

– So, wie Jesus sich mit dem Weinstock vergleicht, so vergleicht er seine ZuhörerInnen – also heute auch uns – mit den Reben. »Jede Rebe an mir, die nicht Frucht bringt, nimmt er weg«, heißt es in der Geschichte weiter.
Warum bringt eine Rebe keine Frucht? Geht das überhaupt, daß eine Rebe ganz normal an diesem Weinstock ist, aber keine Frucht bringt? Kann sie dann nicht vielleicht gut aussehen, oder irgendwie anders ihre Existenzberechtigung haben? Warum wird sie weggenommen? Wenn ich mich in diese Rebe hineinversetze, sträubt sich in mir alles. Ich möchte nicht in der Rolle sein, keine Frucht zu erbringen, mich unnütz und als Schmarotzer zu fühlen. Ich bin so sehr in einem Leistungssystem aufgewachsen und erzogen worden, daß ich es nicht aushalten könnte, nichts zu leisten, nichts zu bringen. Jugendliche nennen das die »Looser-Rolle«. Und wer ist schon gern der Verlierer oder der Versager, freiwillig ja wohl niemand. Ich möchte kein Leben führen, in dem ich saft- und kraftlos, lieblos und geistlos dahinvegetiere. Ich möchte auch nicht weggenommen werden, oder wie es im zweiten Teil der Geschichte von diesen Reben heißt, hinausgeworfen, so daß ich verdorre, schließlich eingesammelt und ins Feuer geworfen werde, damit ich verbrenne. Ich finde, das ist keine anheimelnde Rolle ...

Ich kenne allerdings von mir Zeiten, in denen ich das Gefühl habe, überhaupt nichts zustande zu bringen. Ich kenne Zeiten, in denen ich mich von der brüderlichen Begleitung durch Jesus und, wie man sagt, von Gott und der Welt verlassen fühle. Das fühlt sich schrecklich an, ungeschützt und verletzlich, leer und antriebsarm, wie abgeschnitten von der Quelle des Lebens. Meist mache ich dann irgendetwas falsch, aber ein drohender Zeigefinger, wie ich ihn in der Geschichte erlebe, hat mir in solchen Situationen noch nie geholfen. Gott sei Dank wurde ich bisher immer wieder von liebevollen Händen meiner Umgebung an die Quelle getragen ...
– In der Geschichte heißt es weiter: » ... und jede (Rebe), die Frucht bringt, reinigt er, damit sie mehr Frucht bringt.« Ich sehe Reben vor mir, an denen Früchte, Trauben hängen. Das sieht im wahrsten Sinne des Wortes fruchtbar aus, lustvoll und schmackhaft, zum Reinbeißen. Und wenn man sie nicht gleich so aufißt, läßt sich eben auch köstlicher Wein daraus machen ... In die Rolle von Reben zu schlüpfen, die Frucht bringen, fällt mir wesentlich leichter. Früchte, sozusagen eigene Produkte je nach meinen Fähigkeiten wachsen und reifen zu lassen, das macht mir Spaß. Anschließend kann ich mich stolz zurücklehnen und den Erfolg genießen. Vielleicht erlebe ich sogar mit, wie ich anderen damit eine Freude mache, daß sie mich gut riechen können, daß es ihnen schmeckt, was ich hervorgebracht habe, daß es sie sogar berauscht. Es gefällt mir, es tut gut, wenn ich anderen eine Freude bin, und eine Freude machen kann, das stärkt mein Gefühl, etwas wert zu sein ...

Möglicher Schluß
Liebe Gemeinde, nachdem ich mich mit den einzelnen Personen identifiziert habe, ist die Geschichte für mich weitaus lebendiger geworden als es von außen betrachtet den Anschein hatte.
Ich habe neu ins Gespür bekommen, wie wichtig es mir ist, mit der Quelle des Lebens, mit der Kraft Jesu, mit dem Geist und der Liebe Gottes in Verbindung zu sein. Ich habe das nicht immer selbst in der Hand. Deshalb bitte ich darum und wünsche Ihnen und mir, daß wir solche Reben sein dürfen, die Frucht bringen – um Gottes willen und um unser selbst willen. Amen.

Kontexte

– In biblischer Hinsicht fielen mir dazu 1. Korinther 12 ein, also die paulinische Darstellung des einen Geistes, der alle Begabungen schenkt, und Markus 4,26–29, das Gleichnis von der selbstwachsenden Saat.
– Bei dem Thema »Reife unter schwierigen Bedingungen« wies mich meine Frau auf »Dornröschen« und andere Märchen hin – sowie auf deren Interpretation aus feministischer Sicht.

Kantate

Annäherungen an den Predigttext Matthäus 11,25–33

Klaus von Mering

1. In den Stimmen von Kirchen- und Gottesdienstbesuchern, die ich zu diesem Text eingesammelt habe, kommen sehr unterschiedliche, ja gegensätzliche Reaktionen zum Ausdruck. Zwei Zitate: »Der Text gibt mir großen Trost und macht mir Mut.« »Wer erlebt hat, was ich erlebt habe, weiß, daß es Situationen gibt, in denen Worte wie diese (V. 28) leere Worte sind, ja einem wie Hohn in den Ohren klingen«.
Mir fällt auf, daß viele Antworten sehr emotional ausfallen, gleichzeitig aber von niemandem der – in der Vorlage ausdrücklich herausgestellte! – Kasus ›Kantate‹ angesprochen oder problematisiert wird. Die Zuordnung von Matth 11,25 ff. zu diesem Sonntag wird offenbar nicht auf der phänomenologisch-inhaltlichen Ebene nachvollzogen – »ich preise dich, Vater, Herr des Himmels und der Erde ...« – sondern auf der psychologischen. Zugespitzt formuliert: Nicht ob Jesus und gegebenfalls was er gesungen bzw. mit seinem Lied ›gemeint‹ hat, wäre in der Predigt zu bedenken, sondern wie solches Singen bei Betroffenen ›ankommt‹.
Ist das eine Frage der Musikalität, ob jemand sich vom Gloria oder vom Kyrie eines Gottesdienstes angesprochen oder abgestoßen fühlt? Oder doch zumindest eine Frage der Übung, der Vertrautheit mit diesen Dingen? Ich selber singe gern und viel, liebe dabei sowohl die Wiederholung von Altbekanntem wie die Herausforderung von Fremden, Ungewohntem. Aber ich erlebe schon in der unerheblichen Ausnahmesituation, wenn mich eine Erkältung zwingt, im Gottesdienst den Mund zu halten, wie anders dann Liturgie und Choräle auf mich wirken. Und ich kenne andererseits, ohne daß ich genauer erklären könnte, woraufhin sich das einstellt, das deprimierende Gefühl, vom Gesang der Gemeinde ausgeschlossen zu sein, obwohl ich mitsingen könnte, weil mir solches Singen phrasenhaft, ja blasphemisch in den Ohren klingt. Wieviel mehr mögen sich Menschen solchen Empfindungen ausgesetzt sehen, die zum Singen in der Kirche nie einen Zugang gefunden haben oder sich im Gottesdienst, vielleicht gerade weil sie »mühselig und beladen sind«, fremd und unbehaglich fühlen!?

2) »Das Wort ›demütig‹ hat so etwas Dummes und Anrüchiges wie ›keine eigene Meinung‹ oder ›keinen eigenen Standpunkt haben‹. Das Wort muß wieder einen klaren Klang bekommen«. »Unverständlich ist für mich der Satz, den Jesus spricht: ›Denn mein Joch ist sanft, und meine Last ist leicht‹. In bezug auf seinen Tod für uns?«

Ich weiß nicht, wieviele Menschen heute noch eine Vorstellung von einem Joch haben bzw. was sie sich darunter vorstellen. Ich habe in meiner Kindheit gelegentlich noch eins getragen, freilich nur zum Spaß. Unsere Nachbarin benutzte es, um die vollen Milchkannen nach dem Melken an die Straße zu stellen, wo sie später vom Molkereifahrer aufgenommen wurden. Dieses hölzerne Joch bedeutete zwar einerseits eine zusätzliche ›Last‹ (obwohl es in meiner Erinnerung nicht besonders schwer, weil sehr anatomisch ausgeformt war); andererseits erleichtert es das Tragen der schweren Kannen erheblich, weil es deren Gewicht von den Händen bzw. Schultergelenken auf die gesamte Breite des Schultergürtels verteilte, indem die Kannengriffe in von dem Joch herabhängenden Haken eingehängt wurden. Das Joch konnte so, trotz seines harten Materials, sogar ›sanft‹ sein (ähnlich wie die Holzschuhe an den Füßen), wenn es dem individuellen Körperbau seines Trägers optimal angepaßt war.

Wenn Jesus ›demütig‹ ist, weil in ihm Gott das Joch des Menschseins und damit die Last der Menschenschuld auf sich geladen hat, dann ist das nicht ›dumm‹, sondern die einzig ›vernünftige‹ Möglichkeit, mit dieser Last fertig zu werden. Und wenn Jesus sein Joch denen zusagt, die zu ihm kommen, dann gibt er ihnen etwas von dieser vernünftigen Tragfähigkeit weiter. Und sein Joch kann sanft sein, weil er es jedem Träger, jeder Trägerin ganz persönlich anpaßt; der Schöpfer kennt ja jedes seiner Geschöpfe mit seinen unverwechselbaren Eigenheiten.

»Demütig – kriecherisch, wie dieses Wort oft ge- und mißbraucht wird, ist sicher nicht gemeint. ›Demütig ist, wenn sich alle in meiner Gegenwart wohlfühlen‹, las ich kürzlich«.

3) »Aber (lautet die Fortsetzung der eben zitierten Äußerung) in Jesu Gegenwart haben sich ganz bestimmt nicht alle wohlgefühlt, sondern einige sicher ganz schön unbehaglich. Wie würden wir uns heute in Jesu Gegenwart fühlen?« »Matthäus berichtet von einer der größten Wahrheiten, gleichzeitig aber auch von einer sehr schwer zu verwirklichenden Aufforderung, gerade in unserer leistungsorientierten Gesellschaft«.

Auch ich habe als Gemeindepastor immer wieder mit der Spannung zu tun, daß ich mir den erlebbaren Teil meiner Gemeinde überzeugender, eindrucksvoller, ja mitreißender wünsche, damit andere ihre Gleichgültigkeit oder Skepsis gegenüber dem Evangelium überwinden und bereit werden, sich damit zu befassen. Gleichzeitig werde ich durch die Worte dieses Textes daran erinnert, daß eine Gemeinde gerade dann christus- und evangeliumsgemäß ist, wenn man sie als Versammlung der »Mühseligen und Beladenen« identifizieren kann.

Und zwar wirklich mühselig und beladen, d.h. gerade nicht »fertig werdend« mit den Lasten dieses Lebens, auf sie nur noch zurückblickend aus der Kraft des Glaubens wie auf ein erledigtes Gestern, schon »erlöst« durch den »Heilandsruf« bzw. dadurch zumindest »freudig bereit«, »das Joch anzunehmen und zu tragen« - nein, real beladen, auch und nicht zuletzt mit den Zweifeln, ob einen das nicht alles überfordert, ja ob das wirklich von einer Hand gelenkt und zugeteilt wird, die es gut mit mir meint.

4) Kantate: ein Sonntag, der sich nicht nur an die Frühlingsbeschwingten wendet, die ihre Lebensfreude gern hinaussingen, warum nicht auch in Worten des Gotteslobs, sondern der, von diesem Text her jedenfalls, besonders die im Blick hat, denen die Tür zu solcher Lebensfreude und solchem Gotteslob verschlossen ist.

»Die Unmündigen (Kinder) und Mundtotgemachten haben mehr Fragen als Antworten. Die Klugen und Weisen ... sperren sich in ihren Denkgebäuden ein. Sie singen immer das alte Lied«.

Zum Gottesdienst

Andreas Zeuschner

Exegetisch-homiletische Skizze

Die theologische Skizze ist in diesem Fall nicht leicht. Wie sollte eine wissenschaftliche Analyse erhellen können, was den »Weisen und Klugen«, nicht zuletzt also dogmatischer Besinnung und exegetischer Forschung, verborgen bleibt? Etwas, das nur ein (irgendwo noch) kindliches Gemüt erfassen kann? Man überzeugt sich leicht, daß die Verse 25-27 der Logienquelle entnommen sind, 28-30 hingegen (wahrscheinlich) dem matthäischen Sondergut. Sie wurden, vielleicht vom Evangelisten selbst, nach jüdischer Tradition gestaltet: Jesus als die personifizierte Weisheit (vgl. Jeremia 6,16f.; 51,31.34). Die Verse 25 und 26 gehen möglicherweise auf Jesus selbst zurück, Vers 27 ist (wahrscheinlich) Gemeindebildung. Die Perikope steht im redaktionellen Rahmen der Auseinandersetzung Jesu mit seinen Gegner (den »Pharisäern«). Diese Einsichten sind wertvoll, sie können aber nicht die Bedeutung des »Textes« erfassen. Die Wege, die von der historischen Exegese zur Predigtmeditation führen, sind weitgehend unerforscht - vielleicht verborgen, »kryptisch« im Sinne von Vers 25?

Meiner Ansicht nach liegt jeder christlichen Predigt ein Mythos zugrunde, ein »Bild von Jesus«. Zu einem Bild fügt sich das exegetische Material nicht mehr zusammen. »Matthäus«, der Priester und Lehrer einer urchristlichen

Kultgemeinde, aber zeichnet sehr wohl ein Bild von Jesus, das Bild eines Menschen mit numinoser Macht, der ganze Städte verflucht (V. 20 ff.) und dann, wieder ruhig, sanft geworden, seinen Anhängern als gütiger Vater erscheint. An Jesus muß etwas Faszinierendes und Erschreckendes gewesen sein, das manche Menschen dazu brachte, sich ihm wie einem Gott zu unterwerfen. Seine Macht gründet sich auf einen numinosen Akt der Erkenntnis: Niemand außer ihm erkennt den Gott des Himmels und der Erde, und niemand, außer diesem Gott, erkennt Jesus. Er ist der Sohn des Gottes, ein Gott-Mensch. Der Gott-Mensch aber ist bereit, sein Wissen mitzuteilen, es denen zu offenbaren, die noch wie Kinder sind oder bereit, es wieder zu werden.

Die meisten von uns sind jedoch keine Kinder mehr, keine »Unmündigen«. Wir nehmen heilige Weisungen nicht mehr bedingungslos an, sondern prüfen sie wissenschaftlich und anhand unserer Lebenserfahrung. Und dann können sie sich durchaus als »leere Worte« erweisen (s. o. die Annäherungen an den Predigttext). Viele Menschen, auch viele von denen, die zur Kirche gehen, zweifeln am Sinn des christlichen Glaubens oder befinden sich auf der Suche nach neuen religiösen Erfahrungen. Jesus gibt denen, die auf der Suche sind, eine Hoffnung. Wer seine Offenbarung empfängt, dessen Seele kommt endlich zur Ruhe. Anápausis ist die Stille, das Aufhören der Bewegung, vielleicht für eine begrenzte Zeit, vielleicht für immer. Anápausis hat eine Beziehung zum Tod, vielleicht zur Überwindung des Todes. »Auch ihr«, so gibt das Thomas-Evangelium diese Erinnerung weiter, »sucht einen Ort zur Ruhe, damit ihr nicht ein Leichnam werdet und gegessen werdet.« (Logion 60)

Folgender Predigtaufriß ist möglich: I. Es gibt viele offene Fragen und noch mehr Antworten, die einander oft widersprechen. Das Leben ist verwirrend geworden. II. Auch innerhalb der Kirche werden die Fragen unterschiedlich beantwortet. Mehr und mehr Christen suchen nach einer neuen Orientierung für ihr Leben. III. Der menschliche Verstand kann zwar alles in Frage stellen, aber nicht alle Fragen beantworten, insbesondere die nicht, die für unser Leben von entscheidender Bedeutung sind. IV. Jesus Christus, der göttliche Gesandte, der Gott-Mensch, hatte ein einzigartiges Wissen von Gott. Dieses Wissen ist nicht theoretisch-abstrakt; es findet seinen Ausdruck in einem Hymnus, einem Lied. V. Die Antwort auf unsere Fragen ist dem kritisch denkenden Verstand unbegreiflich. Sie liegt nicht in Worten, die stets bezweifelt werden können, sondern in einer Erfahrung: der »Ruhe der Seele«.

Vorschläge zur Liturgie

Eingangslied
Gott ist gegenwärtig (EG 165,1+5+6)

Sündenbekenntnis

Ich träumte dich von Jugend an als Vater, der mich trägt und kennt.
Ich war noch nicht in Schmerz geborn – du hieltest deine Hand um mich.
Wo bist du, da ich, weise nun, nicht weiß, wie ich mich halten soll?
Das hab ich über dich gedacht: Wie seine Kinder trägt ein Mann,
sie auf den Schultern hebt und singt und weiß, daß sie untröstlich sind,
so trägst du mich und singst mir zu, stimmst mir auf Glück die Seele ein
und läßt mich fallen in den Tod.
Wie soll ich wissen, wer du bist.
(Huub Oosterhuis, Dein Trost ist nah, Herder-Verlag, Wien 1978, S. 25)

Gnadenspruch

Wir sehen jetzt durch einen Spiegel ein dunkles Bild; dann aber von Angesicht zu Angesicht. Jetzt erkenne ich stückweise; dann aber werde ich erkennen, wie ich erkannt bin.

Kollektengebet

Der du »Licht« gerufen hast, und das Licht war geboren;
der sah, daß es gut war, das Land des Morgens,
alle Gewölbe aus Feuer und Meer.
Der du »Mensch« gerufen hast, und der Mensch war geboren.
Der du mich gesehen hast, trostlos einsam,
der du mein Leben so bis hierher geführt hast, daß ich noch lebe:
Vollende und segne mich, laß mich mehr und mehr Mensch werden
und ihm gleichen, der dein Bild ist, dein Sohn,
Jesus von Nazareth, der neue Mensch;
der mir vorgelebt hat, was Liebe tut, was Leben ist;
der ein Mensch für andere geworden ist
und der sich mit ganzem Herzen ausgegeben hat an diese Welt.
Laß nicht verloren gehen den Menschen, der dich liebt.
Halt mich im Leben, laß den Tod, der alles trennt
und leer und dunkel macht, nicht kommen über mich.
Denn du bist Liebe, tiefer als das Meer,
zuckend wie Feuer, stärker als der Tod.
(Huub Oosterhuis, a. a. O., S. 18 f.)

Lied vor der Predigt

Erschienen ist der herrlich Tag (EG 106)

Lied nach der Predigt

Singt das Lied der Freude über Gott (EG 305)

Vorschlag zur Predigt

Möglicher Anfang

In diesen Worten, liebe Gemeinde, hören manche von uns eine vertraute Stimme, eine Stimme, die die Angst beruhigt: Kommt her, die ihr müde und vom Leben erschöpft seid, denen die Last zu schwer geworden ist. Eure Seelen werden zur Ruhe kommen, euer Schmerz wird gestillt werden. Viele Menschen, täglich werden es mehr, sehnen sich nach Ruhe und Geborgenheit, sie wollen aufhören, Fragen zu stellen, die ohne Antwort bleiben. Bin ich glücklich? Werde ich jemals glücklich sein? Werde ich finden, wonach ich suche? Antworten freilich gibt es genug, tausend Wege zum glücklichen Leben, zu innerer Harmonie, zur Selbstverwirklichung. Jeder hat etwas für sich, gegen jeden läßt sich etwas einwenden. Hilflos steht man davor und weiß nicht mehr, wo's lang geht.

Zum weiteren Verlauf

Auch innerhalb der Kirche sehen wir eine zunehmende Orientierungslosigkeit. Ein besonders gutes Beispiel ist Lüdemanns Auferstehungsbuch. Die Frage ist ja angeblich schon seit zweihundert Jahren entschieden. Tatsächlich aber ist das Buch ein Beweis für die radikale Verunsicherung der evangelischen Theologie. Die Kirche befindet sich, und das nicht nur in unserem Land, in einer tiefen Krise. Im 21. Jahrhundert wird sie eine gänzlich andere sein als in diesem. Sie hat sich in den letzten Jahren und Jahrzehnten massiv verändert und wird dies auch weiterhin tun. In dieser Situation kann man nur akzeptieren, daß viele Fragen offen sind und bis auf weiteres ohne Antwort bleiben.

Wir sollten diese Unsicherheit und auch die zunehmende Fragwürdigkeit des christlichen Glaubens nicht beklagen. Ist Sicherheit nicht ohnehin eine Illusion? Das menschliche Leben ist eine Wanderung, und das Unbehagen an der gegenwärtigen Situation kann als Zeichen zum Aufbruch verstanden werden. Es ist der Zweifel, der uns in Bewegung bringt. Er hat etwas Beunruhigendes, ja Beängstigendes, aber er erinnert uns daran, daß wir das Ziel der Reise noch nicht erreicht haben. Allerdings sagt er uns nicht, wohin die Reise geht. Dieses Ziel – ausgerechnet den »Weisen und Klugen« bleibt es verborgen.

Zwischen Jesus und Gott bestand eine geheimnisvolle Beziehung, über die die christliche Theologie jahrhundertelang nachgedacht hat, ohne sie begreifen zu können. Die älteste Überlieferung, die des Neuen Testamentes, verzichtet auf gelehrte Abhandlungen über Gott und die Dreieinigkeit des Vaters, des Sohnes und des Geistes. Sie setzt an deren Stelle den Hymnus, den heiligen Gesang, dem der heutige Sonntag gewidmet ist.

Möglicher Schluß

In den entscheidenden Situationen unseres Lebens helfen sie uns nicht weiter, die weisen Worte und klugen Gedanken. Sie können uns nicht

glücklich machen, sie können auch nicht unsere Angst beruhigen, sie spenden keinen Trost. Sie können jene tiefe Einsicht niemals vermitteln, in der alle Fragen zur Ruhe kommen. Das heißt nicht, daß wir auf Weisheit und Klugheit verzichten könnten, denn solange wir leben, werden die Fragen niemals aufhören. Solange wir leben, haben wir das Ziel nicht erreicht und müssen über jede Grenze, an die wir gelangen, hinausgehen.
Niemand begibt sich auf eine Suche, der nicht zumindest eine Ahnung hat, wonach er sucht. Vielleicht sagt diese Ahnung nicht mehr als: Ich habe es noch nicht gefunden, ich muß weitergehen. Aber in allen Suchenden ist auch ein tiefes Wissen verborgen: daß wir eines Tages Ruhe finden werden für unsere Seelen. Wir werden zurückkehren in den Ursprung, von dem wir getrennt sind. So kehrt auch die Predigt zurück in die heilige Liturgie, die dem Ursprung, dem Geheimnis der Welt am nächsten ist.

Kontexte

Indem Govinda also dachte, und ein Widerstand in seinem Herzen war, neigte er sich nochmals zu Siddharta, von Liebe gezogen. Tief verneigte er sich vor dem ruhig Sitzenden. »Siddharta«, sprach er, »wir sind alte Männer geworden. Schwerlich wird einer von uns den andern in dieser Gestalt wiedersehen. Ich sehe, Geliebter, daß du den Frieden gefunden hast. Ich bekenne, ihn nicht gefunden zu haben. Sage mir, Verehrter, noch ein Wort, gib mir etwas, das ich fassen, das ich verstehen kann! Gib mir etwas mit auf meinen Weg. Er ist oft beschwerlich, mein Weg, oft finster, Siddharta.«
Siddharta schwieg und blickte ihn mit dem immer gleichen, stillen Lächeln an. Starr blickte ihm Govinda ins Gesicht, mit Angst, mit Sehnsucht. Leid und ewiges Suchen stand in seinem Blick geschrieben, ewiges Nichtfinden. Siddharta sah es und lächelte. »Neige dich zu mir!«, flüsterte er leise in Godvindas Ohr. »Neige dich zu mir her! So, noch näher! Ganz nahe! Küsse mich auf die Stirn, Govinda!«
Während aber Govinda verwundert, und dennoch von großer Liebe und Ahnung gezogen, seinen Worten gehorchte, sich nahe zu ihm neigte und seine Stirn mit den Lippen berührte, geschah ihm etwas Wunderbares. ... Er sah seines Freundes Siddharta Gesicht nicht mehr, er sah statt dessen andre Gesichter, viele, eine lange Reihe, einen strömenden Fluß von Gesichtern, von Hunderten, von Tausenden, welche alle kamen und vergingen, und doch alle zugleich dazusein schienen, welche alle sich beständig veränderten und erneuerten, und welche doch alle Siddharta waren. ... Nicht mehr wissend, ob es Zeit gebe, ob diese Schauung eine Sekunde oder hundert Jahre gewährt habe, nicht mehr wissend, ob es einen Siddharta, ob es einen Gotama, ob es Ich und Du gebe, im Innersten wie von einem göttlichen Pfeile verwundet, dessen Verwundung süß schmeckt, im Innersten verzaubert und aufgelöst, stand Govinda noch eine kleine Welle, über Siddhartas stilles Gesicht gebeugt, das er soeben geküßt hatte, das soeben Schauplatz aller Gestaltungen, alles Werdens, alles Seins gewesen war. Das Antlitz war unverändert, nachdem unter seiner Oberfläche die Tiefe der Tausendfältigkeit sich wieder geschlossen hatte, er lächelte still, lächelte leise und sanft, vielleicht sehr gütig, vielleicht sehr spöttisch, genau, wie er gelächelt hatte, der Erhabene.
(Hermann Hesse, aus: Siddharta, © Suhrkamp Verlag, Frankfurt am Main 1969, S. 118 f.)

Denn die Wahrheit ist, daß im Zen, wie im Leben, es überhaupt nichts gibt, was man festhalten und wovon man sagen kann: »Das ist es, nun hab ich's.« ... Denn Zen ist Leben. Zen nachjagen ist wie dem eigenen Schatten nachjagen, wobei man der Sonne ständig den Rücken kehrt. Wenn man endlich begreift, daß der Schatten sich niemals haschen läßt, kommt es zu einer plötzlichen »Umkehr«, einem Satoriblitz, und im Licht der Sonne schwindet dann die Zweiheit von Ich und Schatten, wobei der Mensch gewahr wird, daß, was er erjagen wollte, nur das Scheinbild des einen wahren Selbst war - dessen, was er allezeit war, ist und sein wird. Endlich hat er doch Erleuchtung gefunden.
(Alan Watts)

Rogate

Annäherungen an den Predigttext
Johannes 16,23b–28 (29–32) 33

Heidi Kell

Im Freundeskreis an einem Urlaubsmorgen in Dänemark. Entspannte Bereitschaft, sich auf ein Stück Bibel einzulassen.
Nach zweimaligem Lesen die erste Reaktion: Das ist Schwarzbrot, schwer zu kauen! Im folgenden Gespräch stelle ich immer wieder zwei gegensätzliche Bewegungen fest:
Zum einen ein angestrengtes Ringen um den Text (»Irgendein Sinn, eine Richtung muß doch auszumachen sein!«), bei dem verschiedene Fäden aufgenommen werden. Immer wieder taucht das Gefühl auf: Wir stochern im Nebel.
Zum anderen eine wiederkehrende, auch an der Körpersprache ablesbare Ermüdung am Text.
Ich habe im nachhinein den Eindruck, die Gruppe hat um die Klärung der Beziehungen zwischen
- Jesus und den Jüngern,
- Gott und den Jüngern,
- Gott und Jesus,
- Lebenswirklichkeit und Bibelwort gerungen.

Unter diesen vier Aspekten möchte ich auch unsere Annäherung an den Text darstellen.

1. Die Beziehung zwischen Jesus und den Jüngern
Der erste Eindruck: Ein Paradebeispiel für gestörte Kommunikation! Da reden zwei aneinander vorbei: Die Jünger sagen: Endlich, jetzt redest du frei heraus und nicht mehr in Bildern (V. 29), nun wissen wir (...) und jetzt glauben wir (...). Aber das stimmt ja nicht, Jesus redet keineswegs »frei heraus« und fragt denn auch ungläubig nach: *»Jetzt* glaubt ihr??«
Daß die Jünger gerade jetzt begriffen haben, ist wirklich erstaunlich, denn was Jesus hier sagt, ist blaß und farblos, man bleibt nirgends hängen. Unmöglich, den Text frei nachzuerzählen.
Heimweh nach den Zeiten, als Jesus noch in Bildern sprach: Ich bin das Brot des Lebens, der Weinstock, der Weg, die Wahrheit und das Leben.

Diese Zeiten sind vorbei, denn die Jünger hatten auch das nicht verstanden! Jesus hat sich alle Mühe gegeben – jetzt geht er auf Distanz zu den Jüngern. Ist die Rede deshalb so »abgehoben«?
Ein anderer Eindruck: Jesus will Land gewinnen vor einem lästig gewordenen Fanclub. Vergleiche mit »Forrest Gump« werden gezogen: Nach einer enttäuschten Liebe beginnt der Filmheld zu laufen – und hört nicht mehr auf damit, jahrelang. Für die Medien ist bald klar: Der läuft für irgendwas! Für den Weltfrieden, die kleinen Leute, was auch immer und Tausende laufen ihm nach. Grundlos bleibt er schließlich stehen und verkündet, er werde nun nach Hause gehen. Die Leute läßt er stehen, wie Jesus die Jünger stehenläßt.
Beim Abschied Jesu allerdings kommt Tiefe in die Beziehung: Jesus hinterläßt ihnen Trostworte als Testament: Bittet, so werdet ihr nehmen, daß eure Freude vollkommen sei. Ich verlasse die Welt und gehe zum Vater. Ich bin nicht allein. Seid getrost, ich habe die Welt überwunden.
Jesus ist sehr ehrlich: Wenn er weg ist, werden sie wieder Angst haben wie früher. Aber: Welchen Sinn hatte es dann, daß er die Jünger aus ihren alten Lebensumständen herausgeholt hat?

2. Die Beziehung zwischen den Jüngern und Gott
Gott ist Lichtjahre entfernt! So weit, daß es unmöglich ist, ihn um etwas zu bitten. Jesus predigt dagegen an: Gott liebt euch und ihr sollt ihn bitten in meinem Namen.
Dagegen steht die Aussage: Ihr werdet zerstreut. Ist das eventuell eine zweite Perikope?

3. Die Beziehung zwischen Gott und Jesus
Durch Jesus ist Gott den Menschen näher gerückt. Durch Jesu Auftreten ist deutlicher geworden, daß Gott da ist. Dafür steht Jesus mit seiner ganzen Person. Durch ihn haben die Jünger Referenzen bei Gott, sein Name ist ein Paßwort. In wessen Namen haben sie wohl vorher gebetet?

4. Die Beziehung zwischen Bibel und Lebenswirklichkeit
Sie ist kaum vorhanden. Nur die Erfahrung, daß es schwer ist, zu bitten, kennen alle. Braucht es deshalb einen Übungssonntag (Rogate)?
Aber worum sollen wir Gott bitten?
Warum heißt es nicht: Bittet, so wird euch gegeben, sondern: Bittet, so werdet ihr nehmen? Nehmen ist etwas Aktives! Es ist ein Text für die Yuppie-Gemeinde, die endlich aktiv werden soll, denn: Es wird euch nicht gegeben, sondern ihr werdet nehmen. Aber was denn nehmen? Der Text ruft jedenfalls nicht zum revolutionären Kampf auf, er ist eher eine Beruhigungspille. (Die Gruppe hängt mittlerweile in den Seilen. Dann ein letzter Anlauf:)
Ein jeglicher wird zerstreut werden – in das Seine.
Menschen, denen gerade ein Angehöriger gestorben ist, haben oft dieses

Gefühl, sich überallhin zu zerstreuen: Was soll nun aus mir werden? Aber zerstreut werden in das Seine - das klingt nach Heimat, das ist ein Trost. Oder heißt es nur, zum Alten zurückzukehren, um eine Enttäuschung reicher?

Zum Gottesdienst

Anselm Friederich

Exegetisch-homiletische Skizze

»Braucht es ... einen Übungssonntag (Rogate)?«
Braucht es pro Jahr einen Trainingsgottesdienst, um Bitten und Beten mit der Gemeinde einzuüben?
Die Anfrage aus den Annäherungen trifft einen kritischen Punkt: »Gebet« ist ein intimes und deshalb immer reizvolles Thema. Als Motiv des 5. Sonntags nach Ostern kann es dazu anregen, eine Art Sonntagsschule zu halten mit gelehrtem Reden übers Beten im allgemeinen und besonderen, statt - was eigentlich im Gottesdienst geschehen sollte - ein Fest zu feiern. Im Mittelpunkt solcher geistlicher Gruppen-Gymnastik stünde dann eine Lehrpredigt, das Wesen des rechten christlichen Gebetes behandelnd, erschöpfend und ermüdend.
Wie sich dem entziehen? Hilfreich scheint mir ein Blick auf den Zusammenhang, in dem der Predigttext steht:
Jesus nimmt Abschied von seinen Freunden und Schülern. Abschiednehmen ist ein Grundvorgang, der unser Leben dauernd begleitet, je wacher wir leben, desto intensiver. Abschied zu nehmen ist mit Angst verbunden: Was bleibt? Was verbindet uns weiterhin? Unter dieser Fragestellung spricht Jesus vom Beten, und diese Perspektive sollte in der Predigt nicht fehlen. So gesehen ist gerade Vers 32, der vom Alleinlassen und Dochnichtalleinsein handelt, besonders interessant. Da jedoch der Text insgesamt schwer verständlich ist, scheint es mir dennoch ratsam, für die Auslegung die kürzere Fassung zu wählen.
Beten als intensive Weise, in Verbindung zu kommen und selbst bei leiblichem Getrenntsein in Verbindung zu bleiben: Der Predigttext nennt das ein Beten »in Jesu Namen«. An der Deutung dieses Ausdruck entscheidet sich viel.
Ist Jesu Name in der Tat ein »Paßwort«, wie in den Annäherungen vermutet? Der formelhafte, abgeschliffene Gebrauch der Wendung »durch Jesus Christus, unsern Herrn«, die mancherorts stereotyp jedes gottesdienstliche Gebet abrundet, gibt dieser Vermutung Nahrung. Aber braucht denn Gott

ein »Paßwort«, um uns zu beschenken, wenn er in Jesu Namen unsere Bitten erfüllt? (So die korrekte Übersetzung des Endes von Vers 23; die Lutherübersetzung zieht gegen den Urtext das »in meinem Namen« zum Bitten.) Das scheint mir doch reichlich absurd. Außerdem: Sollen wir im Ernst annehmen, daß es in Jesu eigenem Sinne sei, seinen Namen wie einen Code zu benutzen? Wie ist dann seine Abgrenzung von denen zu verstehen, die zwar eifrig »in seinem Namen« gepredigt und gewirkt, aber doch offensichtlich keinerlei wesentliche Beziehung zu ihm gehabt haben (Matthäus 7,22 f.)?

Eine differenzierte und faßliche Bedeutung bietet Schleiermacher an: »Mag man nun bei dem Ausdruck ›in Jesu Namen beten‹ mehr daran denken, in seinen Angelegenheiten beten oder mehr daran, aus seinem Sinn und Geist beten: so ist doch beides auf keine Weise voneinander zu trennen« (»Der christliche Glaube« § 147, I; Ausgabe von M. Redeker, Berlin 1960, 2. Band, Seite 380). Das heißt: Die konkreten Anliegen eines Gebetes und die Grundhaltung des betenden Menschen durchdringen sich gegenseitig. »In Jesu Namen« beten wir dann, wenn wir in gutem Kontakt, in enger Tuchfühlung mit Jesus beten, wenn also sein Vertrauen zu Gott, dem »guten Vater«, auch unsere Gebetshaltung prägt, und wenn seine Anliegen auch unsere mitbestimmen. Es lohnt sich, dafür die neutestamentlichen Gebete anzuschauen, also die Gethsemane-Szene in Lukas 22, den Psalmvers, der Matthäus 27,46 Jesus als Sterbegebet zugeschrieben wird, sein Dankgebet in Matthäus 11, 25 ff., seine Bemerkung zu Petrus, Lukas 22,32, seine Bitte für seine Richter und Henker, Lukas 23,34, und das johanneische Bild des fürbittenden Christus in Johannes 17. Es lohnt sich, die Hoffnung der Epistel im Herzen zu bewegen, 1. Timotheus 2,1–6a, Gott wolle »Erkenntnis der Wahrheit« für »alle Menschen«; – ist sie nicht eine treffende Wiedergabe dessen, was Jesus selber wollte? Es lohnt sich, den Psalm des Sonntags, Psalm 95,1–7b, in Gedanken von Jesus sprechen zu lassen: Paßt nicht die Art, wie da besungen wird, daß wir rundum in Gottes Hand sind, daß wir von seiner Zuwendung leben in einer von ihm geschaffenen und ihn spiegelnden Welt, paßt das nicht ausgezeichnet zu dem, was Jesus lehrt und ausstrahlt (vgl. z. B. Matthäus 10,29–31)? Ist es nicht ganz in seinem Geist?

Nach Schleiermacher betont die Formulierung »Gebet in Jesu Namen« auch die Verbindung des einzelnen betenden Menschen mit der Gemeinschaft der ganzen Christenheit, verlangt geradezu ein bewußtes Sich-Einlassen auf diese Gesamtheit. »Je mehr ... das Gebet ein bestimmtes ist«, schreibt Schleiermacher (– d. h.: Je individueller, »egoistischer« die Anliegen und der Horizont eines Gebetes sind –), »um desto notwendiger ist auch, daß sein Gegenstand gedacht sei in Übereinstimmung der Ordnung, nach welcher Christus seine Kirche regiert ...«, was bedeutet, »daß nur ein solches Gebet ein wahres Gebet im Namen Jesu sein könne, welchem das ganze Selbstbewußtsein der Kirche zum Grunde liegt, d. h. bei dessen Inhalt ihr Gesamtzustand berücksichtiget ist.« (a. a. O.)

In etwas altväterlicher Redeweise stellt Schleidermacher damit etwas höchst Aktuelles klar: Jesu Namen verbietet es Einzelnen oder Gruppen, um ihre nationalen, kulturellen, ökonomischen oder gar konfessionellen Vorteile zu beten! Beten in Jesu Namen muß offen sein für die weltweite Ökumene, ihre Hoffnungen und Ängste!
Das Stichwort »Angst« erscheint ausdrücklich in Vers 33. Der griechische Ausdruck »θλῖψις« meint körperlich »Gequetscht-Werden«, seelisch »Bedrängt-Werden«. Die Septuaginta gibt damit das hebräische »צר« wieder, was »Enge«, »Drangsal«, nach Jesaja 13,10 sogar shoah, also »Holocaust« bedeutet. Interessant sind die Gedanken des stoischen Philosophen Epiktet zum Thema »θλῖψις«: Es lehrt, wir könnten das, was uns Angst macht, überwinden, indem wir einsehen, wie sehr wir uns unsere Ängste im Grunde selber verschaffen. Wodurch? Durch unsere vorgefaßten Meinungen, unsere »Dogmata«! Die Dogmata bedrängen uns und treiben uns in die Enge.« (zitiert nach Schlier in Th. WNT III Seite 139) Der philosophische Gedanke einer eigenen Befreiung von der Angst durch das Bewußtwerden, wie sehr wir sie selbst »dogmatisch« erzeugen, und die Verheißung Jesu, die angstmachende »Welt« »überwunden« zu haben - schließen sie sich aus? Oder ergänzen sie sich grade?
Zum »Überwinden« (wörtlich: »Siegen«) gibt es im johanneischen Schrifttum eine wichtige Passage, welche die Linie unseres Predigttextes aufnimmt und fortsetzt: Der Anfang des 5. Kapitels im 1. Johannesbrief. Christi »Überwindung« der bedrohlichen Welt setzt sich dort fort im Leben der Christen: »Unser Glaube ist der Sieg, der die Welt überwunden hat.« (1. Johannesbrief 5,4) Wo Glaube und Vertrauen die Angst überwindet, blüht gesegnetes Leben auf. C. Westermann macht darauf aufmerksam, wie das Johannesevangelium auch die segnende Seite, - »Segen« ganz im alttestamentlichen Sinne verstanden - bei der Wirksamkeit Christi kennt: »An die Stelle des rettenden Wirkens des Heilandes Kapitel 1-12 tritt in 13-17, den Abschiedsreden, das segnende Wirken ... Es ist deshalb eine Verkennung des Johannesevangeliums, wenn man unter dem Erlösungswerk Christi nur sein Sterben und Auferstehen versteht. Es ist der helfende, heilende, segnende Christus, den eben dieses Wirken in das Leiden brachte.« (»Das Johannesevangelium aus der Sicht des Alten Testaments«, Arbeiten zur Theologie, Bd. 77, Stuttgart 1994, Seite 71)
Jesus als Übermittler göttlichen Segens, der Christus als segnende Gestalt: Liegt in der Einladung, in seinem Namen zu beten, auch das Angebot, ihn selbst anzubeten, also Gebete an ihn als Angeredeten zu formulieren?
Das scheint unbestrittener christlicher Commonsense zu sein, denn es geschieht ja einfach in vielen Gottesdiensten. Die Gebete der Communität von Taizé beispielsweise sind weitgehend an Jesus Christus gerichtet. Umso bemerkenswerter finde ich die Tatsache, daß die christliche Bibel selber hier eine andere Sprache spricht, und zwar in ihren beiden Teilen. »Fast alle neutestamentlichen Gebete sind an Gott gerichtet, nur ganz ausnahms-

weise an Christus.« (O. Cullmann, »Das Gebet im Neuen Testament«, Tübingen 1994, Seite 181)
Vor einigen Jahren hat ein badischer Pfarrer deshalb offen dafür plädiert, keine an Jesus Christus gerichteten Gebete mehr im christlichen Gottesdienst zu verwenden. Er erntete heftige Proteste. Mir scheint sein Anliegen jedoch durchaus berechtigt. Ein bewußtes Verzichten darauf, aus dem Gebet »im Namen Jesu« ein Gebet an Jesus werden zu lassen, ein bewußtes Unterscheiden zwischen dem sprachlichen Vorgang, Gott im Gebet anzusprechen, und dem anderen Vorgang, sich betend mit Jesus zu verbinden und auf ihn zu beziehen, das würde nicht zuletzt dem gemeinsamen Beten von Christen und Juden entgegenkommen. Daran interessiert zu sein, hat nicht nur historische, sondern auch theologische gute Gründe. »Das Heil kommt von den Juden«, heißt es programmatisch in Johannes 4,22. Deshalb gilt auch für unseren Predigttext und die liturgische Gestaltung des Sonntags Rogate: »Das spezifische Gott-Jesus-Verhältnis, das Johannes, aber auch die anderen Zeugen des Neuen Testaments im Auge haben, ist unter keinen Umständen in einem Gegensatz zu der Gotteserkenntnis und dem Gottesdienst »der Juden« zu verstehen, sondern nur im Rahmen dessen auszulegen, was von den Juden her »Gotteserkenntnis und Gottesdienst« sind und meinen.« (F.W. Marquard: »Das Christliche Bekenntnis zu Jesus, dem Juden«, Bd. I, München 1990, Seite 101)

Vorschläge zur Liturgie

Als Eingangsgebet der *Psalm des Sonntags,* Psalm 95,1–7 a, kombiniert mit dem Wochenspruch, Psalm 66,20:

Gemeinde:	Gelobt sei Gott, der mein Gebet nicht verwirft, noch seine Güte von mir wendet!
Sprecher/Sprecherin 1:	Kommt herzu, laß uns dem Herrn frohlocken und jauchzen dem Hort unseres Heils!
Gemeinde:	Gelobt sei Gott, der mein Gebet …
Sprecher/Sprecherin 2:	Laßt uns mit Danken vor sein Angesicht kommen und mit Psalmen ihm jauchzen!
Gemeinde:	Gelobt sei Gott, der mein Gebet …
Sprecher/Sprecherin 3:	Denn der Herr ist ein großer Gott und ein großer König über alle Götter.
Gemeinde:	Gelobt sei Gott …
Sprecher/Sprecherin 4:	In seiner Hand sind die Tiefen der Erde, und die Höhen der Berge sind auch sein.
Gemeinde:	Gelobt sei Gott …
Sprecher/Sprecherin 5:	Sein ist das Meer, und er hats gemacht, und seine Hände haben das Trockene bereitet.

Gemeinde: Gelobt sei Gott ...

Sprecher/Sprecherin 6: Kommt, laßt uns anbeten und knien und niederfallen vor dem Herrn, der uns gemacht hat!

Gemeinde Gelobt sei Gott ...

Sprecher/Sprecherin 7: Er ist unser Gott, und wir das Volk seiner Weide und Schafe seiner Hand.

Gemeinde: Gelobt sei Gott ...

Reizvoll ist dabei vielstimmiges Beten, indem Gemeindeglieder aus ganz verschiedenen Lebensphasen die Sprecherrollen übernehmen.

Soll im *Sündenbekenntnis* beklagt werden, daß wir zu selten und zu wenig intensiv gebetet haben (was immer irgendwie stimmt)? Ansprechender scheint es mir, unsere Schwierigkeiten beim Beten zu benennen, wie es beispielsweise der Mailänder Erzbischof Carlo Maria Martini formuliert: »Herr, geheimnisvoller Gott, wie wenig wissen wir von dir! Manchmal haben wir den Eindruck, dich fast gar nicht zu kennen. Es scheint uns, daß wir mit dir ringen wie Jakob mit dem Engel, daß wir mit einem Bild kämpfen, wie wir es uns von dir gemacht haben. Wir können dich nicht begreifen; es gelingt uns nicht, dich zu verstehen. Herr, zeige uns dein Gesicht, zeige uns das Antlitz deines gekreuzigten Sohnes. Gib, daß wir in diesem Antlitz etwas erkennen von dem Leid, das einen großen Teil der Menschheit bedrückt. Gib, daß wir dich erkennen, wie du in Wahrheit bist, in deinem Sohn, der für uns gekreuzigt wurde, in seinem Sterben, in seinem Tod und in seiner Auferstehung zum Leben« (»Wie lerne ich beten?« Verlag Neue Stadt, München 1083, Seite 8)

Ein selbstkritisches und doch positiv ausgerichtetes *Bußgebet* zum Motiv »Lippengebete« übernehme ich (mit geringer Veränderung) von Pierre Griolet:
»Herr, unser Gott, der Wasserfall der Worte, das Karussell der Formeln, Lippengebete - wie leicht das ist! Wie schal, wie leer. Lehre uns tiefer beten, von Herz zu Herz, so wie Jesus, dein Sohn, gebetet hat, der mit dir und dem Geist in einer Liebe lebt, die größer ist als alle Ewigkeit.« (»Zu jeder Zeit«, Patmos, Düsseldorf 1988, Seite 71)

Als *Gnadenzuage* gefällt mir am besten Jesu Wort: »Bittet, so wird euch gegeben« aus der Bergpredigt, Matthäus 7,7 f. Gut geeignet scheinen mir auch Johannes 15,7 oder aus dem Predigttext die zweite Hälfte von Vers 24.

Verbundenheit beim Beten wird besonders eindrucksvoll praktiziert in einem ökumenischen *Gebet um Frieden* im ehemaligen Jugoslawien. Dieses Gebet wird allwöchentlich gebetet in Ada, einer kleinen Stadt am Fluß Theiß, in der Backa, Provinz Vojvodina, die zu Serbien und zu Rest-Jugoslawien gehört. Einmal wöchentlich wechselt das Gebet zwischen den Kirchen der römisch-katholischen und der serbisch-orthodoxen Gemeinde: »Bleibe bei uns, Herr, begleite uns auf dem Wege, wenn uns Sorgen und Schmerzen begegnen. Bleibe bei uns, wenn wir arbeiten, und wenn wir ruhen. Sei du der dritte unter uns, wenn wir uns liebend begegnen. Wohne in unserem Haus, setze dich bei uns zu Tisch auf den Ehrenplatz, sei unser Berater in allem. Bleibe bei uns, wenn sich unser Gewissen verdunkelt, damit wir nicht irre gehen in der Nacht. Sei uns nahe, wenn die große Nacht uns bedeckt, und gib, daß wir erwachen in deinem Schoß. Sei der geliebte und gern gehörte Lehrer unseres Heimes.« (Deutsche Übersetzung durch den Kantor der katholischen Gemeinde in Ada. Die Kenntnis dieses Gebetes verdanke ich H. Froelich von Pax Christi)

Als *Lieder* empfehlen sich an »Rogate« grundsätzlich die Psalm-Lieder des Gesangbuches, daneben auch das großartige Lied »Ich steh vor dir mit leeren Händen«, EG 382, und »Herr, du hast mich angerührt«, EG 383, das in seiner elementaren Sprache wie ein moderner Psalm wirkt.

Vorschlag zur Predigt

Möglicher Anfang
»In der Welt habt ihr Angst. In der Welt werdet ihr gedrängt, gequetscht und aufgerieben.« Jesus spricht ein prophetisches Wort. Klar und realistisch wie Israels alte Propheten sagt der Prophet Jesus, was ist. Wer wirklich in der Welt lebt, wer sich nicht in eine abgeschottete Privatwelt flüchtet oder in eine religiöse Hinter-Welt, wer beteiligt miterlebt, wie die Welt durchgeschüttelt wird, vernarbt und verbrennt, der hat Angst. Unweigerlich. Es bleibt keinem erspart. Wer mit wachen Sinnen und fühlendem Herzen in der Welt lebt, muß Angst haben, und das umso stärker, je besser er informiert ist, je mehr Phantasie er hat, je mehr Sympathie auch mit den Leidenden. Soll uns Religion darüber hinweghelfen? Müßten Christen angstfreier leben? Unsinn! »In der Welt habt ihr Angst« – so stellt es Jesus fest und so läßt er es stehen, ohne Wenn und Aber, eine Tatsache, der es sich zu stellen gilt, die ernstgenommen und ausgehalten sein will. Wie aber? Es gibt gewisse Ängste, die lassen sich mit dem Verstand angehen, durch Einordnen und Klarstellen. Ängste vor dem Fremden, z. B., gespeist von Unkenntnis und Vorurteilen: Solche Ängste kann ein klar denkender Verstand korrigieren und heilen. Es gibt jedoch auch andere Ängste, die lassen sich nicht durch Aufklärung zurechtrücken. Die tiefe Angst vieler Menschen unserer Tage etwa, ob wir es als Menschheit schaffen werden, unsere technischen Errungenschaften verantwortlich einzusetzen, bevor wir die Schöpfung zerstört haben werden: Diese Angst kriegen wir von uns aus nicht in den Griff. Da gibt es keine Heilung durch Aufklärung, denn gerade eine nüchterne Einschätzung muß dieser Angst recht geben. Wie aber damit leben?

Wie ist das möglich, solche Angst in sich und andern wahrzunehmen, das Bedrängende zu spüren, sich ehrlich Rechenschaft zu geben, wie gefährdet wir sind, durch uns selber! - und doch dabei offen zu bleiben, zuversichtlich, »getrost« (wie es im Bibeltext heißt)?
Jesus empfiehlt uns, nicht jeder und jede für sich allein mit unserer Angst zu kämpfen, sondern Verbindung zu suchen und zu pflegen, seelische und geistliche Verbindung. Jesus empfiehlt uns zu beten. Jesus geht es darum, daß sich seine Freunde bewußt und ausdrücklich in ihren Gebeten mit ihm verbinden: »Bittet in meinem Namen«.
In Jesu Namen bitten - wie ist das zu verstehen?

Zum weiteren Verlauf
Es folgen verschiedene Deutungen, wie das Beten im Namen Jesu möglicherweise zu verstehen bzw. nicht zu verstehen sei. Breiter entfaltet wird der Gedanke, in Jesu Namen zu beten bedeute, in enger, inniger Verbindung mit ihm zu beten. Ein eigener Abschnitt stellt dar, wie Jesus auch ein kritisches Gegenüber für unser Beten ist, da sich manches in seinem Namen nicht beten läßt. Jesu Verheißung: »Bittet, so werdet ihr nehmen, daß eure Freude vollkommen sei« wird ausdrücklich in den Abschiedssituationen hineingehalten und von dort her beleuchtet.

Möglicher Schluß
In dieser Abschieds-Situation tut Jesus etwas Uralt-Jüdisches: Er greift zur Sprache des Segens. »Ihr werdet nehmen (- so reichlich/so beglückend -) daß eure Freude vollkommen sei.« verspricht er. »Frei heraus« werde bald Gottes Wahrheit verkündet werden, und schon jetzt vertraut Jesus den Jüngern Verheißungsvolles an, »damit ihr in mir Frieden habt. »Freude« - »Frei heraus« - »Frieden«: - Jesus spricht lauter Segensworte.
Segnen ist - neben den Beten - eine andere gute und wichtige Weise, uns unseren Ängsten zu stellen. Die Wesen segnen, die uns kostbar sind, die gefährdeten Menschen, Tieren und Pflanzen, die Flüchtenden, Hilfesuchenden, die Länder, deren Leid zum Himmel schreit, die Erde, die verbrannt und vergiftet wird, alles das segnen: Auch das ist ein Tun im Geiste Jesu, in seinem Namen, ein Handeln gegen den Haß, ein gewaltloser Widerstand gegen das Böse.
Es ist ein segnender Jesus, der seinen Freunden die Hoffnung anvertraut: »In der Welt habt ihr Angst, aber seid getrost, ich habe die Welt überwunden.«

Kontexte

1. Beten im Namen Jesu kann auch, in bestimmten Lebenssituationen, schlicht und einfach darin bestehen, sich diesen Namen vorzusagen. Was bedeutet er? Dazu Dieter Nestle: »Matthäus weiß, was dieser Name sagt. Je-schua, Jo-sua, Jesus, das heißt:

Er hilft. Wer Jesus ist, sagt sein Name. Alle Namen, die Liebe und Glauben ihm noch geben werden, können nicht mehr, als diesen einen, Seinen Namen anbetend nachsprechen. Hier sind Name und Person eins. Wer nicht hebräisch kann, hört es von fern sogar aus dem griechischen Wort-Laut heraus: Jesoún/autós gar sósei. - Er wird ja retten Sein Volk.«
(»Wenn du im Garten wandelst, lerne den Glauben«, Herderbücherei Band 1214, Verlag Herder, Freiburg 1985, S. 40)

2. Klassische biblische Belegstellen der Bedeutung des Namens:
- 2. Mose 3,13 f. (Mose fragt nach Gottes Namen)
- Philipper 2,9 f. (Jesu Name »über alle Namen).

3. Um das Geheimnis und die Kraftwirkung von Namen auch außerhalb der Bibel zu verdeutlichen, kann man an das Märchen von Rumpelstilzchen erinnern. Es steht in der Sammlung der Brüder Grimm unter Nr. 55.

Christi Himmelfahrt

Annäherungen an den Predigttext
Lukas 24, (44–49) 50–53

Hermann Otto Geißler

Gesprächsteilnehmer: 3 Mitglieder aus der älteren Gemeindejugend: Sabine (Germanistin), Frank (Physikstudent), Jörn (Publizistik-Volontär); Protokoll: Pfarrer H. O. Geißler, Wiesbaden.

Sabine: Was soll dieses Bild »in den Himmel gefahren«? Ich weiß nicht, wie ich einsteigen soll.
Jörn: Du stellst dir das zu bildlich vor, wie wenn eine Rakete nach oben abhebt. Das ist mir gleichgültig. Ich finde etwas anderes erstaunlich: Es ist genau wie vorher bei der Emmausgeschichte: Gerade haben die Jünger Jesus erkannt, schon ist er weg. Das fasziniert mich. Es besagt: »Ihr könnt nun auch allein weitermachen.«
Frank: Mir ist das Wichtigste die Freude bei den Jüngern. Vorher nach der Kreuzigung waren sie traurig, weil Jesus weg war. Jetzt ist er wieder weg, aber es ist nichts von Traurigkeit da. Jesus gab ihnen Kraft, ohne daß er körperlich anwesend war. Es wird ihnen etwas zuge-»mutet«.
Jörn: Aber wie lange wirkt denn so was? Davon ist in der Bibel nie die Rede. Da bekehren sich welche, aber nie weiß man, ob das auch bleibt.
Frank: Hier wird ihnen gesagt, daß sie noch etwas zu erwarten haben. Es ist für sie klar: Gott hat etwas vor mit ihnen. Deshalb entsteht nun kein Loch für sie.
Jörn: Die erste Gemeinde lebte in einer Endzeitstimmung, die sie froh machte. Aber das besagt nichts mehr für uns. Zu unseren Lebzeiten erwarten wir doch nichts Göttliches mehr.
Sabine: Vielleicht steckt doch noch etwas in dem Bild von der Himmelfahrt.
Jörn: Die ganze Sache ist für mich gar kein Problem. Es gibt viele Möglichkeiten, sich da was vorzustellen. Jesus ist eben »entmaterialisiert« worden, wie das beim »Raumschiff Enterprise«« geschieht, oder so. Der Hauptunterschied zu damals liegt in dem Gefühl der ersten Christen: Ich erlebe das gute Ende noch, daß Jesus wiederkommt und alles in Ordnung bringt. Wir sterben, ohne das gute Ende zu erleben. Wir erwarten das gar nicht.

Frank: Hatten die Jünger denn eine so gefestigte Vorstellung bereits? Da war doch eher Unsicherheit. Und solche Unsicherheit gibt es bei uns auch.
Jörn: Ich glaube eher nicht, daß da am Ende noch was oder jemand kommt. Heute ist erst mal angebracht zu zweifeln. Das war damals nicht so.
Sabine: Aber Lukas erzählt doch die Himmelfahrt als ein Geschehen, das die Jünger sehen konnten.
Frank: Warum hat Jesus das Ganze nicht vor einer großen Menschenmenge inszeniert? »Er führte sie hinaus« aus der Stadt. Warum ging er nicht mit ihnen auf den Marktplatz?
Sabine: Er wollte keine Öffentlichkeit.
Jörn: Wieviele waren es denn? Nicht nur die 11, sondern alle, »die bei ihm waren« (V. 33).
Sabine: Ich frage mich, ob mir Himmelfahrt überhaupt etwas sagt.
Frank: Es war eine Bekräftigung für die Jünger, eine Rückführung aus dem sichtbaren Erleben zum Glauben.
Jörn: Wir haben weder das eine noch das andere.
Sabine: Aber Jesus gibt doch den Jüngern einen Auftrag. Es soll gepredigt werden. Eine neue Öffentlichkeit soll hergestellt werden. Das sind dann nicht nur die Christen.
Frank: Ich kann das nicht sehen. Ich meine, Himmelfahrt geht nur die Jünger an. Es zeigt sich hier auch das Selbstverständnis der Jünger. Sie kehren in den Tempel zurück, entfernen sich nicht vom Judentum, wollen keine Sekte sein.
Jörn: Jedenfalls ist es nicht nur eine Vergewisserung von Menschen, die sich total sicher sind.
Frank: Wer immer die Öffentlichkeit ist, sie bleibt auf den Glauben angewiesen. Die Jünger dagegen haben ein sichtbares Zeugnis, z. B. die Himmelfahrt.
Sabine: Vergiß nicht die Mystiker; die wußten sich auch nicht nur auf das Zeugnis der Jünger angewiesen.
Jörn: Die Himmelfahrt ist ein Symbol für den Zustand, gegenwärtig zu sein ohne sinnliche Erfahrung davon. Das ist doch mit Glauben gemeint, Glauben an Gott.
Frank: Das war aber auch bei den Juden schon ganz ähnlich. Hier kommt es doch auf die Überzeugung der Jünger an: Gott hat mit uns was vor. Vorher war das »Projekt Jesus« beendet. Nun ist auf einmal die Zukunft offen.
Sabine: Es geht auch ohne handgreifliche Beweise weiter.
Jörn: Das ist dann in dem Pfingstereignis abgebildet, in der Erfahrung von »Geist«. Allerdings wird damit viel Unfug getrieben: »Toronto-Segen« usw.
Frank: Sie werden nun Schwierigkeiten ausgesetzt. Aber Jesus hat sie gesegnet.
Sabine: Auf wen bezieht sich dieser Segen: auf die Jünger, die Christen, die Völker?
Frank: Der Segen ist auf eine Aufgabe hin ausgerichtet. Er befähigt die Jünger, diese zu erfüllen, nämlich zu den Völkern zu gehen.

Jörn: Ich verstehe den Segen viel persönlicher - als eine sinnliche Erfahrung von Gottesnähe. Werft mich nicht in den charismatischen Topf! Aber manchmal gibt es doch das Gefühl, Gott nahe zu sein. Ich meine, das muß man gelten lassen. Man darf nicht bloß so eine Kopf-Geschichte daraus machen: Schafft Frieden! oder so.
Frank: Der Segen ist auch anderen zugesagt, gilt auch für die späteren Jahrhunderte.
Jörn: In unserer Zeit können wir damit nicht umgehen. Entweder es wird weggeschoben oder es wird ein Kult daraus gemacht.
Sabine: Bei den Charismatikern wird daraus so eine Art Anspruch auf den Segen. Der soll sich auswirken in Gestalt von Beliebtheit, Gesundheit usw.
Jörn: Betrachte ich es eigentlich als ein Geschenk Gottes, wenn es mir gut geht? Ich erfahre es jedenfalls, daß sich manchmal Dinge plötzlich lösen, die vorher schwierig waren. Das sind für mich wichtige Erfahrungen. Andere empfinden das in anderer Weise, im Schreien, Tanzen.
Sabine: Man darf aber den Segen auch nicht bloß auf das Jenseits beziehen.
Frank: Nein, der Segen ist wichtig. Hier ist er die letzte Handlung Jesu bei den Jüngern, sozusagen die Krönung dessen, was vorher mit Worten gesagt war, nämlich: Gott hat mit euch was vor. Der Segen drückt das aus - im Bereich der Empfindungen, nicht des Intellekts.
Jörn: Das ist doch mit dem Pfingstwunder ausgedrückt, die Kraft aus der Höhe, die zu den Jüngern kommt. Allerdings wird das heute vielfach instrumentalisiert, so für Massenbewegungen. Aber eigentlich muß man die Kraft aus der Höhe doch individuell verstehen.
Sabine: Du hast recht. Wenn im Fernsehen charismatische Gottesdienste gezeigt werden, dann wird der Geist sozusagen fotografiert, wenn die mit erhobenen Armen dastehen und Emotionen freigesetzt werden. Mich stößt das ab.
Jörn: Irgendwie haben wir das vernachlässigt bei uns in der normalen evangelischen Kirche.
Frank: Dabei geht es im Grunde um die Frage, inwieweit die Kirche festen Halt vermitteln kann. Die Charismatiker und Evangelikalen tun das, indem sie ein festes Weltbild in den Menschen verankern.
Sabine: In der evangelischen Kirche ist das Weltbild sehr vielfältig, fast beliebig.
Frank: Ich kenne Charismatiker, die kamen mit dem Leben nicht zurecht. Dann haben sie jemand oder eine Gruppe gefunden, die ihnen geholfen hat, und die gibt ihnen zugleich was vor.
Sabine: Das ist sehr gefährlich. Diese Menschen lassen sich leicht ausnutzen.
Frank: Das ist eines der großen Probleme der Kirche heute, daß sie kein festes Weltbild mehr vermitteln kann. Früher wurde das in der evangelischen Kirche ersetzt durch das nationale Thema. Heute ist alles diffus. Die Kirche kann nicht anders; sie muß sagen: Jeder muß individuellen Zugang finden.

Jörg: Wo Jesus weg ist, müssen wir unseren Weg selber schaffen. Allerdings hat Jesus einen solchen selbstgemachten und verfestigten Weg immer durcheinander gebracht.
Sabine: Es gibt aber doch eine klare Grundlage: Gott und den Nächsten lieben. Sonst darf es keine Festlegung geben.
Jörn: Das sehe ich auch so. Die ganz Überzeugten lassen keine Offenheit zu. Bei denen steht alles fest: Keine Frauen im Priesteramt, Homosexualität ist Sünde usw.
Sabine: Wo keine Kraft spürbar ist, braucht man Festlegungen.
Frank: Der Grund für das Verhalten von Jesus war das Wissen, daß Menschen in Sackgassen geraten. Der Segen befähigt dazu, wieder herauszufinden.
Sabine: Die Psychotherapie will Menschen dazu auch verhelfen. Allerdings ohne Gott!
Jörn: Auch das hat mit der Kluft zu tun, die im Bild von Himmelfahrt angezeigt ist: Er ist abwesend und dennoch persönlich anwesend.
Frank: Das heißt: Wir sind allein und doch nicht verlassen.
Jörn: Genau. Das gibt uns die Selbständigkeit und die Verantwortung für unser Leben und für die Welt. Letztlich macht das den Lebenssinn aus.

Zum Gottesdienst

Rainer Rohrbeck, Micaela Strunk-Rohrbeck

Exegetisch-homiletische Skizze

Lukas kennt neben dem vorliegenden einen weiteren Himmelfahrtsbericht, der ebenfalls Eingang gefunden hat in die Perikopenordnung (Reihe 2: Apostelgeschichte 1,3-11). Dabei betont die Himmelfahrtsgeschichte des Lukasevangeliums eher den Abschied Jesu von seinen Jüngern, während der Akzent der Apostelgeschichte eher auf dem Beginn der Zeit der Kirche liegt. Dieser Unterschied ist zu berücksichtigen.
Der vorliegende Abschnitt gehört in den größeren Zusammenhang Lukas 24,36-53. Im unmittelbaren Anschluß an die Emmausgeschichte (24,13-35) berichtet Lukas von der Erscheinung Jesu inmitten seiner Vertrauten. Im Verlauf dieser leibhaftigen Begegnung legt Jesus seinen Jüngern und Jüngerinnen (vgl. V. 33: »... und fanden die Elf versammelt und die bei ihnen waren«) zunächst ebenso die Schrift aus (VV. 44-47) wie zuvor den Emmausjüngern (VV. 25-27). Sodann beauftragt er sie mit der Verkündigung von Umkehr und Sündenvergebung. Sie soll von Jerusalem ausgehen, wo sich die Jünger solange aufhalten sollen, bis sie die »Kraft aus der Höhe« empfangen haben.

Unmittelbar an diese österliche Erscheinung und Beauftragung schließt sich in VV. 50–53 der »eigentliche« Himmelfahrtsbericht an: Der Zug nach Bethanien am Ölberg, der Abschiedssegen Jesu, sein Weggehen und die freudige Rückkehr der Jünger und Jüngerinnen.

Folgende Akzente fallen dabei auf:

- Im Lukasevangelium sind Ostern und Himmelfahrt zeitlich nicht voneinander abgehoben, sie scheinen auf einen Tag zu fallen. Der in unser Kirchenjahr eingegangene Abstand von 40 Tagen geht auf Apostelgeschichte 1,3 zurück und spielt in den ersten christlichen Jahrhunderten keine Rolle.
- Die Entrückung Jesu geschieht, während er die Zurückbleibenden segnet (V. 51). Äußerlich erfolgt also eine Trennung, während innerlich eine Verbindung bestehen bleibt: Im Segen sagt Jesus seine bleibende Gegenwart zu.
- Die Jünger reagieren auf den Abschied nicht mit Resignation, Ratlosigkeit oder gar Trauer, sondern kehren nach Jerusalem zurück »mit großer Freude« (V. 52).

  Die Freude über Gottes Zuwendung zu den Bedürftigen ist ein wichtiges Motiv im Lukasevangelium (1,14.44; 2,10; 10,17; 15,5.7.10; 19,6; 24,41). Diese bleibende Zuwendung Gottes wird Jesu Jüngern im Segen zugesichert und löst österliche Freude aus. Die Freude mündet in den Lobpreis im Tempel und ist Grundlage und Voraussetzung der Verkündigung. Der Zusammenhang zwischen dem Segen Jesu und dem öffentlichen Lob Gottes im Tempel findet auch darin seinen Ausdruck, daß Lukas für beides auf das griechische eulogein zurückgreift.
- Jesu Jünger sind Zeugen - und zwar zum einen nach V. 46 Zeugen von Leiden, Sterben und Auferstehen Jesu, nach V. 47 aber auch Zeugen für das Angebot der Umkehr und der Sündenvergebung, das sie selbst erfahren haben durch die Gemeinschaft mit Jesus.

Viele Predigtmeditationen gehen davon aus, daß sich am Himmelfahrtstag die Kerngemeinde versammelt, eine kleine Gruppe von »Getreuen«, von kirchlichen »Insidern«. Ihnen »kann Theologie zugemutet werden, weil sie Theologie erwarten« (Predigtstudien I, 2 1985, S. 76) und mit biblischen Inhalten gut vertraut sind.

Diese Einschätzung mag für viele Kirchengemeinden zutreffen. Daneben steht aber eine zweite homiletische Erfahrung, die bislang weitgehend unberücksichtigt bleibt: Immer mehr Gemeinden bieten am Himmelfahrtstag »Kirche draußen« an. Das reicht vom Gottesdienst auf der Kirchenwiese über Waldgottesdienste bis hin zu Gemeindeausflügen mit Gottesdiensten im Grünen. Der Himmelfahrtstag eignet sich dafür zum einen jahreszeitlich, zum andern versuchen Gemeinden, gerade zum »Vatertag« ein attraktives Alternativangebot für Menschen aller Generationen zu machen. Zum dritten lädt das Thema des Himmelfahrtstages zum sinnfälligen Erleben von »Himmel« ein: So wie der Himmel die

ganze Welt umspannt, so auch die Macht und die heilvolle Gegenwart Jesu Christi.
Sofern diese »Open-air-Gottesdienste« ein offenes Angebot mit niedriger Zugangsschwelle darstellen (dies ist bei Gottesdiensten außerhalb kirchlichen Geländes sicher eher der Fall als bei Gemeindeausflügen oder Gottesdiensten auf der Kirchenwiese), kann sich die feiernde Gemeinde sehr bunt zusammensetzen: Zur traditionellen Kerngemeinde gesellen sich wandernde Familien und Radfahrgrüppchen, Neugierige und Suchende, Menschen aus anderen Gemeinden und Menschen, die sonst kaum eine Kirche betreten. (In unserer eigenen dörflichen Gemeinde wird seit Jahren zu Himmelfahrt ein »Plattdeutscher Gottesdienst an der Bockwindmühle« gefeiert, in dem wir eine so bunt zusammengesetzte Gottesdienstgemeinde erleben.) All diese Menschen erwarten nicht steile Dogmatik oder eine Erklärung der Himmelfahrt, sondern einfach einen »schönen«, fröhlichen Gottesdienst und Auskunft darüber, was dieser zum Himmel gefahrene Jesus Christus mit ihnen zu tun hat.
Von diesen Erwägungen her stellen wir die Freude über die erfahrbare Nähe Jesu Christi und die Wirksamkeit seines Segens in den Mittelpunkt unseres Predigtentwurfes (vgl. Annäherungen).
Das Ineinander von Imperativ und Indikativ kann an diesem Text beispielhaft deutlich werden. Alle menschliche Antwort auf das Heilshandeln Gottes beginnt mit der Freude und dem Lob Gottes in der Gemeinde.
Die versprochene Zukunft im Segen Jesu Christi ermöglicht gelassenes Herangehen an die Aufgaben unserer Zeit. Für die den Christen gestellte Aufgabe der Zeugenschaft für die Liebe Gottes in allen Lebensbereichen hat Jesus »die Kraft aus der Höhe« zugesagt.
Deshalb kann die christliche Gemeinde auch angesichts schier unendlicher Aufgaben im Gottesdienst Lob- und Danklieder singen und sich mit der Kraft aus der Höhe stärken lassen. Vielleicht ist der Gottesdienst an Himmelfahrt dafür besonders geeignet.

Vorschläge zur Liturgie

Sündenbekenntnis
Gott, du Quelle des Lebens.
Mitten in der Woche kommen wir zu dir,
um die Mitte unseres Lebens zu finden.
Alltagstrott und Hektik sind die Gangarten,
die unsere Tage bestimmen.
Wir versuchen etwas zu leisten
und geraten bald außer Atem.
Und wenn uns ein Mitmensch fordert,
dann sind wir hilflos und schwach.

Tausend Ansprüche erdrücken uns,
weil wir nicht gelernt haben,
Wichtiges von Unwichtigem zu unterscheiden
und das Nächstliegende zu tun.
Darum bitten wir dich:
Erbarm dich über uns!
(eigene Formulierung nach unauffindbarer Vorlage)

Kollektengebet
Gott, unsere Zuflucht,
unter deinem Himmel haben wir Zeit,
über das Leben nachzudenken:
wie es ist –
und wie es sein könnte.
Wir bitten dich:
Schütze und vertiefe unsere Träume.
Fülle uns mit Freude
und schenke uns deine Kraft,
damit wir einstehen für deine neue Welt.
(abgewandelt nach: I. Scholz und P. Horst, Gottesdienste zur Konfirmation, Materialheft 57 der Beratungsstelle für Gestaltung von Gottesdiensten, Frankfurt/Main 1990, D 7)

Fürbittengebet
Gott,
So wie der Himmel sich über uns weitet,
so breite deine Freude aus unter uns.
So wie du das ganze Weltall füllst,
so fülle auch unsere Herzen mit deiner Kraft.

Wir bitten dich heute
für alle, die ohne Freude sind:
für Trauernde und Überforderte, für Schwermütige und Verbitterte,
für Einsame, die keinen Menschen haben,
und Verzweifelte, die nicht mehr leben wollen:
daß sie Menschen finden, die die Dunkelheit mit ihnen aushalten,
damit der Funke der Freude neu in ihnen entfacht wird.

Wir bitten dich
für alle, denen die Kräfte ausgehen:
für Kranke und Sterbende,
für Hungernde und Gefolterte, für Gefangene und Vertriebene:
daß sie Menschen finden,
die ihnen helfen mit all ihren Fähigkeiten,
damit ihnen neue Kräfte zuwachsen.

Wir bitten dich für uns alle,
wenn wir müde werden
und keine Hoffnung mehr haben:
Strecke deine Hand aus nach uns,
damit wir deine Nähe spüren,
und rühr uns an mit deiner Kraft

Vater unser …

Bitte um Segen
Herr, wir bitten: Komm und segne uns;
lege auf uns deinen Frieden.
Segnend halte deine Hände über uns.
Rühr uns an mit deiner Kraft.
(Kehrvers von Lied 572, EG Regionalteil für Bayern und Thüringen)

Liedvorschläge
Neben den Himmelfahrtsliedern im Stammteil des EG (119–123) zwei neuere Lieder aus dem Regionalteil für Bayern und Thüringen: 562 Der Himmel geht über allen auf und 561 Wir feiern deine Himmelfahrt (nach der Melodie von EG 326 Sei Lob und Ehr dem höchsten Gut; Text s. u.). Außerdem EG 352 Alles ist an Gottes Segen und 359 In dem Herren freuet euch.
561,1–4 Wir feiern deine Himmelfahrt
Wir feiern deine Himmelfahrt / mit Danken und mit Loben. / Gott hat sich machtvoll offenbart, / das Kreuz zum Sieg erhoben. / Er sprach sein wunderbares Ja. / Nun bist du immer für uns da, / entgrenzt von Raum und Stunde.
Das Reich, in das du wiederkehrst, / ist keine ferne Höhe. / Der Himmel, dem du zugehörst, / ist Herrschaft und ist Nähe. / Präg du uns ein, Herr Jesu Christ: / Gott ist nicht, wo der Himmel ist; / wo Gott ist, da ist Himmel.
Nimm uns in deinen Machtbereich, / gib Kraft zu Tat und Leiden / und mach uns deinem Wesen gleich / im Wollen und Entscheiden. / Wir freuen uns, Herr Jesu Christ, / daß da auch ein Stück Himmel ist, / wo wir dein Wort bezeugen.
Du hast die Angst der Macht beraubt, / das Maß der Welt verwandelt. / Die wahre Macht hat nur, wer glaubt / und aus dem Glauben handelt. / Wir danken dir, Herr Jesu Christ, / daß dir die Macht gegeben ist / im Himmel und auf Erden.

Predigtentwurf

Möglicher Predigtanfang
Liebe Gemeinde,
»Wer zu schnell ist, den bestraft das Leben!« Vielleicht wundern Sie sich: Heißt das nicht: Wer zu spät kommt, den bestraft das Leben? Sicher, das ist

der berühmte Satz von Michail Gorbatschow. Und seine Wahrheit hat sich nicht nur einmal in den letzten Jahren erwiesen.
Doch heute heißt mein Anfangssatz: »Wer zu schnell ist, den bestraft das Leben!« Und auch für diesen Satz lassen sich eine Menge Erfahrungen anführen: »Wer zu schnell ist ...«, der versucht viele Dinge gleichzeitig zu erledigen, der tut das Eine, ist aber mit Gedanken schon bei der nächsten Sache. Wer kennt solche Situationen nicht? Wer zu schnell ist, gönnt sich häufig keine Pause, weil es ja so schrecklich viel zu tun gibt. Wer zu schnell ist, hat Angst, irgendwo irgendetwas zu verpassen, und geht dann vielleicht erst zu dieser Feier und dann noch zu jener, oder schaut erstmal in den einen Film und schaltet dann um ins andere Programm, und hinterher hat er oder sie nichts richtig gemacht.
Wer zu schnell ist, den bestraft das Leben, häufig genug, indem er oder sie krank wird, - oft nichts anderes als eine Notbremse unseres Körpers, weil unser Leben eine zu hohe Geschwindigkeit angenommen hat, oder ein Signal: Laß es mal ein bißchen langsamer angehen.
Die Jünger und Jüngerinnen bekommen zum Abschied von Jesus den Auftrag, unter allen Völkern die Frohe Botschaft weiterzusagen. Ein Riesenauftrag für die paar Leute! Und trotzdem leisten sie es sich, erst einmal nichts zu tun als zu warten. Sie gehen in den Tempel und preisen Gott, - vielleicht ja gerade wegen dieses großen Auftrages. Vielleicht ist gerade dies die beste Vorbereitung, die einzige Art und Weise, mit einer so umfassenden Aufgabe zu leben: Nicht in eigener Kraft und hektischer Betriebsamkeit machen sie sich ans Werk, nach dem Motto: »Es gibt viel zu tun, packen wir's an«, sondern gelassen warten sie die versprochene Kraft aus der Höhe ab. Sie loben und preisen Gott.
Da gehe ich selbst - und viele andere in der Kirche - ganz anders an die Herausforderungen unserer Zeit heran. Da wird in die Hände gespuckt und die Arbeit angepackt. Und zu tun gibt es ja nun wahrlich genug. Man müßte was tun für die bosnische Flüchtlingsfamilie und all die anderen Flüchtlinge im Ort. Ich müßte viel mehr Zeit haben für die kranke Nachbarin, zuhören, trösten, einfach da sein. Man müßte etwas organisieren gegen die ökologisch wahnsinnigen Pläne für den Weiterbau der Autobahn im Kreis ... (Da lassen sich wohl auch im Frühjahr 1997 entsprechende Aufgaben zuhauf finden.)
Man müßte ... Puh! Manchmal spüre ich einen riesigen Druck. Und dann fühle ich mich wie gelähmt angesichts der Übermacht der Probleme. Wo soll ich anfangen, wo aufhören?

Zum weiteren Verlauf
Wie fangen die Jünger und Jüngerinnen an?
Was machen sie mit diesem: »Ihr seid meine Zeugen für alle Völker!«?
Jesus erteilt ihnen den Auftrag, segnet sie und ist plötzlich weg. Und sie? Sie stöhnen nicht unter der Last dieser enormen Verantwortung, sagen

nicht: »Ist das nicht etwas zuviel verlangt? Und jetzt läßt er uns auch noch im Stich ...« Es wird erzählt, daß sie mit großer Freude nach Jerusalem zurückkehrten und im Tempel Gott priesen und lobten.

Wie fremd mir das ist! Mich freuen, wenn ich soviel zu tun bekomme, erst einmal die Hände still halten und Gott loben. Warten auf die versprochene Kraft aus der Höhe. Fremd ist es mir. Das habe ich anders gelernt; im Elternhaus, in Schule und Betrieb, ja, und auch in der Kirche geht man anders an Aufgaben heran. »Sich regen bringt Segen!« - dieses Motto schmückte die Küche meiner Großmutter. Das habe ich von klein auf gelernt, mich zu regen. Deshalb ist mir das Verhalten der Jünger und Jüngerinnen so fremd. Wie vieles Fremde zieht es mich aber auch sehr an. Ich merke: Genau das fehlt meinem Leben. Wie schön, wenn ich das auch könnte. Schlichte Freude an Gottes Nähe, Gott loben und preisen. Ich spüre - das kommt bei mir viel zu kurz.

Vielleicht spricht gerade deshalb diese Szene mich besonders an: Ich stelle mir vor, ich stehe in der Nähe Jesu, der segnend seine Arme über uns hebt. Und ich kann mich einfach freuen, daß er da ist, wo ich bin. Dieses Versprechen, ich bleibe bei euch und ihr bekommt die Kraft, die ihr braucht, erfüllt mich. Dieser Segen kommt bei mir an.

Wenigstens im Gottesdienst möchte ich das erleben und einüben, ohne gleich wieder auf all das zu blicken, was zu tun ist.

In Jesus Christus kommt der Himmel auf die Erde. Und seit Himmelfahrt kann überall auf der Erde in seiner Nähe der Himmel auf Erden erlebt werden. Mit der Freude darüber fängt die Geschichte der Kirche an. Lukas erzählt in seinem Evangelium, der Frohen Botschaft, am Anfang von der Verkündigung der Engel: »Siehe, ich verkündige euch große Freude, die allem Volke widerfahren wird.« Mit der Freude fängt er also an, und hier am Ende seines Evangeliums hört er mit der Freude der Jünger auf. Doch Lukas erzählt in der Apostelgeschichte, wie die Jünger Jesu Auftrag umsetzen.

Und so können wir sagen: Auch hier geht es mit der Freude der Jünger erst richtig los. Ihre Freude ist so etwas wie das Schwungrad für ihr Tun. Sie loben und preisen Gott, zunächst im Tempel und später, indem sie anderen von der Nähe Gottes in Jesus Christus erzählen. In ihm kommt der Himmel auf die Erde. Indem Jesus die Seinen zum Abschied segnet, verbindet er sich mit ihnen. Im Segen verbindet er sie mit Gott. Seit Himmelfahrt können Menschen überall Gottes Nähe und seinen Segen erleben. Seit Himmelfahrt kann überall der Himmel auf die Erde kommen.

Ich möchte dann erzählen von Menschen aus unserer Gemeinde, bei denen ich Ähnliches erlebe.

Von der Frau, die trotz schlimmer Erfahrungen mit Tod und Krankheit in der Familie, die mich selbst hilflos und sprachlos machten, mit mir zum Geburtstag Lob- und Danklieder singen möchte, die mich und andere mit ihrer wahrlich nicht naiven Freude und Zuversicht ansteckt und Mut macht.

Vom Unternehmer, der unter der Last großer Verantwortung und vieler Sorgen in der derzeitigen wirtschaftlichen Situation, sich die Freude an Kleinigkeiten bewahrt hat, dem man abspürt, daß er hier und da die Erfahrung von ein wenig Himmel auf Erden macht.
Vom Lehrer, der in den Gottesdienst kommt, weil er für die Arbeit mit Jugendlichen, ihre Fragen und Zweifel die Gewißheit braucht, daß Gott ihn in seinen Alltag begleitet. Fürbitte und Segen sind ihm das Wichtigste am Gottesdienst.

Möglicher Schluß
Wie die Jünger haben wir alle Hände voll zu tun, um dem Kommen Gottes in unserer alltäglichen Wirklichkeit den Weg zu bereiten. Wir haben alle Hände voll zu tun, um in allen menschlichen Verhältnissen die Liebe Gottes aufscheinen zu lassen und weiterzugeben, was wir durch Jesus Christus erfahren haben. Alle Hände voll zu tun - aber es beginnt damit, daß wir erstmal unsere Hände still halten und warten, daß Gott sie uns füllt.
Allerdings ist das kein müßiges Warten. Was Lukas uns von den Jüngerinnen und Jüngern erzählt, möchte ich lieber ein tätiges Warten nennen. Und das möchte ich bei ihnen lernen. Mich im Gottesdienst, in der Gemeinde dem Segen Gottes öffnen, mit anderen Gott loben und preisen. Das wird auch uns helfen, unter der Fülle der Aufgaben heute nicht atemlos zu werden oder mutlos. Denn es wird die Erinnerung in uns wachhalten, daß wir allenfalls Wegbereiter sind für das Reich Gottes, daß die Erfüllung allein von Gott kommen kann. Es wird helfen, daß uns bei allem Tun die Freude und das Lob Gottes nicht ausgeht, und so können wir vielleicht gerade durch diese Gelassenheit zum Glauben ermutigen.
In unserem Alltag, vor allem im gemeinsamen Gottesdienst laßt uns dem Segen Gottes und der Freude über seine Nähe Raum geben, damit Gottes Herrschaft durch uns Hand und Fuß gewinnen kann.

Kontexte

»Eine schlichte Wasserlache
möchte ich sein
und den Himmel spiegeln!«
(Helder Camara, mach aus mir einen Regenbogen, Pendo-Verlag, Zürich 1981, S. 1)

»Mach aus mir einen Regenbogen,
der alle Farben enthält,
in die sich dein Licht bricht!

Mach aus mir immer mehr
einen Regenbogen,
der das ruhige Wetter ankündigt
nach den Stürmen auf See.«

(Helder Camara, a. a. O.)

Höher als bis zum Himmel

Von einem chassidischen Rabbi ging die Sage, daß er jeden Morgen vor dem Frühgebet zum Himmel aufsteige. Ein Mitnaged, ein Gegner des Chassidismus, lachte darüber und legte sich vor Morgengrauen auf die Lauer. Da sah er: der Rabbi verließ, als Holzknecht verkleidet, sein Haus und ging zum Wald. Der Mitnaged folgte von weitem. Er sah den Rabbi Holz fällen und in Stücke hacken. Dann lud der Rabbi sich das Holz auf den Rücken und schleppte es in das Haus einer armen kranken, alten Frau. Der Mitnaged spähte durch das Fenster, und er sah den Rabbi auf dem Boden knien und den Ofen anzünden.

Als die Leute später den Mitnaged fragten, was es denn nun auf sich habe mit der täglichen Himmelfahrt des Rabbi, sagte er: »Er steigt noch höher als bis zum Himmel.«

(aus: Gisela Hommel, Erster Blick auf's Judentum, Peter Hammer Verlag, Wuppertal 1981)

Rainer Strunk erzählt, wie eigene Erfahrungen auf der Intensivstation ihn das Symbol »Himmel« sowie Passion und Ostern neu und anders haben erleben lassen:

»Vom Krankenbett aus ist der Blick in den Himmel immer eine Wanderschaft. Nirgends sonst, scheint mir, kann die Seele so wandern wie hier. Und sie kommt nie ungetröstet und leer zurück. Eine merkwürdige, aber offenbar wichtige Entsprechung: die Zelle und der Himmel! Mein enges, separates Zimmerchen auf der Intensivstation ist wie eine Zelle. Aber da ist auch Himmel darüber; ein Ausschnitt nur, aber im Ausschnitt ist das Ganze enthalten.

Ohne den Himmel wäre die Zelle ein Gefängnis, ein Grab. Und ohne die Zellen-Erfahrung wäre der Himmel nicht das, was er ist: Reiseland der Seele. ...

Aus der Leichenstarre der Verzweiflung in die Schwingung von Zuversicht zu geraten, das ist die Reise der Seele. Auferstehung erfahren und zu Gott kommen heißt: in jene Schwingungen geraten mit der Seele, die von Gottesgegenwart kündet.«

(aus: Rainer Strunk, Tor ins Weite, Vom Geheimnis des Glaubens, Quell Verlag, Stuttgart 1991, S. 154 f.)

Exaudi

Annäherungen an den Predigttext Johannes 15,26–16,4

Stefan Claaß

Gesprächspartner: Hauskreis junger Erwachsener
Am Anfang war das Schweigen.
Wir blättern zurück. Wir blättern vor.
Woher kommt der Tröster? Wohin geht Jesus?
Unser Gespräch kreist um drei Themen:
1. Ausschluß und Verfolgung
2. Juden und Christen
3. Heiliger Geist.

1. Wir reagieren unterschiedlich auf den Vers 16,2, wenn jemand (nach Luther) liest: »Sie werden euch aus der Synagoge ausstoßen.« Oder (nach Zink): »Sie werden euch aus der Gemeinde ausstoßen.«
Wir geraten ins Aufzählen: Wo wird das Töten der zuvor Ausgestoßenen als Gottes-dienst angesehen?
Beim Töten mit Feuer oder Blei denken wir an kirchliche Vergangenheit, an andere Weltreligionen.
Man kann aber auch Menschen ausstoßen und dann totschweigen …
Auf welcher Zeitebene lesen wir den Text?
Als säßen wir Jesus zu Füßen: Sie werden euch aus der Synagoge ausstoßen.
Als säßen wir Johannes zu Füßen: Laßt uns nicht verzweifeln – Jesus hat prophezeiht, daß wir ausgestoßen würden.
Als säßen wir im Club der Zeitlosen: Ist es ein Kennzeichen wahrer Jüngerschaft, immer wieder ausgestoßen zu werden?
Einige von uns lesen den Text als Warnung, andere auszustoßen. Andere lesen ihn als Mahnung, für die Einsicht der Verfolger zu beten.
Auf welcher Seite stehen wir???

2. Es geht um Uneinsichtige und Sehende. Die Gefahr ist groß, in den einen die Juden, in den anderen die Christen zu sehen. Wen trifft das Urteil in 16,3?

Bei uns entspann sich eine Diskussion, ob wir es persönlich als Manko empfinden, nicht mehr zur Synagoge zu gehören.
»Die ist weit weg von mir«, bekannten einige.
»Ja, es ist ein Mangel«, meinte einer.
Wo und wie spielt sich gegenwärtig eigentlich jüdisch-christlicher Dialog ab? fragen wir.

3. »Heiliger Geist« sagen wir - obwohl dies so nirgendwo im Text steht. Statt dessen: »Tröster«, »Geist der Wahrheit«. Wir übersetzen für uns: »Geist der Einsicht«, »Geist der Verständigung«.
Wer ist dieser Geist? Was tut er?
V. 26 läßt uns nach der Dreieinigkeit Gottes fragen.
Gott den Vater und Schöpfer feiern wir an Erntedank.
Jesus Christus feiern wir an Weihnachten.
Wie anschaulich ...
An Pfingsten machen wir Kurzurlaub. Verpassen wir was?
Selbstbeobachtung: Beim Beten beziehen wir uns auf Gott, den Schöpfer: »Du hast ins Leben gebracht ...«. Oder wir sprechen Christus an: »Du hast die Mühseligen und Beladenen gerufen ...«.
Warum gehen uns beim Geist die Worte aus?
Das wäre ein Anfang: Wie buchstabieren wir »trösten«?
Zum Beispiel: T wie Taufe, R wie das Reifen, Ö wie österliche Freude, S wie Singen, T wie Trauern, E wie Einstehen, N wie Nein sagen, neu werden, nachfolgen ...

Zum Gottesdienst

Christof Karzig

Exegetisch-homiletische Skizze

a) »Die Gemeinde in der Welt« überschreibt Bultmann in seinem Johannes-Kommentar (KEK [13]1953 z. St.) den Abschnitt 15,18-16,11, den man insgesamt immer vor Augen haben sollte und dessen Gedankenfortschritt in den Unterabschnitten deutlich wird: »Der Haß der Welt: a) Die Gleichheit des Schicksals für Offenbarer und Gemeinde (V. 18-20); b) Die Sünde der Welt (V. 21-25); c) Die Aufgabe der Jünger unter dem Haß der Welt (15,26-16,4a)«. Nimmt man besonders den auf unsere Perikope folgenden Abschnitt »Das Gericht über die Welt (16,4b-11)« hinzu, wird deutlich, daß unser Text zwar einerseits beunruhigt, andererseits bestätigt (Hartmann, GPM 39/1985, S. 280f.), der Ton aber nach meiner Meinung eher auf der Bestätigung der Jünger liegt, also der Zeugen (V. 27) in ihrem »Schicksal in der Welt«. Deshalb sei die schöne Zusammenfassung von Bornkamm vom Anfang seiner bis heute lesenswerten Meditation von 1950 zitiert: »Dieser Abschnitt der johanneischen Abschiedsreden stellt die Gemeinde unter eine doppelte Ankündigung Jesu: sie wird von Jesus den Geist empfangen und von der Welt Verfolgung erleiden. Not und Verheißung zugleich werden das Dasein der Glaubenden kennzeichnen, und zwar beides in einer eigentümlichen Einheit. Es genügt keineswegs zu sagen, daß der Geist die Gemeinde mit Jesus verbindet, die Verfolgung dagegen ihr Verhältnis zur Welt charakterisiert. Sondern es ist so: der Geist wird das Verhältnis der Glaubenden zu Jesus und zur Welt offenbaren, wie auch die Verfolgung sie in ihrer Existenz doppelt bestimmt; im Verworfenwerden wird die Gemeinde die Einheit mit ihrem Herrn empfangen und erfahren.« (GPM 4/1950, S. 158, Neuauflage 1966).

b) Auch wenn »ein spekulatives Interesse am trinitarischen Verhältnis« nicht vorliegt (Bultmann S. 426.4), so setzt die Perikope doch trinitarisch ein: Jesus sendet den Geist, der vom Vater ausgeht; Jesus sendet ihn vom Vater, und der Geist wird Zeugnis geben von Jesus selbst. Hier wird nicht »spekuliert«, hier wird »einfach« trinitarisch geredet, die Zeugenschaft der Glaubenden und ihr Zeugnis »einfach« trinitarisch begründet. Die Zeugen werden sogar gleichsam in die Trinität hineingenommen: die Tätigkeit des Geistes wird genauso bezeichnet wie die derer, die zu Jesus gehören: zeugen = martyrein. Die Einheitsübersetzung bringt das deutlicher zum Ausdruck: »dann wird er Zeugnis von mir ablegen. Und auch ihr sollt Zeugnis ablegen« (V. 2 bc. 27 a). Heiliger Geist bedeutet, daß die Zeugen teilhaben am (trinitarischen!) Handeln Gottes. Die Rede vom Dreieinigen Gott hat also nach unserer Perikope, die am Sonntag vor Pfingsten seit Jahrhunderten als das »alte« Evangelium zu lesen und dies Jahr mal wieder zu predigen ist, den Sinn, Gott, den Vater, zu kennen (15,21–16,3) und an ihn zu glauben; sodann Zeugen Jesu zu sein, und d. h. das gleiche Schicksal zu erleiden wie er, oder wenn wir dieses Schicksal erleiden, darin gestärkt zu werden, daß es »uns nicht besser geht« als ihm; schließlich sind die, die Gott kennen und an ihn glauben und von Jesus zeugen, nicht allein, sondern sie haben Beistand, einen Anwalt, einen Tröster, den Geist der Wahrheit (V. 26), den wir mit dem Glaubensbekenntnis den Heiligen Geist nennen. Er wird uns »in alle Wahrheit leiten« (16,13), in »die sich offenbarende göttliche Wirklichkeit« (Bultmann S. 426).

c) Wir stellen uns also am Sonntag vor Pfingsten auf dieses Fest des Heiligen Geistes ein, das zwar (noch?) aus zwei Feiertagen besteht und also zu den Hoch-zeiten des Jahres gehört, aber noch weniger als die beiden anderen großen christlichen Feste, Weihnachten und Ostern, letzteres auch schon weniger, in seiner Bedeutung verstanden wird. (Ich habe übrigens meinen Konfirmanden bei der Erklärung des Kirchenjahres immer gesagt, daß wie Weihnachten die Adventszeit und Ostern die Passionszeit (als Fastenzeit) auch Pfingsten eine Vorbereitungszeit habe, nämlich diesen einen Sonntag, Exaudi, den Sonntag nach Himmelfahrt. Auch wenn das liturgisch nicht richtig ist, ergibt sich pädagogisch damit für alle drei Feste: Vorbereitungszeit, Fest, Festzeit, letztere bei Pfingsten dann der Sonntag Trinitatis oder gar die ganze (festlose) Trinitatiszeit.) Jesus *hat* nicht nur geredet (16,1.4), sondern Heiliger Geist bedeutet, daß seine Rede weitergeht als Zeugnis des Geistes und der Zeugen. Und damit geht auch die Auseinandersetzung Gottes mit der Welt und die Auseinandersetzung der Welt mit Jesus weiter. Davon sprechen die Abschnitte vor und nach unserer Perikope. Nachdem wir seit Ostern den Sieg Gottes über den Tod in der Auferstehung Jesu, die Einheit des Sohnes mit dem Vater in seinem Gang zum Vater (Johannes 20,17) als Himmelfahrtsfest gefeiert haben, wenden wir uns zu Pfingsten »der Gemeinde in der Welt« zu. Aber auch das zuerst einmal feiernd, nämlich das Kommen des Geistes zu uns feiernd. Dies aber ist nicht nur ein Fest.

d) Davon spricht der Zusammenhang, in deutlicher Zuspitzung aber 16,2 f. Nicht nur der Haß trifft die Zeugen Jesu, sondern Verstoßung aus der religiösen Gemeinschaft ebenso wie Martyrium und Tod. Auch darin gehen Leben und Predigt, Handeln und Leiden Jesu weiter. So wie Jesus hingerichtet wird, weil er die Wahrheit bezeugt (18,37), so wie diejenigen, die Jesus töten, meinen, sie täten Gott einen Dienst damit, so geht es mit den Seinen weiter. Man könnte verzweifeln. Aber solche »Verzweiflung« wäre Abfall, wörtlich steht in V. 1: ein Skandal! Dieses skandalizein kommt im gleichen Sachzusammenhang Matthäus 24,9–14 vor, dort auch die Stichworte »Haß« und »Zeugnis«. Was dort aber als der Anfang (»der Wehen«) der Endzeit bezeichnet wird, ist nach Johannes ein Merkmal der Kirche zu allen Zeiten. Allerdings ist auch hier zu beachten, daß die Tötung der Zeugen, also das Martyrium, eine Ausnahme ist (»es kommt die Zeit«, V. 2 b), nicht aber der Haß der Welt und Ausstoßung durch die vermeintlich Rechtgläubigen. Was dann hilft, ist allein die Erinnerung (mnemoneuein) (»damit, wenn die Stunde kommt, ihr daran denkt, daß ich's euch gesagt habe«). Aber nicht nur die Erinnerung an die Worte wie in unserer Perikope oder Matthäus 24, sondern auch die Erinnerung an das »Schicksal« Jesu, dem wir darin »gleichgestaltet« werden; Paulus: »Ihn möchte ich erkennen und die Kraft seiner Auferstehung und die Gemeinschaft seiner Leiden und so seinem Tode gleichgestaltet werden, damit ich gelange zur Auferstehung von den Toten« (Philipper 3,10).

Zum »mnemoneuein« (daran denken, erinnern) assoziiere ich auch, daß es ja die »Anamnese« gibt im christlichen Gottesdienst, nämlich das Abendmahl: »Solches tut zu meinem Gedächtnis.« Besonders der Kelch ist »die Gemeinschaft des Blutes Christi« (1. Korinther 10,16), also seines Todes auch hier. Entsprechend die Anamnese: »So gedenken wir, himmlischer Vater, deines Sohnes, wir gedenken seines Leidens und Sterbens ...« Und dann die Epiklese: »Sende auf uns herab deinen Heiligen Geist ...«.

Und das andere Sakrament, die Taufe, bedeutet, auch hier nach Paulus: »Oder wißt ihr nicht, daß alle, die wir auf Christus Jesus getauft sind, die sind in seinen Tod getauft?« (Römer 6,3).
Obwohl die Exegese eindeutig das Ineinander oder die »eigentümliche Einheit« (Bornkamm) von Geistempfang und Zeugenschaft einerseits und Haß der Welt bis hin zum Martyrium andererseits aufweist, kann ich das für die Predigt heute nicht realisieren, weil wir auf der einen Seite in unseren (noch) volkskirchlich geprägten Gemeinden Probleme der Zeugenschaft und andererseits den »Haß der Welt« kaum zu spüren haben. Deshalb sehe ich nur zwei *alternative* Predigtmöglichkeiten. Die erste konzentriert sich ganz auf Johannes 15,26 f. und läßt die Problematik des Gehaßt-werdens und vor allem des Martyriums außer acht, weil das nicht unsere aktuelle Situation ist: siehe Vorschlag zur Predigt.
Die andere hat nur dieses im Blick, allerdings in einer verfremdenden Weise: Ich schlage eine Predigt vor zu Bonhoeffers Lied, das jetzt im Evangelischen Gesangbuch steht, »Von guten Mächten«. Diese »Predigt« besteht ganz wesentlich darin, dieses Lied meditativ zu singen. Diese Predigt ist ein Märtyrergedenken, das es in unserer Kirche traditionellerweise nicht gibt, zu dem jedoch gerade diese Perikope anregen kann.

Vorschläge zur Liturgie

Lieder
Heiliger Geist, du Tröster mein (Wochenlied, EG 128); Nun bitten wir den Heiligen Geist (EG 124); Du heilige Glut, süßer Trost (EG 125,3); Wach auf, Du Geist der ersten Zeugen (EG 241); Bewahre uns Gott (EG 171); Von guten Mächten (EG 65)

Den *Eingangspsalm* 27 sollte man im Wechsel beten, EG 714, nachdem das neue Gesangbuch diese Möglichkeit bietet.

Kollektengebet: Herr Gott, Du hast Dein Licht entzündet in uns, Deinen Heiligen Geist hast Du in uns gegossen. Dein Reich ist mitten unter uns, verborgen und nahe: ein Mensch, den man liebhat, Menschen, für die man lebt, Dein Wille geschieht auf Erden, überall, wo Menschen füreinander leben und sterben. Wir bitten Dich, laß uns alles vollbringen allmählich, Tag für Tag, damit wir vertraut werden mit Deinem Namen und Dich finden, unsern Vater, bis in Ewigkeit.
(Huub Oosterhuis, Mitten unter uns, Verlag Herder, Wien 1982, S. 154 f.).

Fürbittengebet
»Komm, Heiliger Geist und rühre uns an! Mit der Kraft aus der Höhe rühre uns an. Gib deinem Wort Leuchtkraft in unseren Worten, daß es zum Glau-

ben erweckt, zur Hoffnung ermuntert und zur Liebe verlockt alle deine Kinder. Gib Leuchtkraft deinem Wort in unserem Gewissen, daß die Wahrheit aufstrahlt und die Lüge verblaßt, daß der Friede an Kraft gewinnt und der Haß sich verzehrt, daß die Freiheit zum Siege kommt und zum Versiegen das Unrecht!
Komm, Heiliger Geist und rüste uns aus! Mit Frieden und Mut, Herr, rüste uns aus! Gib dem Werk, das ein jeder ausrichten soll, einen guten Ausgang und zum neuen Werk einen mutigen Anfang: daß die Regierenden weise entscheiden und dann entschieden regieren, daß die Mächtigen über ihre Macht barmherzig verfügen und die Ohnmächtigen Barmherzigkeit finden. Gib den Einsamen Freunde, den Verlotterten Halt, und den Versteinerten gib ein Lächeln zurück.
Komm, Heiliger Geist! Bei uns bist du nötig. Wir brauchen dich. Auf den Höhen der Macht, im traurigen Abgrund und auf alltäglichen Wegen – überall brauchen wir deinen Impuls. Wir brauchen deinen Mut zum Leben und wir brauchen deinen Frieden zum Sterben. Wir brauchen dich an allen Enden. Komm, Heiliger Geist! Amen.

(Th. Sorg (Hg.), Rogate, Gebete für den Gottesdienst, Claudius Verlag, München 1969, S. 66)

Vorschlag zur Predigt

Die allermeisten von uns, die sonntags zum Gottesdienst kommen, sind getauft, als Kinder, neuerdings in zunehmenden Maße auch als Konfirmanden; aber auch die Möglichkeit, sich als Erwachsener taufen zu lassen, rückt ins Bewußtsein, denn die Volkskirche ist zuende. D. h. wir können nicht mehr davon ausgehen, daß wer Deutscher ist, automatisch auch Christ ist, sei es nun evangelisch oder katholisch. In Ostdeutschland ist das eindeutig so, im Westen geht die Entwicklung eindeutig dahin. So ist es gut, immer wieder einmal über die Taufe nachzudenken. Und d. h., daß die einen gut daran tun sich ihrer Taufe zu erinnern. Das kann jedesmal geschehen, wenn wieder jemand getauft wird. Vielerorts gehört deshalb das sogenannte Taufgedenken derer, die schon getauft sind, zur Taufliturgie.
Und die anderen? Ich war sechs Jahre Pfarrer in Tansania, und zu meinen Aufgaben gehörten auch die Evangelisationen in den Dörfern unseres Gebietes, wo nur wenige zur Kirche gehörten, sei es, daß sie wieder in Praktiken der traditionellen Religion zurückgefallen waren, sei es, daß sie noch nie Christen waren. Ich habe diese Evangelisationen immer mit einer Gruppe von jungen Evangelisten oder Evangelistenschülern zusammen gemacht, und dabei besonders die Hausbesuche. Es ging immer ein Evangelist zusammen mit einem Kirchenältesten oder einem Gemeindeglied, die die Besuchten kannten. Gastfreundlich, wie die Afrikaner sind, wurden wir jedesmal in den dunklen Hütten empfangen. Am meisten hat mir bei

diesen Besuchern imponiert, mit welcher Offenheit und Unerschütterlichkeit diese jungen Christen die Menschen, die sie besuchten, auf ihre Zugehörigkeit zur Kirche ansprachen. Entweder fragten sie ganz direkt: warum gehörst Du nicht mehr zur Gemeinde? Und dann wurde ganz konkret überlegt, wann und wie man wieder eintreten könne. Oder die Nichtchristen wurden ganz direkt gefragt, ob sie sich nicht taufen lassen wollten oder ob sie nicht wenigstens ihre Kinder taufen lassen würden; Paten wären in der Gemeinde genügend vorhanden, der und der und der – »den kennst Du doch?!«

Wir hierzulande haben es uns völlig abgewöhnt, Menschen so offen und direkt auf ihre Kirchzugehörigkeit hin anzusprechen. Christentum ist Privatsache. So hat mir vor Jahren schon eine Frau gesagt, als sie – immerhin – ins Kirchenbüro kam, um sich zu erkundigen, wie sie aus der Kirche austreten könne. Ich sagte ihr den Weg, Amtsgericht und so, fragte sie dann aber, ob sie nicht mit mir als dem zuständigen Pfarrer mal über ihre Gründe für den Kirchenaustritt reden wolle. »Das ist meine Privatsache«, sagte sie da und drehte sich auf dem Absatz um.

Aber nun sind ja die meisten von uns hier in der Kirche getauft, habe ich gesagt. Und damit, so sage ich heute, eine Woche vor Pfingsten, haben wir den Heiligen Geist. Wer getauft wird, bekommt den Heiligen Geist. Vielleicht fragen Sie: Was? *Ich* habe den Heiligen Geist? Davon merke ich aber nichts! Und: Was ist denn das, Heiliger Geist?

Jesus sagt in seinen sogenannten Abschiedsreden an seine Jünger, aus denen wir eben einige Sätze gehört haben: Der Geist geht von Gott, seinem Vater aus, – wir nennen ihn deshalb »Heiligen Geist«, weil er Gottes Geist ist. Und er, Jesus, sendet diesen Heiligen Geist von Gott, und dieser Geist wird von ihm Zeugnis geben, von Jesus. Wenn ich sage: Wir Getauften haben den Heiligen Geist, heißt das also: wir *sind* Zeugen Jesu, ob wir wollen oder nicht! Wir *sind* Zeugen Jesu, ob wir uns nun entsprechend verhalten oder nicht. Mag sein, daß wir nicht so handeln oder leben oder auch sprechen, also *nicht* Zeugnis ablegen, wie man das nennt – dann sind wir eben schlechte Zeugen oder gar falsche Zeugen! Ich vermute, daß das jetzt viele von uns von sich denken müssen, ich von mir auch! Denn wie oft habe gerade ich, der ich sozusagen von Beruf Zeuge von Jesus bin, mich nicht entsprechend verhalten, auch heute nicht, nachdem ich die Erfahrungen in Tansania gemacht habe, von denen ich sprach.

Im Folgenden wird der Prediger in seiner Gemeinde und im Lebenskreis der Menschen nach den Gründen suchen, warum wir Getauften so oft nicht Zeugen sind.

Wir überlassen das den »Hauptamtlichen« – wir Hauptamtlichen nehmen die Glaubensüberzeugungen der sogenannten Laien nicht ernst: zu fromm oder zu uninformiert-volkskirchen-christlich – in ethischen Fragen gibt es keine eindeutig christliche Antwort – wir leben in volkskirchlichen Verhältnissen, »die gekennzeichnet sind durch Diffusität« (Hartmann, GPM 39/1985, S. 281)

G. Hartmann notiert in der genannten Meditation einige Fragen, die hilfreich sein könnten:

»Was macht unseren Glauben unsicher? Genauer, als Leitfrage für die Predigtvorbereitung: In welcher Weise finde ich in mir – dem Prediger – und bei den Leuten – soweit ich von ihnen weiß – Unklarheiten, Unsicherheiten, die uns an eindeutiger Stellungnahme und einfachen Worten hindert? Wie heißen unsere Fragen, die nicht offen bleiben dürfen, weil man sich sonst praktisch an billigeren Klischeeantworten orientiert? Welche ›Wenn und Aber‹ sind nicht von der Hand zu weisen und machen uns doch bestechlich? Wo warten, hoffen, beten wir, daß der Geist uns Klarheit gibt?« (S. 283 f.)

Predigtschluß

Ist die allgemeine Anerkennung der Kirche als Körperschaft öffentlichen Rechts auf der einen Seite und ist andererseits die Bedeutungslosigkeit der Kirche für dreiviertel der Bevölkerung ein Zeichen dafür, daß uns der Heilige Geist fehlt, daß jedenfalls unser christliches Zeugnis fehlt? Gerade, weil ich meine, diese Frage positiv beantworten zu müssen, wiederhole ich meinen Satz vom Anfang: wir sind getauft, und deshalb *haben* wir den Heiligen Geist. »Tröster« wird der Heilige Geist genannt. Der Heilige Geist, der uns gegeben ist, will also gerade die ermuntern, die traurig sind über ihre Kirche und ihr Erscheinungsbild in der Öffentlichkeit, traurig über Glaubensunsicherheit und über fehlendes Zeugnis. Der Heilige Geist, der uns gegeben ist, will uns trösten, wenn wir über uns selbst traurig sind und über unsern Kleinglauben. Als die Jünger Jesu sich nach der Kreuzigung einschlossen, weil sie sich völlig verlassen vorkamen und völlig verängstigt waren, gerade da, so erzählt der Evangelist Johannes, der uns die Abschiedsreden Jesu überliefert hat, die doch die Jünger auf diese Situation vorbereiten sollten – also, Johannes erzählt, da gerade kommt Jesus, durchschreitet verschossene Türen, durchbricht dicke Wände der Angst und sagt: Nehmt hin den Heiligen Geist! Deshalb sage ich noch einmal: Gerade wir, dieser armselige Haufen von Christen, wir paar hier im Gottesdienst, und die anderen, diese unentschiedenen Heilig-Abend-Christen, wir haben den Heiligen Geist, denn wir sind getauft. Er wartet in uns, daß wir uns von ihm ermutigen lassen, seine Zeugen, Jesu Zeugen zu sein im Leben und im Sterben. »Auch ihr seid meine Zeugen«, sagt Jesus zu uns noch nach 2000 Jahren. Amen.

Kontexte

Als *Gegentext* sozusagen zu »aus der Synagoge ausstoßen« und zum christlichen Martyrium zitiere ich Elie Wiesel: »Diese Nacht werde ich nicht vergessen.«

»Eines Tages, als wir von der Arbeit kamen, sahen wir drei Galgen auf dem Appellplatz aufgerichtet, drei schwarze Krähen. Abendappell. Um uns die SS, Maschinengewehre am Abzug: die übliche Zeremonie. Drei Opfer in Ketten – und eines von

ihnen ist der kleine Diener, der Engel mit den traurigen Augen. Die SS war unruhiger, nervöser als gewöhnlich. Einen kleinen Jungen vor Tausenden von Augenzeugen zu hängen, war gar nicht so einfach. Der Lagerkommandant verlas das Urteil. Alle Augen blickten auf das Kind. Es war totenblaß, beinahe ruhig, es biß sich die Lippen. Die Galgen warfen ihre Schatten auf ihn. Diesmal weigerte sich der Lagerkapo, als Henker zu fungieren. Drei SS-Leute traten an seine Stelle. Gleichzeitig stiegen die drei Opfer auf die Hocker. Gleichzeitig wurden die drei Nacken in die Schlingen gelegt. »Es lebe die Freiheit«, riefen die beiden Erwachsenen. Das Kind aber schwieg.
»Wo ist Gott? Wo ist Er?«, fragte jemand hinter mir. Auf ein Zeichen des Lagerkommandanten hin wurden die drei Hocker umgestoßen.
Völlige Stille im Lager. Am Horizont ging die Sonne unter. »Mützen ab!« schrie der Lagerkommandant. Seine Stimme war heiser. Wir weinten.
»Mützen auf!«
Dann begann der Vorbeimarsch. Die beiden Erwachsenen lebten nicht mehr. Ihre Zungen waren geschwollen, bläulich. Aber das dritte Seil bewegte sich noch. Das Kind war zu leicht, es lebte noch ...
Mehr als eine halbe Stunde hing es so, im Kampf zwischen Leben und Tod, im langsamen Todeskampf starb es vor unseren Augen. Und wir mußten ihm ins Gesicht sehen. Es lebte noch, als ich an ihm vorbeiging. Seine Zunge war noch rot, seine Augen waren noch klar.
Hinter mir hörte ich denselben Mann fragen: »Wo ist Gott jetzt?«
Und in mir hörte ich eine Stimme antworten:
»Wo Er ist? Er ist hier - Er hängt hier an diesem Galgen ...«
An jenem Abend schmeckte die Suppe nach Toten.«
(Erinnere Dich! Ausschwitz zwischen Schweigen und Sprechen, Handreichung zum 27. Januar 1945, hrsg. von der Aktion Sühnezeichen, 1994, S. 29f.)

Als *Präfation* kann ein Gebet nach Hildegard von Bingen eingefügt werden:
In Wahrheit ist es würdig und recht, / Dir, heiliger Vater, immer und überall zu danken / durch Deinen geliebten Sohn Jesus Christus.
Und Feuer, du, Tröster-Geist, / Leben des Lebens aller Geschöpfe! / Alles durchdringst du - / die Höhen, / die Tiefen / und jeglichen Abgrund. / Heilig bist du, du belebst die Geschöpfe. / Heilig bist du, du salbst die Verletzten. / Heilig bist du, du reinigst die Wunden. / Hauch aller Heiligkeit, / Atem des Lebens, / Feuer der Liebe. / Zärtlich verkündest du Botschaft den Elenden, / erfüllst mit Sehnsucht unsere Herzen.
Du rufst uns zusammen zu deiner Gemeinde, / du kennst uns von Ansehen, / du weißt unsere Namen. / Du führst unseren Geist ins Weite / und befreist zum Leben.
Alles durchdringst du - / die Höhen, / die Tiefen / und jeglichen Abgrund. / Feuer du und Tröster-Geist, / Leben des Lebens aller Geschöpfe. / Lob sei dir!
Mit allen, die leben, und mit allen, die uns im Glauben vorausgegangen sind, singen wir Dir einen Lobgesang und bekennen ohne Ende: SANCTUS.

Pfingstsonntag

Annäherungen an den Predigttext Johannes 14,23-27

Hans Jürgen Milchner

Ich habe den Text mit jugendlichen Mitarbeiterinnen und Mitarbeitern der Jugend- und Kindergruppenarbeit, ca. 15-17 Jahre alt, während einer Neujahrsfreizeit besprochen. Meine kurzen Vorgaben zur Perikope waren: Johannes-Evangelium, Abschiedsrede Jesu, die Predigt soll zu Pfingsten gehalten werden.
Hier taucht schon das erste Problem auf: die Erinnerung an das, was »Pfingsten« überhaupt bedeutet, waren mehr als gering. »Pfingsten, da war ich nicht in der Kirche«, so sagten einige, »da waren wir unterwegs«. Schwache Erinnerungen an den Konfirmandenunterricht: Geburtstag der Kirche und die, die da voll gewesen sein sollten, voll des süßen Weines. Ich begann an meinem Curriculum zu zweifeln. Pfingsten - ist das nicht mehr? Dieses »Mehr« ist jedenfalls kaum rübergekommen, geschweige denn irgendwo haften geblieben. Aber trotzdem - diese Gruppe Jugendlicher ist sehr engagiert in dieser Kirche, vielleicht doch Dank des Heiligen Geistes von Pfingsten. Hoffnung keimt auf!
Wir lesen auf der Freizeit den biblischen Text aus dem Johannes-Evangelium. Spontane Fragen der Jugendlichen: »Das mit dem Offenbaren krieg ich nicht auf die Reihe«; »Was ist mit der Wohnung gemeint?«; »Wie kann ich jemanden lieben, ohne ihn persönlich zu kennen? Sollte ich eine Freundin haben, die ich nicht persönlich kenne, wie kann ich sie liebhaben?« Schallendes Gelächter. »Beistand und Heiliger Geist sind für mich fremde Begriffe«.
Wir unterhielten uns weiter darüber, wenn wir als Gruppe den Gottesdienst gemeinsam vorbereiten würden, was wäre uns dabei wichtig. Antworten der Jugendlichen: Mehr Leben im Gottesdienst, viele sollten sich beteiligen, fröhliche Lieder, die Kirche soll festlich ausgeschmückt werden mit Blumen und grünen Zweigen, das Stichwort Be-Geisterung fiel, etwas müßte gesagt werden, was ich an guten Gedanken mit nach Hause nehmen kann.
Wenn wir die Predigt gemeinsam schreiben würden, was müßte unbedingt hinein? Das Wort »Pfingsten« und »Heiliger Geist« müßte mit einem Bild oder einem einprägenden Satz erklärt werden. Wie kann man mit oder in der Gemeinde empfinden, daß der Geist Gottes hilft, zu trösten und zu

heilen? Viele andere sprechen vom Trösten – was ist das besondere an dem Tröster, den Jesus in seiner Abschiedsrede meint? Worin unterscheidet sich der Geist Jesu von den Zeitgeistern und Trends, von den Meinungen und Machern?

Fremd war den Jugendlichen vor allem die johanneische Sprache: Jesus sagt, daß, wer sein Wort hält, daß er mit dem Vater zu ihm kommen werde und dort Wohnung nehmen würde. Dieser Satz lag den Jugendlichen irgendwie quer. Wie kann ich Jesus lieben, wie soll ich sein Gebot halten, da tauchen untergründig Gesetze auf. Wie kann es geschehen, daß Jesus und der Vater zu »einem« kommen und in »einem« wohnen möchten? Gibt es da Voraussetzungen oder einen Grad von Frömmigkeit, den ich erreichen muß? Andrerseits, so formulieren wir in der Gruppe weiter, was kann aus Menschen werden, in denen Gott und Christus durch ihren guten Geist »Wohnung genommen« haben? Sind die Ängste immer noch die gleichen Ängste? Sind es bloß Schicksalsmächte, die manchmal brutal losschlagen, oder bin ich, wenn Gott in mir wohnt, in guten und schweren Zeiten geborgen? Einem meiner Ex-Konfis kam ein Geistesblitz: Vielleicht hat das auch was mit dem Abendmahl zu tun? Wir nehmen Brot und Wein zu uns, also Leib und Blut Jesu Christi und denken, daß er »in und unter diesem Brot und Wein« in uns gegenwärtig ist. Kein schlechter Gedanke, schade, hätte ich selbst drauf kommen können.

Also nochmal – von der Predigt wäre zu wünschen: Was geschieht in und mit den Menschen, in denen Gott »wohnt«? Was haben sie anderen vielleicht voraus? Was können sie bewirken? Wie gehen sie mit Krisen um? Wie können wird diesen Geist fühlen, ohne selbigen schon beim Nachtisch des Pfingstschmauses vergessen zu haben? Dieser Geist braucht Verbindlichkeit, wie kann diese formuliert werden – gerade auch für Jugendliche?

Wir reden noch abschließend über das, was Gottes und Jesu Geist weiter bedeuten kann. Ein paar Jugendliche ließen durchblicken, daß das Wort Geist doch zu sehr an Gespenst oder Superman erinnert. Ist der Geist Gottes eine Gestalt? Ein anderer Ex-Konfi, bekannt durch seine bildreiche Sprache, der schon während seiner aktiven Konfizeit das Hl. Abendmahl mit der Tankstelle Gottes verglichen hatte, merkte an, daß man diesen Geist doch wohl auch als einen »heißen Draht nach oben« ansehen könnte. Dankenswerterweise, der Vater verdient sein Geld bei der Telekom, kam noch der Slogan rüber: Ruf doch mal an! Wiederum: schallendes Gelächter. Aber die Sache mit dem heißen Draht, die hat's – oder? Man könnte dieses Sprachbild aufnehmen, es ausführen und erklären, was es bedeuten kann, wenn Menschen diesen heißen Draht nach oben nicht verloren haben.

Zu meiner eigenen Rechtfertigung, daß mir als Gesprächsleiter auch noch was eingefallen ist, erzähl ich spontan die Geschichte von der Spinne: »Es gab da eine Spinne, die ließ sich an ihrem Faden vom Baum herunter in das niedrige Gebüsch. Dort spann sie ein prächtiges Netz. Ihre gute Mühe

würde bestimmt belohnt werden, fette Beute kommt ganz sicherlich. Sie schreitet abends noch stolz ihr Tagewerk ab und ist mit sich selbst und der Welt zufrieden. Da entdeckt sie plötzlich wieder den Faden, der nach oben führt. Den hatte sie schon ganz vergessen, wozu dieser denn überhaupt gut sei. Da sie aber meinte, dieser Faden sei völlig unnütz und überflüssig, so biß sie ihn einfach durch, um ihn zu entfernen. Aber was passierte: dieser Faden war der Haltefaden, das Spinnennetz brach in sich zusammen, die Spinne war Gefangene ihrer eigenen Gedankenlosigkeit. Sie selbst war ihre fette Beute.
Die Frage ließe sich stellen. Was passiert, wenn wir den Faden - oder den heißen Draht nach oben - abbeißen. Es wäre spannend, diese Geschichte und viele gute Antworten, in der Predigt zu erwägen.

Zum Gottesdienst

Günter Gottschämmer

Exegetisch-homiletische Skizze

Die Perikope gehört zu den Abschiedsreden Jesu (Jh 13,31-16,33). Die Gattung der Abschiedsrede wurde im Altertum sehr gepflegt. Beispiele sind sowohl aus dem hellenistischen als auch aus dem jüdischen Sprachraum bekannt (vergl. Schnackenburg, Das Johannesevangelium III, Freiburg 1976[2], S. 63 f.). Im NT findet sich die Form als Rede des Paulus vor den Ältesten von Ephesus (Acta 20,17-38) und, im Anklang an den vorliegenden Abschnitt, im Lukas 22,24-38 (parr. Matthäus 19,28). Motive in den biblischen Abschiedsreden sind: »Zukunftsbelehrung, Weissagung des Jüngerschicksals, Gebet Jesu« (Johannes Schneider, Das Evangelium nach Johannes, Berlin 1976, S. 252). Die Versuche der Gliederung der 1. Abschiedsrede (14,1-38) sind vielfältig. Bultmann (Rudolf Bultmann, Das Evangelium des Johannes, Göttingen 1968[18], S. 473) unterteilt nach den Stichworten »glauben« (V. 1-14) und »lieben« (VV. 15-24); die Verse 25-31 bilden eine abschließende Zusammenfassung. J. Becker (J. Becker, Die Abschiedsreden Jesu im Johannesevangelium, in: ZNW 61, 1970, S. 215 ff.) unterscheidet den Themenblock »Weggang Jesu« (V. 1-17) von dem seines Wiederkommens (18 ff.). Mit Schneider sehe ich den Kern der 1. Abschiedsrede in den Versen 1-27, wobei die Verse 1 (»Euer Herz erschrecke nicht. Glaubt an Gott und glaubt an mich«) und 27 (»Euer Herz erschrecke nicht und fürchte sich nicht«) als Rahmen des Hauptteils zu betrachten sind, der seinen zusammenfassenden Abschluß in den Versen 28-31 findet.

Dem Text geht die Frage des Judas (V. 22) - Bultmann nennt sie töricht - nach dem Grund der lediglich internen Offenbarung voraus. Die Judasfrage bezieht sich zum einen auf die jüdische Endzeiterwartung, daß am Ende der Tage der messianische König alle Völker zum Zion versammeln wird (Micha 4,2 f.; Jesaja 18,7 u. ö.). Dort, im endzeitlichen Gericht, wird der Messias Israels seine Macht vor aller Welt öffentlich demonstrieren. Zum anderen scheint in der Frage ein zeitgenössisches apologetisches Interesse anzuklingen: So fordern etwa Celsus und Porphyrius, Christus hätte sich gerade seinen Gegnern offenbaren müssen, um sie zu überzeugen. Drittens ist die Judasfrage auch zu verstehen als Anfrage einer angefochtenen Gemeinde, die »das Offenbarwerden Jesu als des Herrn über den ganzen κοδμοδ erwartet« (Bultmann, S. 482). Die Judasfrage zielt auf Absicherung. Sie impliziert den Wunsch nach einem äußerlich sichtbaren Beweis der Messianität Jesu. Luther hat diese Haltung der securitas scharf gegen die der certitudo abgegrenzt. Gegen den Wunsch, den Glauben verfügbar zu machen setzt er die Überzeugung, daß der Glaube seine Gewißheit nicht durch den Beweis erlangt. Denn er ist nie Tat des Menschen, sondern immer nur zugesprochene, ›fremde‹ Gerechtigkeit.

Von dieser Haltung ist auch die Antwort Jesu (V. 23) geprägt. Er stellt - zum dritten Mal - fest: Die Liebe zu mir zeigt sich im Halten meines Wortes und meiner Gebote. Wenn er auch auf den ersten Blick damit nicht auf die Judasfrage einzugehen scheint, so wird sie doch indirekt aufgenommen: Glaube wird als Beziehung der Liebe zu Jesus beschrieben. In dieser Beziehung erfährt der Glaubende die Liebe Jesu und die Liebe des Vaters als Einwohnung, d. h. als eine Beziehung, wie sie tiefer und inniger nicht vorgestellt werden kann. Diese Beziehung wird von ihm selbst gestiftet. Sie ist von Menschen nicht einklagbar, sondern nur im Glauben zu empfangen.

Der Gedanke der Einwohnung Gottes unter seinem Volk gehört zum Repertoire eschatologischer Vorstellungen im Judentum (Hesekiel 37,26 f. u. ö.) und hat von daher Eingang in neutestamentliche Vorstellungen gefunden (Offenbarung 21,3 u. ö.) Johannes steht in der Tradition dieser Vorstellungen und variiert sie: Wo im AT die Gesamtheit des Volkes angesprochen wird, individualisiert er; gegenüber der Johannesoffenbarung, die von der Einwohnung Gottes als zukünftigen endzeitlichem Geschehen spricht, betont er: Dies ist eine Möglichkeit der Gegenwart (vergl. »Annäherungen«: Einwohnung und Abendmahl), weil in dem geschichtlichen Jesus Gott gegenwärtig ist (Johannes 1,14). In seiner Person wohnt Gott unter den Menschen, wird die eschatologische Existenz zur geschichtlichen Existenz (Bultmann, S. 480).

Der Paraklet - Luther übersetzt mit Tröster, genauer scheint »Rechtsbeistand, Advokat« - ist Garant göttlicher Präsenz; er führt die Offenbarungsaufgabe Jesu fort, an ihm erinnernd und Gottes Willen lehrend. Im Handeln des Parakleten - hier gleichgesetzt mit dem Heiligen Geist - setzt sich Gottes gute Absicht als Friedensgabe und Liebesgebot durch. Hier gewinnt der Text über die individualistische Tendenz des Tröstens hinaus Relevanz für die Handlungsorientierung der Glaubenden. Die Gemeinde, in der der erhöhte Christus in seinem Geist gegenwärtig ist, nimmt Verantwortung wahr in ihrer sozialen Umwelt. Hier durchdringt das Jenseitige das Diesseitige. Hier wird die Gabe des Friedens als eines eschatologischen Gutes in der geschichtlichen Existenz des Einzelnen und der Gemeinde (vergl. »Annäherungen«, Stichwort: »heißer Draht - verbunden mit Gott im Geist«).

Die Perikope bietet eine Vielzahl theologischer Themen. Behandelt werden Fragen nach der Einheit von Vater, Sohn und Heiligem Geist, nach dem Hervorgehen des Geistes (Parakleten) aus dem Vater und dem Sohn (»filioque«, V. 26), nach dem Zusammenhang von ökonomischer und Wesenstrinität (V. 23) und nach der Bedeutung der opera trinitatis ad extra (VV. 23 und 27). Darüber hinaus geht es um die Zusammenhänge von präsentischer und futurischer Eschatologie (V. 27), um Fragen des Glaubens als Beziehungsgeschehen (V. 23) sowie - in der Unterscheidung von securitas und certitudo - um die reformatorische Position der Glaubensgerechtigkeit als fremder Gerechtigkeit (V. 22/23).

Für die Predigt greife ich das Stichwort »opera ad extra« auf und frage nach den Wirkungen des Dreieinigen Gottes. Dabei scheint es mir wichtig, weder einen isolierten Theozentrismus noch einen monolithischen Christozentrismus oder eine enggeführte Spirtiualisierung zu behaupten, sondern nach der Vielfalt der Offenbarungsmöglichkeiten des einen Gottes zu fragen. Ausgangspunkt meines Fragens ist die Situation des Abschieds, verbunden mit den Gefühlen von Trauer und Schmerz. Als Zielpunkt formuliere ich im Blick auf Pfingsten: Der Geist »qui procedit ex patre per filium«, inkarniert sich in die individuelle geschichtliche Existenz (Aspekt des Tröstens, Stichwort Liebe) und mischt sich ein in die soziale Umwelt (Aspekt der Verantwortung, Stichwort Frieden).

Vorschläge zur Liturgie

Als Vorschläge zur Liturgie biete ich Beispiele aus der Liturgie der Kommunität von Iona. Die Iona-Kommunität versteht sich als eine ökumenische Gemeinschaft von Frauen und Männern, die nach neuen Wegen suchen, die biblische Botschaft in unserer Gegenwart zu leben. Der Schwerpunkt der Arbeit der Kommunität liegt im Engagement für Arme, Ausgebeutete und Behinderte, bei Aktionen im Umfeld von Fragen des Rassismus, in der Wiederentdeckung einer Spiritualität des Alltags sowie in der Arbeit für Frieden und Gerechtigkeit. Gerade die beiden letztgenannten Gesichtspunkte bringen in der Verbindung von Spiritualität und Aktion die pfingstliche Botschaft als Einmischung des Dreieinigen Gottes in die persönliche und soziale Umwelt von Menschen zur Sprache. Der im folgenden vorgestellte »Gottesdienst für Frieden und Gerechtigkeit« wird jeden Montag in der Kommunität gefeiert.

Liturgie eines Gottesdienstes für Frieden und Gerechtigkeit

Begrüßung

Zum Eingang

Eine: Gott, der du alles Leben ins Sein riefst,
Alle: Dir gehören Erde, Meer und Himmel.
Eine Wir spüren deine Gegenwart um uns,
Alle: jedes Atom ist erfüllt von deiner Kraft.
Eine: Dein Geist belebt alle, die die Erde bevölkern,
Alle: und wir sehnen uns nach Gerechtigkeit, die zur Tat wird,
Eine: nach einer befreiten Schöpfung, ungeknechtet,
Alle: nach Essen für die Hungernden,
Eine: nach Freiheit für die Gefangenen,
Alle: nach deinem Friedensreich - daß es sich auf der Erde ausbreite.

Lied

Gottes Wort (Schriftlesung, Bibliodrama, Symbolhandlung usw.)

Glaubensbekenntnis

Ich glaube an Gott,
Er ist Liebe und hat die Erde allen Menschen gegeben.
Ich glaube an Jesus Christus,
Er kam, uns zu heilen und von jeder Unterdrückung zu befreien.
Ich glaube an den Geist.
Er wirkt in allen und durch alle, die sich zur Wahrheit wenden.
Ich glaube an die Gemeinschaft im Glauben.
Sie ist zum Dienst an allen Menschen gerufen.
Ich glaube an Gottes Kraft.
Sie verwandelt, verändert
und schafft einen neuen Himmel und eine neue Erde,
wo Frieden und Gerechtigkeit blühen. Amen.

(aus: The Iona Community Worship Book, Glasgow 1991[3], S. 34 f., Übertragung d. d. Verf.)

Fürbittengebet

Eine/r: Gottes Reich des Friedens will mitten unter uns anbrechen.
Deshalb nehmen wir ihn beim Wort und bitten:
Alle: Dein Reich komme, dein Wille geschehe.

Eine/r: Wo Völker für den Krieg wirtschaften, während Christus sagt: »Weg mit dem Schwert!«

Alle: Dein Reich komme, dein Wille geschehe.

Eine/r: Wo Lebensmittel vernichtet werden und Menschen nach Mode gieren, während Christus sagt: »Ich war hungrig. Ich war nackt.«

Alle: Dein Reich komme, dein Wille geschehe.

Eine/r: Wo Regierungen aus eigener Macht erklären: Gott mit uns! während die Bibel bezeugt: Gott hat keine Lieblingskinder.

Alle: Dein Reich komme, dein Wille geschehe.

Eine/r: Wo Christen das Himmelreich nur unterm eigenen Kirchturm sehen - grad' so, als ob Christus gekommen wäre, Grenzen zu errichten - und nicht, sie zu brechen.

Alle: Dein Reich komme, dein Wille geschehe.

Eine/r: Wo Frauen, die für ihre eigene Würde eintreten, zurückgesetzt und verachtet werden:

Alle: Dein Reich komme, dein Wille geschehe.

Eine/r: Wo Männer verzweifelt versuchen, sich stark zu zeigen - nur, weil sie Angst davor haben, schwach und zärtlich zu sein.

Alle: Dein Reich komme, dein Wille geschehe.

Eine/r: Wo wir, besessen vom Wunsch, erwachsen zu sein, vergessen, wie Kinder zu werden:

Alle: Dein Reich komme, dein Wille geschehe.

Eine/r: Wo unsere Gebete stocken, unser Vertrauen schwindet, unser Licht verdämmert:

Alle: Dein Reich komme, dein Wille geschehe.

Eine/r: Wo Christus uns ruft:

Alle: Dein Reich komme, dein Wille geschehe.

Eine/r: Unser Gott:
Dein Reich ist mitten unter uns.
Öffne
unsere Augen, es zu sehen,
unsere Ohren, es zu hören,
unsere Herzen, es zu behalten,
unsere Hände, damit wir tun, was du von uns erwartest. Amen

(aus: A Wee Worship Book, Glasgow o. J., S. 9, Übertragung d. d. Verf.)

Lied

Zum Ausgang

Eine: Gesegnet: Ihr Armen!

Alle: Euch gehört das Himmelreich.

Eine: Gesegnet: Ihr Trauernden!

Alle: Ihr werdet getröstet.

Eine: Gesegnet: Wer hungert nach Gerechtigkeit.

Alle: Ihr werdet satt werden.

Eine: Gesegnet: Wer Frieden stiftet!
Alle: Ihr heißt Gotteskinder.
Eine: Gesegnet: Wer gerecht ist und verfolgt wird.
Alle: Euch gehört das Himmelreich.

(aus: The Iona Community Worship Book, Glasgow 1991[3], S. 35, Übertragung d. d. Verf.)

Segen

Eine/r: Möge der ewige Gott euch behüten,
in Ost und West und wo immer ihr geht.
Und der Segen Gottes sei auf euch.
Alle: Der Segen des Gottes des Lebens.
Eine/r: Der Segen Christi sei auf uns.
Alle: Der Segen des Christus der Liebe.
Eine/r: Der Segen des Geistes sei auf uns.
Alle: Der Segen des Geistes der Gnade.
Der Segen der Dreieinigkeit sei auf uns.
Nun und für immer.
Alle: Amen

(aus: Das Kleine Gottesdienstbuch. Liturgien der Iona-Kommunität in Schottland, 2. Aufl. 1995, S. 88, Hg. Beratungsstelle für Gestaltung von Gottesdiensten und anderen Gemeindeveranstaltungen, Eschersheimer Landstr. 565, 60431 Frankfurt)

Vorschlag zur Predigt

Möglicher Predigtanfang

Abschiede tun weh. Ich habe die Szene noch gut vor Augen: Eine Mutter und ihr Kind. Der Ort: Flughafen Frankfurt/Main. Mutter und Tochter sitzen neben mir auf der Bank. Die Tochter ist vielleicht 7–8 Jahre alt. Neben beiden wartet schon eine Flugbegleiterin. Sie strahlt Ruhe aus. Anders Mutter und Tochter: Im Gesicht des Kindes ahne ich den Vorwurf. In der Haltung der Mutter spüre ich Unsicherheit, ein wenig auch: schlechtes Gewissen. »Grüß' mir die Omi«, höre ich die Mutter sagen, »und sei mir nicht bös', aber dieser Urlaub muß sein. Du weißt ja, wie schlecht es mir in der letzten Zeit gegangen ist.« Die Tochter sagt gar nichts. Sie schweigt. Ihr Gesicht drückt den Schmerz aus, den sie empfindet. Der Mutter geht es ähnlich. Dann kommt der letzte Aufruf. An der Hand der Flugbegleiterin passiert die Tochter die Kontrolle und besteigt das Flugzeug. Zurück bleibt die Mutter.
Abschiede tun weh. Eine Szene des Abschieds beschreibt auch unser heutiger Predigttext
(Lesung des Textes)

Zum weiteren Verlauf schlage ich folgende Schritte vor:

1. Wie Jesus mit der kritischen Situation des Abschieds umgeht
   - Er spricht die dunkle Seite an (V. 25)
   - Er verspricht Unterstützung und Hilfe (V. 26)
2. Wie kritische Situationen von uns erlebt werden
   - Krise und Gefährdung (Beispiele aus eigenem Erleben)
   - Krise als Chance zum Wachsen (literarische Beispiele: Hannah Green, Ich hab dir nie einen Rosengarten versprochen; Virginia M. Axline, Dibs)
3. Wie Gefährdung - im Vertrauen auf die Unterstützung des guten Geistes Gottes - überwunden und neue Lebenschancen gefunden werden können
   - Friedensgabe und Liebesgebot: Gottes Friedensreich als Chance für unsere Gegenwart.

Möglicher Schluß

Wir sind von Gott geliebt. Er will uns nah sein, in unserem Lebenshaus wohnen. Glück und Frieden gibt er. Wir spüren: Gottes kommendes Friedensreich wirkt auf unseren Alltag ein. Uns erwächst Geborgenheit; wir fühlen uns verstanden und behütet bei unserem Gott. Wir spüren: Gottes guter Geist umgibt uns und macht uns frei zum Handeln für Menschen in Not. Lassen Sie mich abschließend von einer ökumenischen Kommunität erzählen, die sich diesem Geist verpflichtet weiß: Es handelt sich um die Kommunität von Iona. Iona ist eine kleine Insel der Inneren Hebriden im westlichen Schottland. Diese kleine Insel hatte für die Christianisierung Nord- und Westeuropas eine außerordentliche Bedeutung. Denn von hier trugen die sogenannten iro-schottischen Mönche das Evangelium von Jesus Christus nach Frankreich und Deutschland, Norwegen, Schweden, nach Österreich und in die Schweiz. Aber das gehört zur Geschichte, ins 7./8. Jahrhundert. Heutzutage ist Iona mit seinem wiederaufgebauten Kloster Treffpunkt für Menschen aus der ganzen Welt. Es sind Männer und Frauen, die sich als Freunde und Mitglieder der Kommunität von Iona verstehen. Iona ist keine Präsenz-Kommunität. Jedes Mitglied lebt an seinem gewohnten Ort, in Glasgow oder London, Canberra oder Cambridge, mit seiner Familie, seinen Freunden, in seinem Beruf. Aber jedes Mitglied hält gewisse Regeln. Eine daon liegt in der Überzeugung, daß geistliches Leben im Alltag seine Bewährung erfährt, als Arbeit mit Armen und Ausgebeuteten und als Dienst für Frieden und Gerechtigkeit.

Ob dieses Beispiel und andere nicht eine Ermutigung für uns sein kann, Gott in unserem Lebenshaus Raum zu geben und diesen Raum geschwisterlich mit anderen zu teilen? Dann kann unser Alltag erfüllt sein von der Gegenwart unseres Gottes und belebt durch die Kraft seines guten Geistes. Amen

Kontexte

Virginia Mac Axline, Dibs, Bern 1973[11]: »Dibs« ist die Geschichte der Befreiung eines Menschen aus seiner inneren Einsamkeit: Dibs ist ein fünfjähriger autistischer Junge, eingesperrt in das Gefängnis seiner Ängste und seiner Wut. Er lebt nur für sich. Er spricht nicht. Er lacht nicht. Er spielt nicht. Er nimmt kaum Kontakt zu seiner Umwelt auf, und wenn er es tut, dann schlägt er sich mit seinen Kameraden, verletzt er seine Lehrer und Eltern. Sein Leben steuert auf eine Katastrophe zu. In der Arbeit mit der Therapeutin lernt er Schritt für Schritt, sich dem Leben auszusetzen, auch seinen Härten, seinen Enttäuschungen und dem Widerstand, den es ihm bietet. Er stellt sich seinen Gefühlen: dem Zorn und der Lust zu zerstören; der Angst und der Sehnsucht nach Liebe und Anerkennung. Schritt für Schritt findet er Zutrauen zu sich selbst und zu seiner Umgebung. Es ist kein leichter Weg, den Dibs geht. Aber durch die Krise hindurch wächst er zu einem Menschen, der sein Leben bejaht und es mit Freude erfüllt und lebt. Für ihn wird die Krise zur Chance. Neues, geglücktes Leben entsteht aus der Auseinandersetzung.

Hannah Green, Ich hab dir nie einen Rosengarten versprochen, Hamburg 1980: Dies ist der Bericht um den Kampf eines Mädchens um Heilung aus der Alptraumwelt psychotischen Fühlens. Deborah, die Protagonistin, gelingt es, zu gesunden in dem Maß, in dem sie bereit ist, ihre Krankheit als persönliche Geschichte anzunehmen und sich den Anforderungen der Realität zu stellen.

Pfingstmontag

Annäherungen an den Predigttext Matthäus 16,13-19

Arno Schmitt

Die Annäherungen wurden von einer Lerngruppe der gymnasialen Oberstufe während eines Wochenendes zur Abitursvorbereitung versucht. Außerdem von einer Gruppe bibelinteressierter, doch »kerngemeindlich« distanzierter ökumenischer Erwachsener sowie von verschiedenen gemeindeintegrierten Einzelpersonen.

Ja, wer nun ... Wer er denn nun sei, nach dem die halbe Welt ihre Zeitrechnung bemesse, sei ja wohl (bis heute) nie zu klären gewesen; er habe da 'mal etwas gelesen, was ihm gut gefallen habe ... ob er's vorlesen dürfe:
»Der Jesus von Frau Heilmann,
Das ist der Heiland, der liebe.
Der Hirt, der die Herzen behütet, der heilt, was verwundet ist,
Hoheitsvoll thronend, in Litaneien zu loben,
Die Frommen mit dem Himmel belohnend.
Anders der Jesus von Mike, ihrem Sohn,
Ein Unruhestifter der, auf Umsturz aus, die Rebellen anführend,
Feste feiernd mit Fantasten, Fixern, Freudenmädchen,
Die Erde ihnen verheißend,
Das Gelbe vom Ei.
O Jesus, du Christus, sanfter Rebell!
Hirte bist du und Lamm! Gehst uns voraus, Feuer, Traum!
Bruder Jesus, Bräutigam:
Feire die Hochzeit von Himmel und Erde, von Gott und Menschen!
Und vergiß nicht Frau Hellmann und Mike, ihren Sohn!« (Zenetti)

Die Vielen ... Anders als eben noch (in Kapitel 12), wo's andere von ihm wissen wollten, will er's hier, nahe der Römerstadt in Galiäas Norden, von ihnen wissen: »Was sagen die Leute, daß der Menschensohn sei ...? (Vers 13) Der »Menschensohn«. Jesus spricht von sich selbst nicht als dem »Gottessohn«. Semantischer Zufall nur? Oder steckt mehr dahinter? Warum, so interessiert's, will es Jesus von seinen Jüngern wissen – er, der die Begegnung mit Menschen suchte, wo immer nur möglich? Will er signalisieren, hier schon: Was zu tun und zu lassen ist im Namen der Neuen Zeit, die dabei ist, Gestalt zu gewinnen ... ich kann und ich will es nicht alleine tun, ich brauche dich dazu und dich und dich ... ich brauche deine Erfahrung, deine Hoffnung, deine Ängstlichkeit, dein Versagen ... dich als Partner(in)! Wo sich Gott ansagt in dieser Welt, da will er nicht der »Macher von oben oder von außen« sein, da will er die Menschen als »Subjekte, Mitkonstrukteure« (als Leute eben »mit Vort-Ort-Kenntnissen«, auf die auch der Himmel nicht einfach verzichten mag). Wie macht sich dies in der »real existerenden« Gemeinde Ende des zweiten Jahrtausends nach Christus bemerkbar?

Und ihr ...? Die Leute, so die Auskunft der Jünger, bringen den »Menschensohn« mit Johannes, dem Täufer, in Verbindung. Einige auch mit Elia oder Jeremia oder sonst einem Propheten. Warum gerade mit ihnen? Auffallend die Reaktion Jesu: Er läßt die Glaubens»bekenntnisse« unkommentiert ... mahnt seine Jünger sogar, so möchte man vermuten, es ihm gleich zu tun und der Lust, zu beurteilen und es besser zu wissen, sich unter allen Umständen zu enthalten ... die Bilder der anderen stattdessen zum Anlaß zu nehmen, bei sich selbst genauer nachzuschauen und auf die eigenen aufmerksamer zu werden. Noch war es weit bis Jerusalem, doch vor ihm die andere Herausforderung, die »Stadt der Caesaren«, Einfallstor Roms: Es gibt Augenblicke im Leben, da kannst du dich nicht mehr mit Halbheiten abgeben, da mußt du wissen, woran du bist ... mit wem du bis wohin kannst ... wer dir wielange zur Seite steht. Also, Gefährten: »Wer sagt ihr, daß ich sei ...?« (Vers 15)

Der »Klassenprimus« ... Die Frage ist an alle gerichtet, doch einer antwortet. Ganz komfortabel für die anderen mitunter, doch »manchmal auch ganz schön räuberisch gegenüber denen, die 'nen Takt länger brauchen« (vielleicht: weil sie in die Sache »ein bißchen tiefer hineinwollen«, fort von den Klischees). Nun: der antwortet, ist Simon. Wie aus der Pistole geschossen, man fühlt sich ein wenig an frühere Konfirmandenbefragungen erinnert: »Du bist Christus, des lebendigen Gottes Sohn«! (Vers 16) Jetzt, wo er's gesagt hat, heißt er Petrus mit Namen: »Felsen-Mann«. Ob er eine Bekenntnisformulierung der frühesten Gemeinde benutzt? Aber wann wohl und bei welcher Gelegenheit gab es die?
In nicht wenigen Zusammenhängen wird bei den Evangelisten von Petrus in besonderer Funktion und hervorgehobener Rolle erzählt: so auf dem stürmischen See, als sie im Boot sitzen, »Gespenster« sehen, Jesus wiedererkennen, Petrus über die Reeling steigt und in den Wellen fast umkommt ... so beim Versprechen in Gethsemane, von Jesus keinen Meter zu weichen, und käme es zum Äußersten ... dort auch, zusammen mit Jakobus und Johannes, wo er mit Jesus auf den Berg geht, ihn als Lichtgestalt sieht, in seiner Aura am liebsten bleiben und »Hütten bauen« mochte ... aber auch dort, wo Jesu Worte Rätsel-Worte sind, nicht zu entziffern, und er es ist, der nachfragt und dahinter kommen möchte. Petrus »ganz vorne« im

Geschehen: Was steckt dahinter? In der Geschichte der römisch-katholischen Kirche kommt dieser Stelle zur Legitimation der Ämterhierarchie und des Papsttums wohl nicht geringe Bedeutung zu.
Nur: so nachfragend sonst, so fraglos hier! Überaus routiniert, der »Felsen-Mann«! Weiß er eigentlich, was er da sagt? Steht es in irgendeinem Zusammenhang zu dem, was er sonst von Jesus weiß, mit ihm erlebt hat, von ihm vermutet, bei sich selbst beobachtet hat? Und die Konsequenzen - kennt er sie? Du tust hier etwas, »Jona's Sohn« (Vers 17), was du nicht aus dir selbst genommen hast ... »mein Vater im Himmel hat es dir offenbart.« Nein, nicht einfach Simon mehr ... »Felsen-Mann« ... »selig« ... Stoff, wahrhaftig, auf dem sich bauen, aus dem sich Gemeinde formen läßt! Doch, paß auf:

»Fleisch und Blut haben dir das nicht gesagt ...« heißt das nicht auch: Du, »Felsen-Mann«, eine Wahrnehmung ganz besonderer Art ist dir gelungen, in der Tat ... aber sag': hat sie die Chance, Fuß zu fassen in deinem Leben, in deinem Körper Geist und Raum zu gewinnen? »Selig«, o ja, wenn da etwas aufgebrochen ist in dir, herausgefunden hat aus der Verriegelung ins Vorläufig-Vordergründige ... doch Achtung: in jedem Menschenleben gibt es Licht-Momente, die aufleuchten wie Sterne ... nur eben: Was da aufgeht am Himmel, muß auf die Beine gebracht, in die Normalität des menschlichen Lebens hinübergetragen werden, wenn es wirken und klären soll ... ansonsten sie den Bekenner zur Arroganz und Selbstherrlichkeit verführen, sich äußernd in Dogmatismus, jenem dreimal verlorenen Gesicht von Menschen-, Welten- und Gottesferne. Und wirklich: Schon bald (nur ein paar Verschen weiter) wird der »Felsen-Mann« auf eine geistige Probe gestellt - und sein Scheitern ist gewaltig. Er hatte ihn im Kopf und auf der Zunge, den »Christus« und den »Sohn des lebendigen Gottes«, doch begreifen, daß Gottes Lebendigkeit die Kraft und Verläßlichkeit seiner Liebe ist, die lange und längste Wege geht, mitten ins Leiden und in den Tod: es mochte nicht hinein in seine Felsen-Stirn. »Satan, geh' weg von mir ... du meinst nicht, was göttlich, sondern was menschlich ist ...!« (Vers 23) Rainer Maria Rilke: Ob etwas Leben werden kann, hängt nicht von großen Ideen ab, »sondern davon, ob sich aus ihnen ein Handwerk schafft, ein Tägliches, was bei einem aushält bis ans Ende«.

Die Bilanz ... Zwischen »Selig« und »Satan«. Seltsam zerrissen also. Psychogramm der Widersprüchlichkeit und lebenslagen Gewiesenheit auf den, den Jesus »Vater« nennt und der es versteht, »aus Steinen Brot zu machen«. Er verweigert sich dir nicht, Simon, Petrus, Jona's Sohn, »Felsen-Mann« (wie auch immer) ... im Gegenteil: er sucht dich ... will deine Erfahrung ... »ruft dich beim Namen«, bist sein'. Denn die Ouvertüre des Himmels findet auf der Erde statt, befreiend, verbindend, sich miteinander verbündend, allwärts vermittelt durch Menschen, deren Lebendigkeit sich der »lebendige Gott« eine Menge kosten läßt. »Gib uns ein Mauseloch, Gott im Himmel, eine kleine Fuchsröhre gleich um die Ecke, durch die wir dem Zugriff der Kälte in die warme Stube deiner Liebe entkommen ...« (Nach Willms).

Von Adlern und Tauben ... Und irgendwann war's mit Jesus zu Ende, und die Kirche kam. Vom »Satan« war schon bald keine Rede mehr, umso triumphaler das »Selig«. Und eines Tages war sie durch, die Hierarchie und Petrus-Exklusivität. Und was sich nicht schicken mochte ins bereinigte Bild, besorgte die Heilige Inquisition höchstpersönlich oder wurde und wird auf andere Weise exkommuniziert. Und ob die Protestanten auch nur 'nen winzigen Grund haben, mit dem Finger zu zeigen, ist noch sehr die Frage ... Da also ist sie wieder (und noch immer): die fraglos-zweifelsbereinigte Selbstherrlichkeit, lieblos-weltlos himmelsgläubig, um Worte nie verlegen – doch der andere von damals vor der Stadt der Caesaren: ist der noch und darf er sie stellen, seine Fragen!? Den Wappentieren der Petrusse, den Adlern und Doppeladlern und Königsadlern und Löwen und Wölfen, ist der »Menschensohn« jedenfalls immer mit den eigenen gekommen: dem Fisch, dem Lamm, der Taube, dem Sperling ... und zuletzt, losgebunden vom Pflock, dem Esel.

Zum Gottesdienst

Dorothee Münkner

Exegetisch-homiletische Skizze

Wer ist Jesus? Bei der Beantwortung dieser Frage häufen sich die Antworten. Jeder sieht Jesus mit anderen Augen. Für jeden hat er eine andere Ausstrahlung und andere Bedeutung: Johannes der Täufer, wiedergekommen; denn die Stimme, die den Mächtigen ins Gewissen redet, ist nicht zum Schweigen zu bringen. Elia, er soll kommen, wenn die Herrschaft Gottes anbricht. Ein solcher Vorbote könnte Jesus sein. Oder wie der Prophet Jeremia, erfüllt von Gegenwart und Zukunft des Gottesvolkes, beauftragt, Gottesrede unter die Leute zu bringen. So ist es auch die Aufgabe der Propheten. Wenn eine Stimme verstummt, sucht sich Gott eine andere menschliche Stimme. Eine solche Stimme ist Jesus.
Wer ist Jesus für seine Jünger? Die Frage im Evangelium enthält den Namen »Menschensohn«. In diesem Namen ist alles Menschliche und Mitmenschliche enthalten, das den Jüngern in der Begegnung mit Jesus klar wurde. Aber, so sagt nun der Sprecher der Jünger, Petrus: »Du bist Chri-

stus, des lebendigen Gottes Sohn« (Vers 16). In diesem Bekenntnis wird die Nähe Gottes ausgesprochen. Petrus formuliert das Glaubensbekenntnis von einer anderen Seite, er weiß nicht, wie. Denn wer ist Petrus, daß er Gottes Nähe so sehen kann? Ein Augenblick reicht und das Bekenntnis ist gesprochen.

Wer ist Petrus? Die Wirkungsgeschichte dieses Bibelwortes ist gewaltig. Petrus, der Felsenmann. Nicht mit einem Kieselstein, der zum Werfen geeignet ist, wird Petrus verglichen, sondern mit einem Felsen, der fest genug ist, um darauf die Gemeinde zu bauen. Petrus, der Mann mit dem Schlüssel. Die Tore zur Unterwelt und zum Himmelreich kann er damit aufschließen. Das Bild von den Schlüsseln hat weitergewirkt bis zu den gekreuzten Schlüsseln auf der Tiara des Papstes von Rom. Doch das Evangelium beschreibt einen anderen Petrus. Er, bedacht auf die Sicherheit Jesu, wird von Jesus Satan genannt (Vers 23). Die Stimme des Versuchers hat sich Petrus bedient, um Jesus von seinem Leidensweg abzuhalten. Und weiter spricht das Evangelium von dem Einsatz des Lebens um Christi willen in der Nachfolge Christi (Vers 24–26). Da wird nicht der Schlüssel der Macht auf der Schulter getragen, sondern das Kreuz.

Caesarea Philippi. Der Ort des Bekenntnisses wird aus der geographischen Lage herausgenommen und für die späteren Leser und Leserinnen zur Chiffre. Im Tagebuch Dag Hammarskjölds heißt es kurz: »Um Bürden batest du –. Und wimmertest, als du beladen wurdest. Dachtest du dir eine andere Last? Glaubtest du, das Opfer sei anonym? Das Opfer der Opferhandlung ist, als sein Gegenteil beurteilt zu werden.

O Cesarea Philippi: Die Verurteilung als die Frucht und Voraussetzung des Einsatzes hinzunehmen, dies hinzunehmen, wenn man seinen Einsatz erkennt und wählt!« (Zeichen am Wege, Droemer und Knaur Taschenbuch Nr. 136. München/Zürich 1965, S. 28). Hinter diesen Worten verbirgt sich eine große Erschütterung des Lebens und die Entscheidung, als Christ zu leben mit allen Konsequenzen.

Wer ist Jesus für uns? Die Bekenntnisse zu Jesus sind zahlreich. Der Text von Zenetti gibt ein Beispiel dafür. Jedes Bekenntnis offenbart eine bestimmte Begegnung, die für den Betreffenden lebenswichtig wurde. Darum hat auch die Kirche immer weiter Glaubensbekenntnisse formuliert, als lebendige Antwort eines lebendigen Glaubens. Im Matthäusevangelium ist das Bekenntnis zu einem Stoßseufzer geworden, zu einem Schlüsselerlebnis in kürzester Sprachform überliefert. So findet jeder eine Sprache für den Glauben; in der Vielfalt begegnet der Eine, der Christus.

Pfingsten. Wie aus der Vielfalt der Sprachen eine verständliche Verkündigung wird, ist die Botschaft des Pfingstfestes. Das ist ein Wunder. Wie der Sprecher Petrus auf seine Predigt vorbereitet wird, erzählt das Evangelium. Das wird in dieser Erschütterung nicht jedem Pfingstprediger oder Predigerin so geschehen. Deshalb bleibt Pfingsten für die Gemeinde mit der Bitte um den Heiligen Geist verbunden. Aber das Fest erinnert daran, wie plötzlich - auch ohne Bitte -, sondern durch eine Frage, die Sprache für den Glauben gefunden wird. Daraus entsteht der Auftrag, Gemeinde zu bauen.

Vorschläge zur Liturgie

Kollektengebet

Allmächtiger, ewiger Gott,
durch das Geheimnis der heutiges Tages
heiligst du deine Kirche
in allen Völkern und Nationen.
Erfülle die ganze Welt
mit den Gaben des Heiligen Geistes,
und was deine Liebe
am Anfang der Kirche gewirkt hat,
das wirke sie auch heute
in den Herzen aller, die an dich glauben.
Darum bitten wir durch Jesus Christus.
(aus: Der große Sonntags-Schott, Verlag Herder, Freiburg 1975, S. 327)

Fürbitte

Die Sprache der Menschen.
Wenn wir nicht hören könnten und verstehen,
wenn wir nicht sprechen könnten, Gott,
wir wären nichts,
uns selber fremd
und unzugänglich füreinander.
Du aber hast Menschen aus uns gemacht:
wir sind geboren und nicht mehr sprachlos,
du hast uns aufeinander abgestimmt
als Mann und Frau, als Mund und Mund,
als Wort und Antwort,
Frage und Gegenfrage.

Wir danken dir für die Sprache der Menschen,
das große Herz, das tiefe Erinnern,
in dem so viel Weisheit
verborgen und bewahrt ist;
für liebe Worte und lebendige Namen,
die wir aus der Vergangenheit empfangen,
die uns festhalten und überwältigen,
älter und größer als wir selbst.

Wir danken dir,
daß wir eingefügt sind in deine Geschichte,
daß wir mit Namen genannt werden
und nicht verloren gehen für unsere Kinder.

Wir danken dir für den heutigen Tag,
für das große Heute, an dem wir mitgestalten,
eine Weltstadt der Worte und Fakten,
Menschen und wieder Menschen.
Wir bitten dich
um Sicherheit in diesem Umgang,
um Menschen, die Gutes tun,
gütig und barmherzig sind.
Wir bitten dich,
daß unsere Worte den Tag nicht verdunkeln,
nichts Böses anrichten und niemanden treffen;
daß wir keinen Lügen nachlaufen,
keine Sprachverwirrung stiften,
daß wir vielmehr Freude säen
und Wiedererkennen ernten, Herr, Gott,
deinen neuen Bund mit dieser Welt.

Wir bitten dich
für jene, die mit ihren Worten
die Zukunft entschlüsseln
und noch unbekannte Wahrheit stiften;
für Dichter und Denker,
die neue Wege weisen
und unser Dasein besingen:
daß sie alles aufdecken und würdigen,
was menschlich ist,
und beitragen zur Erholung und Lebensfreude;
für alle, die berufen sind, Recht zu sprechen:
daß sie mehr tun als verurteilen,
daß sie die Wahrheit vor den Tatsachen sehen,
daß sie vor allem Räume offenhalten
für die Vergebung und den Neubeginn.

Wir danken dir,
daß du in unserer Sprache, in unserer Zeit
deinen Namen ausgesprochen hast,
daß du in dieser Welt wohnst, ein Menschenwort,
so wunderbar, wie ein Wort nur sein kann.
Dehne aus deine Gegenwart
in den Kosmos unserer Träume und Gedanken,
in das Werk unserer Hände.

Beseele unsere Sprache,
gib ihr Sinn und Aussagekraft.
Daß wir im Sprechen und Leben miteinander
deinen Geist empfangen mögen:
daß wir in jedem Menschen aus Leib und Wort
und in der ganzen Menschheit,
die wir miteinander sind,
deinen Sohn wiedererkennen, Jesus Christus,
dein Wort, das Fleisch geworden ist, und deinen Ruhm
jetzt und in Ewigkeit.
(Huub Oosterhuis, Ganz nahe ist dein Wort, Verlag Herder, Wien 1971, S. 139-141)

Vorschlag zur Predigt

Möglicher Anfang
Vor Pfingsten sitzt eine Gruppe von Schülerinnen und Schülern zusammen, um über den Predigttext nachzudenken. Einer hat etwas mitgebracht. Ein modernes Glaubensbekenntnis könnte man es nennen, geschrieben von L. Zenetti.
Text von Zenetti (siehe oben in den »Annäherungen«)
So verschieden wie die Sprachen der Menschen sind ihre Bekenntnisse zu Jesus, nach dem sie sich Christen nennen. Wo ist die gemeinsame Wurzel? Sie erschließt sich im Gespräch - in der Gemeinde und im Evangelium.

Zum weiteren Verlauf
- Das Gespräch beginnt allgemein. Trends und Meinungen werden gefragt: Wer ist Jesus?
- Aber es bleibt nicht beim unverbindlichen Gedankenaustausch. Die Frage wird persönlich: Wer ist Jesus für seine Jünger?
- Eine Person gerät in den Mittelpunkt: Petrus. Er spricht ein Bekenntnis. Das hat Folgen. Und ihr?, wird weiter gefragt. Was sagst du dazu?

Möglicher Schluß
Zu Pfingsten erfährt die Gemeinde, daß die einzelnen Bekenntnisse ebenso wie die offenen Fragen gebündelt werden - wie von Feuerflammen zusammengeschmolzen zu einem Glaubensbekenntnis. Das kann kein Mensch organisieren. Der Heilige Geist, Kraft, Dynamik, die von Gott kommt, führt die Menschen zusammen. In der Pfingstgeschichte muß Petrus alles deuten. Er wurde darauf vorbereitet. Ein Signal wird gesetzt. Die Gemeinde wird gegründet.

Die Autorinnen und Autoren

Pfarrer Ernst Arfken, Göttingen; Pfarrerin Gisela Arp-Kaschel, Esgrus; Pfarrer Michael Becker, Kassel; Pfarrer Stefan Claaß, Mainz; Pfarrer Gerhard Engelsberger, Wiesloch; Pfarrer Anselm Friederich, Heidelberg; Pfarrerin Angela Fuhrmann, Naumburg-Flemmingen; Pfarrer Christian Fuhrmann, Naumburg-Flemmingen; Pfarrerin Heiderose Gärtner, Ludwigshafen; Pfarrer Hermann Otto Geißler, Wiesbaden; Pfarrer Bernd Giehl, Wiesbaden; Pfarrer Günter Gottschämmer, Darmstadt; Pfarrer Helmut Gröpler, Neuruppin; Prof. Dr. Gert Hartmann, Herborn; Pfarrerin Barbara Heller, Hofgeismar; Pfarrer Matthias Hoyer, Seelze; Pfarrer Reiner Jansen, CH Frenkendorf; Pfarrer Dr. Klaus Johanning, Schwerte; Pfarrer Reinhard Kalker, Jockgrim; Superintendent Christof Karzig, Neuruppin; Pfarrerin Heidi Kell, Tangstedt; Pfarrer Dr. Reinhard Kirste, Iserlohn; Pfarrer Christian Kollath, Glinde; Pfarrer Klaus von Mering, Langeoog; Pfarrer Hans Jürgen Milchner, Hunteburg; Pfarrerin Dorothee Münkner, Hannover; Pfarrer Frank Niemann, Lehrte-Arpke; Pfarrer Jürgen Rogler, Nürnberg; Pfarrer Rainer Rohrbeck, Rahden; Pfarrerin Ulrike Schilling, Kiel; Pfarrer Ulf Schlüter, Dortmund; Pfarrer Arno Schmitt, Mannheim; Pfarrerin Micaela Strunk-Rohrbeck, Rahden; Pfarrer Jobst von Stuckrad-Barre, Göttingen; Präses Harmut Wenzel, Nürnberg; Pfarrer Dietrich Zeilinger, Neckargemünd; Pfarrer Helmut Zeilinger, Freiburg/Breisgau; Pfarrer Andreas Zeuschner, Berlin; Dekan i. R. Klaus Zillessen, Ettenheim